PSICOLOGIA FAVELADA

ENSAIOS SOBRE
A CONSTRUÇÃO DE UMA
PERSPECTIVA POPULAR
EM PSICOLOGIA

Mariana Alves Gonçalves

mórula
EDITORIAL

Todos os direitos desta edição reservados
à MV Serviços e Editora Ltda.

REVISÃO
Marília Gonçalves

ASSESSORIA ACADÊMICA
Nathália Nascimento

PROJETO GRÁFICO E DIAGRAMAÇÃO
Patrícia Oliveira

CIP-BRASIL. CATALOGAÇÃO NA PUBLICAÇÃO
SINDICATO NACIONAL DOS EDITORES DE LIVROS, RJ

G627p   Gonçalves, Mariana Alves, 1986

Psicologia favelada : ensaios sobre a construção de uma perspectiva popular em psicologia / Mariana Alves Gonçalves. – 1. ed. – Rio de Janeiro : Mórula, 2019.
252 p. ; 21 cm.

Inclui bibliografia
ISBN 978-85-65679-86-2

1. Psicologia social. 2. Favelas. I. Título.

19-57223   CDD: 302
                                                  CDU: 316.6

R. Teotônio Regadas, 26/904 — Lapa — Rio de Janeiro
www.morula.com.br | contato@morula.com.br

A Edson (em memória), Elizete, Inácio e Olívia,
meu passado e meu futuro

DICIONÁRIO UTÓPICO

Psicologia Favelada. *Sinônimos*: Psicologia do beco; Psicologia da viela; Psicologia popular; Psicologia periférica. **1.** Que ou aquela que se rebela, tem caráter insurgente e popular. **2.** A que se aproxima da luta. **3.** De pés no chão, emana do território. **4.** Movimenta-se à margem e percebe as correntes que a aprisionam. *Adjetivos*: marginalizada, popular, insurgente, periférica, emancipada.

SUMÁRIO

9 **PREFÁCIO**

13 **INTRODUÇÃO**

CAPÍTULO I 50 **A emergência de um projeto popular e comunitário em Psicologia: sinais de captura e insurgência**

55 Das críticas à psicologia: a psicologia social crítica
62 Estudos sobre a profissão de psicólogo no Brasil
68 O debate entre o compromisso e a função social do psicólogo
79 O projeto comunitário d(n)a psicologia
99 Entre as capturas e insurgências do projeto comunitário

CAPÍTULO II 118 **F-A-V-E-L-A: histórias, sentidos e lutas**

120 Mitos de origem e história das favelas na cidade do Rio de Janeiro
130 Favela, comunidade, bairro, território — o que é favela, afinal?
155 *Sonhar ou sobreviver* — insurgências e capturas nas favelas

CAPÍTULO III 168 **Narrativas sobre os (des)encontros entre psicologia e favela na cidade do Rio de Janeiro**

173 Vigário Geral — um punho cerrado corta o ar
201 Um debate sobre terceiro setor na Maré
207 *Maria, Maria, uma força que nos alerta* — militância e psicologia no Cerro-Corá
211 Racismo, psicologia e transformação no Cantagalo
214 A revolução dos pesquisadores do Borel — outros punhos cerrados cortam o ar
223 Psicólogos favelados em formação?

229 **CONCLUSÃO**
Considerações sobre a construção de uma perspectiva popular em psicologia

241 **REFERÊNCIAS**

PREFÁCIO

É preciso libertar a psicologia.

A recomendação vem de Ignácio Martín-Baró. Libertar a psicologia dos efeitos alienantes da sofisticada trama conceitual e interventiva cristalizada em sua história. Insidiosa trama de manutenção de desigualdades que contribui para o bem viver de uma irrisória minoria por meio da miséria das maiorias populares.

Psicologia favelada: ensaios sobre a construção de uma perspectiva popular em psicologia está inserida neste projeto de libertação.

Seria contraproducente considerar esta a atividade central de psicólogas e psicólogos. Libertar a psicologia não se faz antes ou depois da utopia de Martín-Baró de libertação das maiorias populares. Se faz ao mesmo tempo e como mais uma frente de ação. Cumpre às e aos profissionais do complexo de saberes e técnicas *psi* refletir sobre o horizonte social, político, econômico, ético e ecológico de sua ação. Evitar esta reflexão calcado nesta ou naquela opção teórica legitimada pela história de sua ciência constitui especialismo danoso, daquele que se considera imune às desigualdades em curso, cuja cristalização se associa à indiferença subjetiva.

Diante da utopia libertária do salvadorenho pode parecer pouco relevante abordar a atuação reacionária da psicologia e sua história. Além disso, é de causar estranheza a extensão da produção conceitual em psicologia de um padre jesuíta imerso em uma estrutura social desigual como a que os países latino-americanos são capazes de produzir e que, além de tudo, engendrou uma guerra civil com todas as profundas consequências de um conflito desta magnitude. Afinal, o que poderia a Psicologia fazer em uma situação como esta? O que justificaria a dedicação, o tempo e o esforço para escrever, divulgar e atuar como psicólogo? Não apenas e exclusivamente como psicólogo mas também como psicólogo.

A surpreendente escrita de Martín-Baró mostra como as grandes estruturas econômicas e políticas não estão dissociadas das dinâmicas subjetivas e seus modos inerentemente complexos de formação. Ademais, a opção por uma reflexão histórica valoriza o processo de constituição de entidades evidenciando o gérmen da mudança presente em seus resultados temporários. Compreendemos assim que também as categorias psicológicas mais arraigadas como o sujeito e o indivíduo são produtos naturalizados de um complexo processo coletivo e histórico. Compete ao psicólogo evidenciar as complexas articulações que produziram e que mantêm estas noções, cabe ao psicólogo visibilizar seus efeitos.

Nikolas Rose e Michel Foucault já haviam indicado, não sem ênfase, a relevância da psicologia ao longo do século XX. Não propriamente pelas recomendações emanadas das teorias *psi*, mas por seu modo de funcionamento e por suas articulações com projetos de ordenação social. Félix Guattari e Gilles Deleuze expuseram a centralidade da subjetivação na operação capitalística.

Assim, é tarefa politicamente relevante figurar os efeitos da geringonça *psi* em sua história. Abandonar a anacrônica neutralidade científica e expor as proveniências e os investimentos do saber psicológico. Toca, portanto, a psicólogas e psicólogos visibilizar os modos pelos quais tramas conceituais, diretivas interventivas, agenciamentos heterogêneos estiveram presentes tanto na história de suas práticas como nas práticas atualmente em curso produzindo efeitos alienantes. Cabe também reconhecer o horizonte humanizador, autonomizador como um chamamento para a conceituação e implementação de ações *psi* nas dinâmicas subjetivantes. Tal análise expõe o funcionamento político da Psicologia e evidencia o coração desejante e histórico das produções subjetivas.

Como levar adiante esta proposta considerando experiência local naquilo que ela tem de constitutivo, de imanente? Como seguir a recomendação de Martín-Baró e sustentar um psicologia que emane das maiorias populares sem repetir as mesmas categorias? A resposta que encontramos exemplarmente realizada em *Psicologia favelada* está em produzir com as maiorias populares, considerando suas especificidades histórico-geográficas, seus agenciamentos. As favelas constituem certamente um território em que a psicologia no Brasil encontra estas maiorias.

Surpreendente e declaradamente, as reflexões propostas neste livro não fornecem um arsenal teórico psicológico dirigido para a favela tal como foi outrora dirigido para a doença mental, para os problemas do trabalho ou da educação. É a própria objetividade psicológica que é questionada. Diferentemente, um movimento primordial anima este texto, um movimento que opera uma inversão de perspectiva. E o faz de maneira provocativa: em lugar de produzir uma psicologia da favela, proclama a produção de uma psicologia *favelada*.

Mariana narra como seu percurso na formação em Psicologia, aliada tanto à pesquisa como ao trabalho no território, a levou a identificar que alguns pressupostos difundidos entre as teorias psicológicas e difusamente presentes nas aulas dos curso de graduação se articulam com certa perspectiva elitista e produzem em seu desdobramento profissionalizante uma elite intelectual e profissional cujas ações precisavam ser analisadas para que esta inversão fosse produzida.

Três caminhos foram explorados neste livro.

O primeiro se vale da inversão mencionada para analisar o plano da formação, da ordenação conceitual e do exercício da profissão. A análise dos projetos comunitários da psicologia, de sua história e de seus investimentos delineia um cenário de amplas capturas e algumas insurgências. Se o projeto "comunitário" parece ao leitor desavisado ou ao estudante ávido de participação social a garantia de uma ação humanizante da psicologia, descobrimos capturas conceituais sobre o termo comunidade que mantém o especialismo e o individualismo. Descobrimos algumas lutas pelo domínio acadêmico da, assim chamada, etiqueta "Psicologia comunitária". As análises sobre o projeto comunitário, sobre a noção de comunidade, sobre a prática profissional voltada à transformação social e sobre a própria Psicologia Comunitária nos mostram onde encontrar a luta que importa.

Propor uma psicologia favelada emana certamente de experiências da autora em favelas no Rio de Janeiro. O próprio termo "favela" necessita, entrementes, ser detalhado. Suas histórias, seus narradores, as elaborações conceituais em torno da "favela" revelaram não apenas um pouco mais das favelas mas também o lugar de verdade em que se situa frequentemente o discurso acadêmico e as ações do Estado. Falar sobre a favela exige também ouvir a favela, exige mais uma volta do parafuso, isto é, exige falar *com* a favela.

Inversão metodológica, a favela não constitui objeto de investigação, mas a referência da perspectiva, o ponto problematizador da psicologia. Além disso, as narrativas dos processos de lutas e resistências ali presentes fortalecem o protagonismo da favela, destituem os discursos que concebem as favelas essencialmente como lugar da falta e da violência.

As experiências da autora em favelas materializam a difícil tarefa de atuar no plano da subjetivação. Recusado o especialismo psicológico, analisada a relação dialética da favela com a cidade, conhecidas algumas das lutas, foi preciso expor experiências situadas do encontro entre psicologia e favela. Abandonar o essencialismo de categorias e perspectivas centrais da psicologia hegemônica não significa abandonar a psicologia. Há uma traição neste ato, mas daquela que se recusa a manter um estado de coisas desumanizador. Humanizar a favela como psicóloga é também humanizar a psicologia.

Este livro constitui uma afirmação da psicologia, um alento para a insurgência acadêmica, para a desacomodação conceitual e profissional de psicólogas e psicólogos. Leitura rica e fortalecedora para todas e todos que pretendem conhecer a atuar em comunidades, o livro também se apresenta como material necessário para a formação em Psicologia. É próprio à andadura acadêmica lidar com a diversidade, se valer dos conflitos conceituais e de experiências inovadoras para transformar suas teorias e suas práticas. Os cursos de psicologia terão certamente muito a ganhar com esta *Psicologia favelada: ensaios sobre a construção de uma perspectiva popular em psicologia*.

FRANCISCO TEIXEIRA PORTUGAL
Universidade Federal do Rio de Janeiro

INTRODUÇÃO

> *Escrevemos o* Anti-Édipo *a dois. Como cada um de nós era vários, já era muita gente.*
>
> [DELEUZE & GUATTARI, 1995/2007, P. 11]

A escrita de um texto sempre expressa uma polifonia. A provocação de Deleuze e Guattari ressoa em meu trabalho desde o primeiro momento que tive contato com este primeiro volume da coleção *Mil-platôs*, em 2008. Na tentativa de apresentar, neste momento, a multiplicidade de mãos que seguram nas minhas enquanto aperto os botões deste teclado, convoco as palavras da dupla de pensadores franceses para desfazer a ilusão de um *ego-autor*. A heterogeneidade enunciativa reflete os variados encontros que foram constituindo um corpo permeado pelas intensidades do ser *pesquisadora-professora-doutoranda-mulher*... Seus efeitos estão aqui nestas palavras e nas entrelinhas das inúmeras páginas deste trabalho.

A apresentação introdutória do nosso problema acompanha os caminhos destes encontros e seus atravessamentos na construção desta questão: meus encontros com a favela na cidade do Rio de Janeiro e o delírio de uma psicologia *favelada*. Onde, como e quando psicologia e favela se encontram? Quais analisadores podemos destacar para (re)pensar as práticas psicológicas em favelas e as nossas atividades de pesquisa? A nossa aposta é que esses encontros nos permitiram analisar práticas, delirar processos de transformação e criação de uma psicologia em um horizonte utópico. Essa pesquisa é, portanto, sobre encontros, criação e utopia.

Apresento-me como autora, necessariamente, *agente coletiva de enunciação*, não só para sinalizar e marcar o eco das vozes que perseguem minhas ideias, mas na tentativa de fazer deste texto um *agenciamento* das linhas que o compõem, em especial, as de fuga e desterritorialização, com movimentos instituintes, progressistas, emancipadores. Estas linhas devem percorrer um texto que se conecte com a exterioridade e materialidade das questões e vidas que aqui se apresentam reduzidas a palavras.

> Não se perguntará nunca o que um livro quer dizer, significado ou significante, não se buscará nada compreender num livro, perguntar-se-á com o que ele funciona, em conexão com o que ele faz ou não passar intensidades, em que ele se introduz e metamorfoseia a sua, com que corpos sem órgãos ele faz convergir o seu. Um livro existe apenas pelo fora e no fora. (Deleuze & Guattari, 1995/2007, p. 12)

Com o esforço de transformar em UM o múltiplo, o texto cumpre sua função com limites. A tentativa é dizer palavras inéditas que, para além de apresentar um trabalho, buscam contar a história de uma experiência intensa de pesquisa. Apesar deste limite e tudo o que escapa, reivindicamos sua conexão com o movimento instituinte das lutas, suas potências de criação e transformação orgânica e profunda da psicologia e da sociedade. "Escrever nada tem a ver com significar, mas com agrimensar, cartografar, mesmo que sejam regiões ainda por vir" (Deleuze e Guattari, 1995/2007, p. 13).

I

No primeiro ano de doutorado, em 2013, fui ouvir com grande expectativa o seminário de Lícia do Prado Valladares, na Universidade Estadual do Rio de Janeiro, já que a renomada autora dos estudos sobre as favelas cariocas estava agora vinculada a uma universidade francesa e aparecia pouco no Brasil. Naquela ansiedade própria dos calouros acadêmicos em encontrar com a sua bibliografia em carne e osso, fiquei decepcionada com o conselho de Lícia ao final de sua fala. Ela recomenda: "Por favor, parem de estudar favelas!" O conselho parecia sem sentido para quem dedicou a carreira ao estudo do tema. De fato, para a recém-doutoranda que pretendia estudar "Perfil e atuação de psicólogos em favelas na cidade do Rio de Janeiro", a recomendação causou mal-estar e disparou algumas reflexões que só fariam sentido com o transcorrer do tempo e da pesquisa. No encontro com o trabalho de Soares (2001), identifico o mesmo alerta.

> Segundo Lícia Valladares, em recente palestra proferida na Coordenação de Estudos e Pesquisas sobre a Infância (CESPI), a favela hoje é um cenário onde se estuda a violência, onde se estuda a família, onde se estuda quase tudo. As pessoas não têm a consciência de que o fato na favela virou o fato da favela. (...) Para esta autora, isso ocorre porque a ideia da especificidade da favela existe; existe porque as pessoas foram para a favela e só para a favela, não foram a outros lugares estudar certos fenômenos. (...) Como a favela é geograficamente diferente e segregada, acredita-se que o que acontece lá é socialmente diferente também. (p. 31)

Ao longo do curso, o episódio foi se tornando compreensível. Percebi, no exercício da pesquisa de fontes bibliográficas e ao participar de eventos sobre o tema favela, que o volume de pesquisas que tomavam a favela como seu objeto, no campo das ciências humanas, era extenso. Essas produções circulavam de forma volumosa e sistemática na Arquitetura e Urbanismo, na Sociologia, na História, no Direito, na Geografia, na Antropologia. As ciências humanas e sociais haviam estudado de forma consistente e perseverante o tema favela. Este é, inclusive, o debate realizado pela própria Valladares no livro *A invenção da favela* (2005), em que ela problematiza a emergência do objeto favela para as Ciências Sociais. A tentativa é entender como a favela se tornou, em determinado momento, um objeto sistemático de estudo entre os cientistas sociais e como ela foi "descoberta" por diferentes atores sociais ao longo dos seus mais de cem anos de existência. A ideia é que a favela foi produzida enquanto objeto acadêmico, e as representações que circulam sobre ela foram sendo forjadas como efeitos de uma série de discursos, representações e intervenções protagonizadas por diferentes atores sociais, como, por exemplo, a igreja, o Estado, os pesquisadores, os jornalistas. Neste sentido, Valladares (2005) diz que a sua proposta

> parte da ideia de que a categoria de favela utilizada hoje, tanto nas produções eruditas quanto nas representações da mídia, é o resultado mais ou menos cumulativo, mais ou menos contraditório, de representações sociais sucessivas, originárias das construções dos atores sociais que se mobilizaram em relação a esse objeto social e urbano. Em aparência, essa favela tão evidente é, de certo modo, uma favela "inventada". (p. 21)

Sem dúvida, ao nos dirigirmos à favela hoje, recebemos um acúmulo de discursos e intervenções que a tiveram como seu objeto. Este movimento produziu efeitos, e um deles é a naturalização de alguns fenômenos sociais como sendo *da* favela. Mas, como afirma Soares (2001):

> Nem todas as favelas, periferias e bairros de subúrbio são iguais. Assim como nem todos representam, por definição, um lugar determinado de pobreza. Entretanto, o que a comunidade vem em muitos momentos ressaltar é exatamente a ideia de carência e exclusão. Com isso, criam-se os dogmas da favela: um deles é o da especificidade da favela, ou seja, todos costumam dizer que a favela é diferente. (p. 30)

Explicitamos, portanto, uma polêmica em relação a estes argumentos. O movimento "Nós por nós" ou "Favela pela favela" reivindica que há uma experiência própria daqueles que pertencem a este território. Quem vive na favela tem um modo específico de ser e estar no mundo, que lhe confere uma identidade "favelada" que não pode ser capturada por ninguém que não tenha a experiência encarnada de viver na favela. A empatia é possível, mas tem seus limites. Há, desta forma, uma especificidade em ser favelado[1]. Esta ideia condiz com a reivindicação de uma heterogeneidade da favela em relação a outros espaços da cidade, a existência de uma dinâmica na favela que a distingue de outros locais, considerados bairros ou subúrbio. Este dado pode ser constatado cotidiana e concretamente na cidade, quando, munido deste mesmo argumento da heterogeneidade, o Estado considera a favela como território de exceção, o que justifica suas intervenções violentas. Achar que o que acontece na favela acontece da mesma forma em outros espaços é arriscar incorrer em um relativismo. Ao mesmo tempo, dizemos que "favela é cidade", sinalizando o necessário pertencimento de um território historicamente marginalizado. O argumento de que a favela possui uma heterogeneidade serve para constituir uma identidade de luta e reivindicação por direitos, mas, ao mesmo tempo, também justifica as intervenções

---

[1] Esta ideia é corroborada ainda pelos que reivindicam uma cultura da favela. Músicas e diversos tipos de arte típicos da favela. Mas, neste caso, o argumento é que esta cultura tem base popular e representa resistência ao *status quo* das produções artísticas e culturais.

de exceção do Estado, por exemplo. Afinal de contas, a favela é diferente? Qual é a sua especificidade? Há também os que defendem que favela e cidade estabelecem uma relação dialética, contraditória, e que a favela é, portanto, a "não cidade"[2], tudo aquilo que a cidade negou ao longo de pouco mais de um século de existência.

O que podemos observar no campo das ciências humanas e sociais é que o caráter heterogêneo serviu para naturalizar fenômenos sociais como se fossem produtos exclusivos da favela. A violência e a pobreza não são da favela. Mas o argumento é que talvez sejam experienciadas aí de forma diferente. Reconhecer uma experiência diferente não é naturalizar as questões. Longe de buscar revelar o funcionamento de um novo objeto ou descobrir um fenômeno *psi* próprio das favelas cariocas, é preciso reconhecer sua heterogeneidade e não cair na naturalização dos fenômenos sociais. Habitar a contradição em afirmar a marginalização e reivindicar pertencimento da favela à cidade. A armadilha está em cair em uma psicologização da favela quando se trata de buscar uma favelização da psicologia. Esta é uma das questões centrais deste livro.

Psicologizar a favela significa oferecer explicações psicológicas a questões sociais e naturalizá-las como pertencentes à favela. Temos como correlato a sua "antropologização" colonialista, ou seja, um movimento endossado pelas ciências sociais que reconhece na favela uma "alteridade" que só lhe serve de objeto de investigação etnográfica, mas mantém um distanciamento científico. Pesquisa, mas não intervém. Ou intervém enquanto pesquisa, mas os efeitos são mínimos diante da complexidade dos problemas. Não à toa os moradores de favela tendem a rechaçar pesquisadores, negando a condição de "ratos de laboratório". Ao longo das últimas décadas, a favela foi povoada por profissionais de psicologia. Mas de que forma a favela conseguiu penetrar nos limites formativos e disciplinares das práticas *psi*? Ou seja, de que forma esses encontros com a favela não nos serviram somente como campo de aplicação de técnicas ou coleta de dados? Nós nos permitimos entrar em contato, a partir das porosidades das fronteiras disciplinares, com as questões colocadas pela favela? Mas, vejam, esse contato ou essa suposta generosidade de

---

[2] Aula da professora Mônica Francisco, cientista social, no projeto Agentes Pesquisadores da Favela, no dia 09 de abril de 2016, na favela no Borel.

uma abertura à experiência favelada não deve servir apenas para que nós, do alto da cátedra, consigamos encontrar soluções para os seus problemas. Ah, coitados! Ao contrário, é a Psicologia que precisa solucionar seus problemas históricos de construções teóricas de servidão às questões burguesas, hegemônicas e opressoras. É ela que precisa criar novas bases teóricas e outras maneiras de produzir intervenções. Somos nós que, a partir desse encontro, precisamos refundar nossos referenciais. Esse é o convite de Martín-Baró quando afirma que devemos partir da realidade. Essa reinvenção só poderá ser feita a partir deste encontro, psicologia e favela. Arriscaria dizer que protagonizado talvez pelos próprios favelados, futuros psicólogos. Portanto, favelizar a psicologia diz respeito a investi-la de um caráter insurgente e popular, exercida necessariamente fora da assepsia dos consultórios liberais. Aquela que luta com o povo e está atenta a suas demandas concretas, como indicou Martín-Baró (1985/1996). Uma psicologia organicamente vinculada às pautas e à luta favelada. Uma psicologia contagiada de favela e não uma favela contaminada de psicologia. É necessário entender a favelização da psicologia como processo, como abertura à possibilidade de criação de novas formas de compreender fenômenos e elaborar estratégias de intervenção. Isso não quer dizer, no entanto, que ao final do processo teremos enfim mais um campo: *psicologia favelada*. O convite à transformação a partir dos encontros deve se dirigir a toda psicologia.

    Os vizinhos cientistas sociais, por vezes, caíram nesta armadilha da naturalização, já que a favela é um objeto amplamente discutido entre eles. A psicologia ficou fora deste debate. A favela foi pouco discutida entre nós, psicólogos, mesmo quando sabemos que as práticas comunitárias marcam a história da profissão. Apesar de reconhecer o caráter transdisciplinar da pesquisa e entender que o conhecimento se produz nas bordas dos diferentes campos de conhecimento (Passos & Barros, 2000), sempre achava curiosa a ausência de psicólogos nos congressos sobre o tema e na autoria das produções bibliográficas.

    No entanto, diante de todo este debate, é preciso explicitar que o tema central deste livro não é a favela. Ou ao menos não como os antropólogos já o fizeram. Acho que esta ideia não estava clara no início. Este é um trabalho conformado, orientado, pautado pelas questões da favela. Ou seja, a favela é tomada como recorte político e metodológico. A favela é de onde se parte e não aonde se chega e não se constitui como um objeto mas como um recorte, uma perspectiva, o lugar de onde partimos para olhar a psicologia. No processo de constituição de uma pesquisadora sobre o trabalho de psicólogos em favelas, a favela foi surgindo como uma questão para a psicologia. Quando fiz esta constatação, pude me livrar de vez do mal-estar causado pela fala de Valladares, em 2013. A ideia deste trabalho diferencia-se, em certos aspectos, da realização de uma etnografia, como fez Marcos Alvito, por exemplo, em *As cores de Acari* (Alvito, 2001), em que descreve modos de sociabilidade, convivência, cultura, hábitos ou o cotidiano daquela favela a partir de uma imersão intensa no território. Alguns elementos observados durante as visitas a campo fazem parte do material a ser analisado, mas não pretendem cumprir os objetivos de um exercício etnográfico no que diz respeito a inferências sobre modos de vida locais. No entanto, o exercício cartográfico se aproxima da etnografia no que diz respeito à "participação observante" e à habitação de um território existencial. Com o pressuposto de que a intervenção é inerente a qualquer pesquisa, Barros e Kastrup (2010) apostam na cartografia como uma estratégia para acompanhar processos.

> Sempre que o cartógrafo entra em campo há processos em curso. A pesquisa de campo requer a habitação de um território que, em princípio, ele não habita. Nesta medida, a cartografia se aproxima da pesquisa etnográfica e lança mão da observação participante. O pesquisador mantém-se no campo em contato direto com as pessoas e seu território existencial. (p. 56)

A questão central são os encontros entre psicologia e favela, onde a favela é tomada como recorte metodológico e político para cartografar analisadores das práticas de psicólogos e pensar no processo de favelização da psicologia. A partir da favela, tomando-a como o chão onde esses encontros acontecem, pensamos nas práticas da psicologia em favelas e também na função dos pesquisadores neste território. A favela constitui o eixo central de onde partimos para pensar o trabalho do psicólogo e do pesquisador. Mas não pretendemos descrever ou inferir modos de sociabilidade próprios das favelas.

O recurso à estratégia cartográfica nos permite acompanhar processos e mapear os jogos de força presentes no território. Portanto, as malhas de poder que emergem no território são pistas para analisar práticas profissionais e atividades de pesquisa e vislumbrar os processos de transformação traduzidos aqui no que estamos chamando de favelização da psicologia. É necessário dizer que a *psicologia favelada* não existe, não a tomamos como um objeto a ser encontrado no campo, nem ao menos um campo que desejamos instituir. Entendemos a *psicologia favelada* como processo, como horizonte de transformação em direção a uma perspectiva popular a partir dos encontros entre psicologia e favela na cidade do Rio de Janeiro. O objetivo central deste livro, portanto, é narrar estes encontros e destacar analisadores que nos permitiram pensar a psicologia, suas práticas já instituídas e o que elas têm produzido nestes territórios. Além disso, com estas narrativas, podemos nos inspirar na construção de outras formas possíveis de estar nestes espaços e construir novas maneiras de intervir e pesquisar. Esta pesquisa é sobre os encontros de uma psicóloga e pesquisadora com a favela e o convite a reinventar psicologias inspiradas nas questões populares.

A questão central desta pesquisa adquire este formato a partir de um conjunto de pesquisas no campo da Psicologia Social Comunitária (PSC). Na graduação e no mestrado, a partir dos anais da ABRAPSO e das produções textuais do campo, estudei a PSC como uma disciplina. Descrevi a forma como o campo defendeu sua especificidade e a fragilidade dos seus contornos, explicitando seus referenciais teórico-epistemológicos heterogêneos; apresentei como os psicólogos construíam suas práticas e que objetivos perseguiam; e comecei a fazer o debate sobre o conceito de comunidade. Ao longo de seis anos, circulei pelo campo da Psicologia Social Comunitária tal como se apresentava a partir desta etiqueta.

Todavia, tanto a partir destas pesquisas como a partir de uma experiência de estágio, logo no início deste percurso, percebi que ao estudar a Psicologia Social Comunitária não conseguiria conhecer o trabalho de psicólogos em favelas na cidade do Rio de Janeiro. No estágio, isto se tornou claro quando os psicólogos que ali atuavam não denominavam o que faziam de psicologia comunitária. Existia um trabalho comunitário de psicólogos que escapava à denominação PSC e, ao pesquisar a partir dessa palavra-chave, não conseguiria chegar a essas atuações comunitárias na cidade. Isto acontece também pela própria forma como psicologia social e comunitária circulou no Rio de Janeiro. Soares (2001) evidencia que não havia uma identificação daqueles trabalhos com o campo da PSC e, às vezes, nem mesmo com a própria

Psicologia. Portanto, subir o morro é sinônimo de fazer um trabalho comunitário?[3] Ao considerar que as práticas de psicólogos em favelas tem caráter comunitário, estamos considerando que favela é igual a comunidade? Até agora, só havia conseguido estudar aquilo que cabia dentro da "etiqueta" PSC. Muito se produz fora dessa forma-disciplina que não é alcançado quando fazemos pesquisa usando como eixos a "Psicologia Comunitária" ou "Psicologia Social Comunitária". Chego a este trabalho, portanto, fazendo dois deslocamentos em relação às pesquisas realizadas anteriormente: um da PSC para o que estou, atrevidamente, chamando *Psicologia Favelada*; e outro do termo comunidade para o termo favela. Inicialmente, esses deslocamentos correspondiam a uma tentativa de diferenciar o presente objeto de estudo da "etiqueta" PSC e para designar de forma simples e direta aquela psicologia que se encontra com quem está na favela, que ocupa esse espaço como lugar de atuação. O debate sobre comunidade e favela também está dirigido por uma questão política e metodológica. Primeiro, porque a escolha por dizer *favela* é uma tímida tentativa de resistir a um movimento geral — intelectual, midiático, popular — que opta por chamar as favelas de comunidades. Hoje em dia há um mal-estar na escolha de como designar este território, e reconheço que há uma tentativa de neutralizar os estigmas e as lutas relacionadas à favela quando usamos o termo comunidade. Portanto, a quem interessa produzir esta neutralização? Há, ainda, outra questão, relacionada ao fato de que o termo "comunidade" define pouco o trabalho da psicologia. O que é uma psicologia que atua em comunidade? O que é comunidade? Parece que "comunidade" tornou-se um termo fluido demais para descrevermos as práticas da psicologia relacionadas aos espaços periféricos e voltadas às maiorias populares.

Birman (2008) questiona se favela é comunidade na tentativa de problematizar essa onda de identificação entre estes dois termos. Se a favela constitui-se ou não como comunidade não sabemos. A autora defende que esta não é a questão, mas que devemos atentar para os sentidos que atribuímos à favela e às políticas de intervenção dirigidas a ela. Utilizar o termo comunidade para se referir à favela é, sem dúvida, uma tentativa de amenizar

---

[3] Soares (2001) faz esta afirmação: "Subir o morro parece, em certa medida, ter se tornado sinônimo de fazer um trabalho comunitário" (p. 14).

os estigmas relacionados ao termo. Por outro lado, ao estudar o campo da Psicologia Social Comunitária no Brasil, uma questão está evidente: comunidade não é favela! Favela pode ser ou não comunidade. Mas, para a Psicologia, comunidade não é favela. E esta constatação legitima a pesquisa sobre atuações comunitárias em favelas e nos coloca a tarefa de discutir política e metodologicamente este deslocamento.

A princípio, falávamos em *Psicologia favelada* como aquela psicologia que se produz em um determinado espaço social. Por isso, a ideia de pensar qual psicologia se produz em determinado território, ou seja, o que se produz em termos de atividade profissional naquele espaço. Nesse debate, é fundamental refletir sobre as inserções sociais da psicologia na cidade, bem como sua relação com o meio urbano. Trata-se de pensar uma Psicologia que se desloca, que circula, que pretende se exercer "fora das quatro paredes". É importante ressaltar que esse deslocamento dos profissionais para novos espaços de atuação não necessariamente os desvinculou das práticas tradicionais, já instituídas nos campos consagrados de atuação da Psicologia. Mas, é nesse contexto mesmo que se insere essa proposta de investigação analisar o que foi produzido nos encontros entre psicologia e favela no que diz respeito às atuações profissionais. Não nos interessa destacar qualquer espécie de hipótese a respeito da existência de uma Psicologia *favelada* como uma especialidade. Esse estudo nem pretende, com seus resultados, alimentar o argumento da constituição de especialismos.

No início deste projeto, a intenção na utilização do termo para nos referirmos à relação entre Psicologia e favela pretendia somente delimitar um campo de pesquisa, já que esse termo funciona estabelecendo os limites da atual proposta de estudo. No percurso da pesquisa, percebemos que existem outros debates a serem realizados neste livro: a análise do que encontramos sobre o trabalho de psicólogos em favelas e o que se refere à tal Psicologia *favelada*[4]. De início usei o termo Psicologia *favelada* e a intenção era somente me descolar do termo Psicologia comunitária, para marcar que este trabalho dizia respeito a uma psicologia que se produzia em um determinado espaço social. Durante o percurso, ingenuamente pensei que o objetivo seria somente descrever o trabalho de psicólogo em favelas e, por isso, o próprio

---

[4] Ver a primeira página da introdução.

termo Psicologia *favelada* continuaria restrito a esta delimitação de escopo ou perderia o sentido. Portanto, acho que encontrei um sentido para Psicologia *favelada* no caminho da pesquisa, quando encontrei a favela e suas lutas e não quando encontrei os profissionais de psicologia. Os encontros entre a psicologia e a favela narrados neste livro nos permitem analisar algumas práticas de psicólogos em favelas e vislumbrar esse processo de transformação e favelização da psicologia no sentido de construção de uma perspectiva popular.

No horizonte, vislumbramos a Psicologia *favelada* como uma psicologia rebelada, revoltada, insurgente, organicamente vinculada às questões da favela e suas lutas. Uma psicologia que ainda precisa movimentar-se para se livrar de todo aprisionamento intimista, individualista, conservador e elitista dos saberes *psi* que acorrentaram sua contribuição para a compreensão e ação social. A utopia é o horizonte de toda a luta popular e deveria também nos inspirar na construção de um projeto ético-político para a profissão (Yamamoto, 2012).

Este livro situa-se, portanto, no centro de um problema que assola a psicologia: podemos nos comprometer, enquanto profissionais, a um projeto de emancipação e de transformação social? Qual é o alcance deste projeto profissional para a Psicologia? Há quem afirme que, enquanto profissionais, nossa intervenção social é limitada e não alcança esses objetivos. Podemos nos comprometer com o projeto de libertação social como militantes, cidadãos etc., não como profissionais. A psicologia, ciência e profissão, não pode se comprometer com esta tarefa. No entanto, Yamamoto (2012), ao diferenciar ação política e dimensão política de uma atuação profissional, define que: *toda ação profissional*, esteja o psicólogo ciente ou não, comporta uma dimensão política (p. 11, grifos do autor).

É possível, portanto, defender uma Psicologia popular aliada a processos de emancipação e transformação social? Ou entendemos que os processos revolucionários não dependem da psicologia? Há duas questões em jogo neste debate: a questão sobre o que é fazer psicologia e sobre o que compreendemos como processo de transformação social.

A identidade profissional sempre forjada no imaginário clínico ou das questões individuais não nos autoriza, muitas vezes, a afirmar que diferentes práticas podem se configurar como práticas psicológicas. Há sempre um mal-estar que se produz entre os profissionais quando deslocados desse lugar prescrito de um notório saber sobre o indivíduo e suas questões. Se não está diante de um sujeito, não faz psicologia. Ora, para nós que defendemos justamente uma transformação deste campo, afirmar que uma prática fora dos scripts profissionais já estabelecidos é uma prática psicológica faz parte deste esforço de mudança. Se nós não afirmarmos que as pesquisas e práticas que fazemos são psicologia, o campo será daqueles que já o dominaram historicamente. Martín-Baró (1985/1996) reconhece os limites do papel do psicólogo no processo de transformação, mas não duvida em afirmar que o que está produzindo é psicologia, e que a psicologia tem um papel fundamental, inclusive como profissão, no processo revolucionário. Portanto, práticas fora de todas as capturas clínicas e que estejam aliadas a saberes históricos, políticos e sociais são Psicologia. Se esta é uma Psicologia que ainda não existe, então que seja inventada. Um dos analisadores deste aspecto é o fato de que, quando convidados a falar sobre suas práticas em favelas, todos os profissionais disseram que sua atuação não era propriamente uma atuação psicológica. O que seria, então, uma atuação psicológica propriamente dita? Para definir nossa identidade profissional, Martín-Baró (1985/1996) diz:

> Existe uma crescente consciência entre os psicólogos latino-americanos de que, na hora de definir a nossa identidade profissional e o papel que devemos desempenhar em nossas sociedades, é muito mais importante examinar a situação histórica de nossos povos e suas necessidades do que estabelecer o âmbito específico da psicologia como ciência ou como atividade. (p. 8)

A Psicologia não fará uma revolução, mas não haverá revolução sem uma Psicologia em processo de libertação. Certamente, a Psicologia, como ciência e profissão, tal como se apresenta hoje, não produzirá sozinha uma transformação estrutural da sociedade em sua totalidade. Como afirma Martín-Baró (1985/1996)

> Não está nas mãos do psicólogo, enquanto tal, mudar as injustas estruturas socioeconômicas de nossos países, resolver os conflitos armados ou resgatar a soberania nacional, servilmente penhorada aos Estados Unidos. Não obstante, há uma tarefa importante que o psicólogo deve cumprir e que requer tanto o reconhecimento objetivo dos principais problemas que afligem os povos

centro-americanos como a definição da contribuição específica do psicólogo em sua resolução. Pois se o psicólogo, por um lado, não é chamado a intervir nos mecanismos socioeconômicos que articulam as estruturas de injustiça, por outro é chamado a intervir nos processos subjetivos que sustentam e viabilizam essas estruturas injustas (...). (p. 22)

A contribuição da Psicologia pode ser justamente essa disponibilidade em se descolar do lugar previamente estabelecido para si enquanto profissional. Colaborar com organizações populares e agir nos processos de dominação subjetiva pode ser um horizonte. Segundo Guattari (1987),

> o capitalismo não só explora a força de trabalho da classe operária como também manipula em seu proveito as relações de produção, insinuando-se na economia desejante dos explorados. A luta revolucionária não poderia ser circunscrita somente ao nível das relações de força aparentes. Ela deve desenvolver-se em todos os níveis da economia desejante contaminados pelo capitalismo (ao nível do indivíduo, do casal, da família, da escola, do grupo militante, da loucura, das prisões, da homossexualidade, etc.). (p. 21)

O que queremos afirmar com isso, é que

> Estas duas lutas podem não se excluir mutuamente: de um lado, a luta de classes, a luta revolucionária da libertação implica na existência de *máquina de guerra* capazes de se opor às forças opressivas, tendo para isto que funcionar com um certo centralismo, ou ao menos, estar sujeitas a um mínimo de coordenação; do outro lado, a luta dos agenciamentos coletivos, no *front* dos desejos, exercendo uma análise permanente, uma *subversão de todos os poderes*, a todos os níveis. (Guattari, 1987, p. 21)

Portanto, ancorados pelo pensamento de Guattari (1987), compreendemos que há muitas dimensões de luta em um horizonte de transformação social. Há, sem dúvida, a necessidade de superação de um modelo socioeconômico de exploração, cristalizado em funcionamentos de dominação hierarquizados e endurecidos, e, para isso, como diz Guattari (1987), são necessárias *máquinas de guerra* que enfrentem forças de exploração devastadoras. Mas há também a luta no front de uma dominação que governa os corpos, a luta contra um desejo que circula por todos nós, mesmo os pretensamente críticos ao capitalismo. Essa dominação subjetiva, traduzida em uma subjetividade capitalística, está traduzida na produção de submissões cotidianas, culpabilização, dependência do Estado, individualização de problemas, etc. Esta luta é micropolítica e requer um exercício incansável.

> Toda questão está em saber de que revolução se trata! Trata-se, sim ou não, de acabar com todas as relações de alienação — não somente as que pesam sobre os trabalhadores, mas também as que pesam sobre as mulheres, as crianças, as minorias sexuais, etc., as que pesam sobre sensibilidades atípicas, as que pesam sobre o amor aos sons, às cores, às idéias... (Guattari, 1987, p. 67)

Ao refletir sobre a construção e organização da sociedade de outra maneira, Guattari (1987) entende o necessário duplo caminho das revoluções, que se estendem ao nível da "destruição das relações de exploração capitalísticas e o fim da sociedade dividida em classes" (p. 139) e também ao nível molecular, quando se faz necessária a ruptura com as dominações micropolíticas do corpo, dos regimes de afeto e sensibilidades. As duas ordens de transformação não possuem nenhuma anterioridade em relação à outra. As máquinas revolucionárias só poderão emergir nesta dupla condição, com rupturas nesses diferentes níveis de dominação.

Suely Rolnik (2016), em texto recente, com a pretensão de expandir e complexificar a noção de resistência, diz que "no âmbito macropolítico, ser a favor de um Estado mais justo e com menos permeabilidade ao neoliberalismo é o mínimo a que se pode aspirar" (p. 5). Por outro lado, o que se apresenta hoje no mundo são derrotas a nível macropolítico e um crescimento das posturas reacionárias e conservadoras. Por isso,

> é precisamente a gravidade dessa experiência que nos leva a perceber que não basta atuar macropoliticamente. Porque, por mais que se faça no plano macropolítico, dentro e fora do Estado, por mais agudas e brilhantes que sejam as idéias e as estratégias, por mais corajosas que sejam as ações, por menos autoritárias e corruptas que sejam e por mais êxito tenham em estabelecer menos desigualdade econômica e social e expandir o direito à cidadania,

elas resultam numa reacomodação da cartografia vigente se não se acompanham de um deslocamento no plano micropolítico. (Rolnik, 2016, p. 6-7)

Neste mesmo sentido, Martín-Baró (1985/1996) demonstra-se ciente de que o ataque às formas de consciência alienada não seria, por si só, responsável por transformações no plano da realidade e pela supressão das condições de exploração da população. Mas, para ele, seria bastante difícil lograr êxito no plano da realidade sem antes derrubar os véus que encobrem os determinantes da opressão dos povos da América Latina. (Pizzi & Gonçalves, 2015)

Apesar da diferença nas leituras sobre as relações de poder, Martín-Baró, apoiado na ideologia, e Guattari, apoiado na produção de subjetividade, parecem destacar a dimensão subjetiva das relações que mantêm a ordem social capitalista. É sobre essa dimensão invisível, ancorada nos pensamentos, nas formas de ser e estar no mundo, nas relações sociais, nos desejos, nas racionalidades e nos corações dos indivíduos, que precisamos incidir enquanto psicólogos preocupados com a libertação dos nossos povos ou com a construção de uma transformação profunda da sociedade.

Ao assumir a utopia como um horizonte no projeto de uma psicologia popular e *favelada* que pretende "uma libertação da exploração econômica, da miséria social e da opressão política" dos povos no continente latino-americano (Martín-Baró, 1987/2017, p. 82), pretendo me encontrar com a utopia de vida dos favelados. Essa é uma utopia real e necessária. É uma "dis-utopia", como diria Negri (2016), uma utopia relacionada à luta cotidiana em torno do "isto aqui", em torno da emancipação e da liberdade. Martín-Baró (1989/2009) resume a necessária utopia sobre o processo de libertação. Se os favelados são utópicos na luta por uma nova sociedade, como não seremos?

> Sei que assumir como horizonte da Psicologia latino-americana a construção de uma psicologia popular que canalize a libertação histórica de nossos povos contém uma alta dose de utopia. Mas atrevo-me a dizer que se trata de uma utopia de vida, em cuja busca nós psicólogos nos encontraremos com teólogos, camponeses, com 'inventores de fábulas' e marginalizados, com revolucionários e 'condenados da terra', que mantêm, obstinadamente, a esperança de um amanhã diferente. (Martín-Baró, 1989/2009, p. 317)

Como nossa utopia se constrói a partir da realidade, a favela é o lugar em que podemos ancorar a criação de novos modos de fazer psicologia. Esse lugar que não existe no campo disciplinar da psicologia deve ser pensado a partir da concretude de um território — a favela. A nossa utopia tem um lugar que podemos encontrar no mapa. Uma utopia situada, como diz Foucault (2013):

> No entanto, acredito que há — e em toda sociedade — utopias que têm um lugar preciso e real, um lugar que podemos situar no mapa; utopias que têm um tempo determinado, um tempo que podemos fixar e medir conforme o calendário de todos os dias". (p. 19)

Tendo em vista este horizonte, este trabalho, ao narrar os encontros entre psicologia e favela, vinculados às dinâmicas territoriais, pude encontrar aproximações e distanciamentos com a utopia de uma Psicologia *favelada*. É fato que os profissionais que encontramos nas favelas hoje estão vinculados às políticas sociais ou às instituições do terceiro setor. Isto limita a sua atuação às exigências institucionais e, de certa forma, os distancia de um projeto libertário e emancipatório (Lacerda Jr, 2015). Portanto, as práticas de psicólogos em favelas serão analisadas tendo como horizonte a emergência de uma Psicologia *favelada*, que esteja pautada pelas lutas populares e contagiada pelas urgentes e históricas questões que atravessam o território favela. Mas o que, fora das práticas profissionais, pode ser tomado como pista para a construção desta perspectiva popular?

Parece que, apesar do percurso em trabalhos comunitários, a psicologia esteve distante dos temas e das demandas da favela. Somos convocados, enquanto profissionais, a habitar estes espaços de forma expressiva a partir do final da década de 1980. Ocupamos esses postos de trabalho, que exigem práticas distintas das tradicionais, e, por isso, até realizamos intervenções de caráter mais coletivo e territorial. No entanto, há ainda um longo percurso no sentido da construção de um paradigma popular para a Psicologia no Brasil.

Já no último ano de doutorado, circulando na universidade[5], agora como professora, encontro uma psicóloga em formação, moradora de uma favela carioca. A favela também circula naquele espaço onde sua imagem aparece para mim, todos os dias, enquadrada pela janela, denunciando a exterioridade e afastamento das relações universidade-favela. A psicóloga evidencia o problema sobre o qual estávamos tratando. Moradora de uma favela carioca, diz que *"não foi a psicologia que a levou à favela, mas a favela que a fez encontrar a psicologia"*, e, por isso, faz o caminho inverso de tantos psicólogos inseridos profissionalmente nas favelas e desloca os movimentos de pesquisadores, que em geral também são classificados como "externos" àquela realidade. Diante de todos os estranhamentos que a sua vida na favela lhe proporcionou, buscou a psicologia como resposta para estas questões. É a partir de sua experiência que encontra a psicologia como uma estratégia para responder as angústias de um cotidiano, segundo ela, marcado por "desaparecimentos" de amigos e familiares e por uma homogeneidade de costumes daqueles que estavam à sua volta. A realidade lhe trouxe questões profundamente vinculadas ao território onde mora, mas logo percebeu que não conseguia encontrar acolhimento entre as teorias psicológicas e suas teorias europeias e elitistas que valorizam exclusivamente a dimensão individual da experiência, a famosa "santíssima trindade (psicanálise, behaviorismo/cognitivismo e humanismo)" (Lacerda Jr, 2013). Mesmo quando vinculada à Psicologia Social, ao tentar escrever sobre a favela, percebe que não consegue usar autores da Psicologia. Ela se questiona: "Mas se as minhas referências são das ciências sociais, então não estou fazendo Psicologia? Eu acho que sim, afinal, eu sou psicóloga. Mas se o que existe no campo *psi* não responde as minhas questões sobre a favela, precisamos inventar outra psicologia!" Como alertava Martín-Baró (1985/1996),

---

[5] Esta universidade, em que lecionava no período de escrita deste livro, fica na zona norte do Rio de Janeiro e é cercada por favelas. Como possui dois portões que atravessam um quarteirão e conectam duas grandes avenidas, as pessoas costumam utilizar a universidade como passagem. Como diz esta aluna: "Eu adoro isso. A favela passa por aqui". Esta é uma imagem analisadora do lugar em que está a universidade para aqueles que passam por ela, perambulam pelo seu espaço, mas não são incorporados ao seu funcionamento. Parece que estamos alheios às dinâmicas dos dois lugares. Ainda mais curioso é o "medo" e o preconceito que circulam entre os professores que têm sérias restrições em circular fora da universidade e se preocupam com o dia "em que a comunidade descer". Por vezes, a universidade é fechada pela intensa troca de tiros na região ou por ordem de algum agente do tráfico.

> Não se trata de abandonar a psicologia; trata-se de colocar o saber psicológico a serviço da construção de uma sociedade em que o bem estar dos menos não se faça sobre o mal estar dos mais, em que a realização de alguns não requeira a negação dos outros, em que o interesse de poucos não exija a desumanização de todos. (p. 23).

Esta afirmação é importante para afirmar nosso campo de disputa. Não pretendemos, mesmo diante da visibilização de diversas críticas, abandonar a psicologia, como Martín-Baró não o fez. Afirmar que uma psicologia que se faz na rua, com os povos, com a luta popular e com a favela é psicologia responde aos aprisionamentos do dispositivo de saber-poder que enfrentamos na formação e no cotidiano de trabalho. Portanto, não coloco em questão se o que faço é psicologia mesmo diante de possíveis acusações se isto cabe no campo *psi*. O problema que se coloca é: isto que se faz na rua ou na favela não é psicologia, psicologia é o que eu faço dentro do consultório, geralmente nos bairros nobres da cidade. Estas afirmações só respondem aos jogos de poder disciplinares que visam sustentar um determinado campo e objeto específico para a psicologia, atendendo às exigências de um especialismo. Afirmar que o que se faz é psicologia não pretende atender a esta demanda de formar um campo específico — então, agora, teríamos a *psicologia favelada* — mas justamente combater e destruir estes aprisionamentos disciplinares que reduzem e restringem o campo *psi* a determinados interesses. Ainda é preciso assegurar que nosso campo de disputa é (n)a Psicologia, e, ao fazer isso, esfacelamos os discursos que defendem a existência de uma psicologia exclusivamente atenta aos psicologismos intimistas e individualistas da classe burguesa.

Alertamos também para a impossibilidade de transposição das teorias psicológicas forjadas em bases hegemônicas para este campo popular. Por isso, a psicóloga em formação tem a sensação de que é preciso inventar a psicologia. Martín-Baró (1983/2017), ao criticar a psicologia social cognitiva, diz

> Todavia, os esquemas propostos, na maioria das vezes, resultam na aplicação de prismas assépticos que impõem camisas de força e barbarismos presunçosos frente aos acontecimentos, as pessoas e os processos da realidade social. (...) As pessoas se guiam por pequenos indicadores estimulantes que observam no ambiente ou

nas outras pessoas e não pelas necessidades fundamentais de se conseguir emprego, comida e um teto em uma sociedade opressiva e inóspita. (p. 102).

Mas isto não é um problema para a Psicologia, não é mesmo? O que é uma questão para a Psicologia?

II

Além da estratégia cartográfica já mencionada no tópico anterior, tomamos a pista metodológica deixada por Foucault (1978) no conjunto de aulas em que debate o problema da governamentalidade. Além das pistas para pensar as relações de poder contemporâneas e a racionalidade liberal na arte de governar, Foucault oferece elementos fundamentais para pensar a construção metodológica de um trabalho genealógico. Deslocando-nos das conclusões a que chega a partir de suas análises, nos interessa explicitar a forma como a construiu para tornar genuína a inspiração em sua proposta.

Na primeira aula do curso *O Nascimento da Biopolítica*, Foucault (1978), ao apresentar sua proposta de estudo sobre a arte de governar, explicita que sua opção de método deixa de lado

> como objeto primeiro, primitivo, dado, um certo número de noções, como, por exemplo, o soberano, a soberania, o povo, os súditos, o Estado, a sociedade civil — todos esses universais que a análise sociológica, assim como a análise histórica e a análise da filosofia política, utiliza para explicar efetivamente a prática governamental. Eu gostaria de fazer precisamente o inverso, isto é, a partir desta prática tal como ela se apresenta, mas ao mesmo tempo tal como ela é refletida e racionalizada, para ver, a partir daí, como pode efetivamente se constituir um certo número de coisas, sobre o estatuto das quais será evidentemente necessário se interrogar, que são o Estado e a sociedade, o soberano e os súditos, etc. Em outras palavras, em vez de partir dos universais para deles deduzir fenômenos concretos, ou antes, em vez de partir dos universais como grade de inteligibilidade obrigatória para um certo número de práticas concretas, gostaria de partir dessas práticas concretas e, de certo modo passar os universais pela grade dessas práticas. (p.5)

A escolha em não partir dos universais como grade de inteligibilidade obrigatória para compreender fenômenos concretos faz parte da mesma orientação de Martín-Baró em produzir uma inversão marxiana do processo metodológico. Parte-se da realidade para criar teorias e transformar o idealismo metodológico em realismo crítico. Essa foi nossa inspiração para a construção do caminho desta pesquisa. O esforço está em encontrar, por exemplo, em Martín-Baró, uma inspiração. Mas não para usar suas contribuições a fim de analisar nossa realidade e sim para tentar construir, a partir dela, nosso próprio percurso. O que pode ser construído a partir das narrativas sobre os encontros entre a psicologia e a favela na cidade do Rio de Janeiro?

Conectado a esta inspiração metodológica, Negri (2016) afirma que o que Foucault recusa em sua obra é o transcendentalismo e que o único caminho de conexão à dimensão social é a imanência, o protagonismo da realidade na orientação da análise.

> Por transcendentalismo, em suma, entendo toda concepção da sociedade que acredita poder valorar ou manipular esta última a partir de um ponto de vista exterior, transcendente, autoritário. Não, não é possível. Há apenas um método que nos permite o acesso ao social, e é o da *imanência absoluta*, da contínua invenção das constelações significantes e dos dispositivos de ação. Como outros autores importantes de sua geração, aqui Foucault acerta as contas, de maneira definitiva, com qualquer reminiscência do estruturalismo — ou seja, com a fixação transcendental das categorias epistêmicas que este último prescrevia (...). (p. 19/20)

Reforçando o necessário deslocamento em relação às exigências estruturais do pensamento, Guattari (1987) nos oferece mais pistas sobre nossa opção metodológica. Uma estrutura exige do fato social que ele seja comportado em seus limites, distanciando-se de toda realidade viva, que comporte inovações e mutações. Uma estrutura

> pretende reger a totalidade de seu campo de realidade como um déspota que determinaria previamente os fatos e gestos de seus súditos, que programaria as conseqüências de todos os acontecimentos que poderiam vir a ocorrer, de todos os encontros que poderiam se dar. (Guattari, 1987, p. 158)

O cenário de construção de um projeto comunitário em psicologia constitui o palco onde a questão deste livro se apresenta. É um esforço em ancorar e oferecer parâmetros para o surgimento de um problema que desliza entre os "universais", como coloca Foucault, e as práticas tal como se apresentam. A questão é: pois bem, construímos uma proposta comunitária em psicologia na tentativa de aproximar nosso fazer da perspectiva popular e da transformação social. O que produzimos com este projeto, afinal? Sabemos, a partir da captura PSC, que ele se mostrou historicamente ambíguo quanto às suas vinculações políticas e à intenção de oferecer novos ares ao trabalho do psicólogo. Mas, deslocando-se da captura identitária da PSC e pensando o projeto comunitário em psicologia de forma mais ampla, chegamos às práticas concretas de psicólogos em favelas. O que é possível dizer sobre este projeto comunitário na psicologia? O que ele produz no cotidiano? O quanto se distancia e se aproxima da PSC e/ou da Psicologia *favelada*? Ele representa, de fato, um alento para os que tinham esperança de que a psicologia latino-americana estivesse, desde a década de 1970, se "definido em função das circunstâncias concretas da população a que deve atender"? (Martín-Baró, 1985/1996, p.7)

Em diálogo com a proposta foucaultiana, Martín-Baró relata sua experiência como docente e o deslocamento ao qual convoca os alunos em relação à teoria e ao contato com a realidade.

> Durante a atividade docente, quando se pede para os estudantes realizarem um trabalho empírico analisando algum problema da realidade, uma das primeiras reações deles é solicitar uma bibliografia, isto é, algum livro ou artigo que estabeleça um "marco teórico" que orientará o estudo e indicará como "operacionalizar" o problema. Quando não conseguem esse "marco teórico", os estudantes sentem-se bastante confusos, para não dizer perdidos. Sem dúvida, é importante conhecer e utilizar o acervo teórico e empírico acumulado pela psicologia científica ao longo de seu século de existência. Todavia, acredito que neste ato reflexo do estudante — primeiro do acadêmico e depois do profissional — se esconde algo mais do que um louvável hábito disciplinar; nesta reação há, também, um mecanismo de alienação que mediatiza o acesso do psicólogo latino-americano à sua realidade e à forma como o quefazer psicológico (*quehacer psicológico*) aborda os problemas da sociedade. (Martín-Baró, 1987/2017, p. 66)

Martín-Baró problematiza a submissão da realidade a um código prévio, pré-estabelecido como uma prática comum na psicologia. Neste sentido, refletindo sobre os desafios de construção de uma perspectiva popular em psicologia e sua necessária vinculação com a realidade, alerta:

> O que falham, não são os conceitos da psicologia por si só, mas o momento dialético de vinculação; o que distorce a análise da realidade não é a tanto a teoria aplicada, mas o objeto da aplicação. Por isso, a minha proposta reside em uma <u>inversão marxiana do processo: que não sejam os conceitos que convoquem a realidade, mas que a realidade busque os conceitos; que as teorias não definam os problemas de nossa situação; mas que os problemas as exijam e, por assim dizer, escolham sua própria teorização</u>. Em outras palavras, trata-se de trocar nosso tradicional idealismo metodológico por um realismo crítico. (Martín-Baró, 1987/2017, p. 78, grifo nosso)

É fundamental destacar a proposta de inversão marxiana proposta por Martín-Baró. Ela diz respeito não só à nossa pista metodológica mas ao que propomos como horizonte de construção de uma perspectiva popular em psicologia. O que deve fornecer fundamento para a construção de uma *psicologia favelada* é uma abertura à realidade de opressão dos povos que, na cidade do Rio de Janeiro, circulam pelas favelas. São os problemas colocados pela favela e suas situações reais e concretas que devem fornecer subsídios para a transformação da psicologia e pistas para uma atuação popular e libertária. Essa abertura ao encontro parte de algumas pistas teóricas e metodológicas, mas a realidade deve ser de onde se parte e aonde se chega. Em um primeiro movimento, parte-se da favela para pensar a psicologia e não da psicologia para a favela. Um desdobramento deste processo pode ser a invenção de uma psicologia que consiga organicamente pensar e fazer a partir e para a favela. Essa é a aposta deste livro.

Um procedimento comum quando se escreve uma pesquisa é, desde o início do projeto, apresentarmos as nossas referências — os autores a partir dos quais vamos orientar a pesquisa e analisar seus resultados. Por diversas vezes, me perguntei: quais são, afinal, as minhas referências? Concluí que, se as referências são, metaforicamente, os olhos por onde devemos enxergar a realidade ou a janela por onde olhamos nosso percurso de pesquisa (nosso "objeto", tema), gostaria de declarar que as minhas referências são imanentes. O esforço por olhar a realidade das favelas a partir dos encontros que foram se agenciando ao longo da pesquisa deve traduzir uma aposta no próprio texto que resulta deste percurso. É a partir do encontro que posso produzir os parâmetros desta janela por onde vejo os problemas aqui colocados e realizo esta análise. Minhas referências são, portanto, Carolina Maria de Jesus, os jovens do Borel, Gizele Martins, Tânia, e tantos outros que encontrei. Meu objetivo foi conseguir olhar a favela com os olhos de Tatiana, *psicóloga favelada* da Serrinha. Ou mesmo com os olhos de Valéria, do Cantagalo. Se consegui traduzir em texto a dimensão destes encontros na construção deste livro e como, a partir deles, insisto na construção de uma perspectiva popular em psicologia, então parte dos objetivos deste trabalho foi alcançado.

III

> Aos psicólogos latino-americanos nos faz falta um bom banho de realidade, especialmente dessa realidade que oprime e angustia as maiorias populares. (Martín-Baró, 1987/2017, p. 78)

A nós psicólogos, falta um banho de favela. Que nos deixemos angustiar e impactar pela realidade em que vivem as maiorias populares, em nosso caso, os favelados. Partindo desta convicção, finalizamos a apresentação deste livro reafirmando os pressupostos nos quais ela se insere: a defesa e a busca de uma perspectiva popular para as intervenções sociais e comunitárias da psicologia. Recorremos a Martín-Baró também para afirmar que nosso campo de disputa é a psicologia, como foi o dele. Não se trata de dizer que, a despeito de reconhecermos a importância de processos emancipatórios, isto não será feito pela psicologia em seu cotidiano de trabalho. A proposta de uma psicologia popular e a lucidez dos escritos de Martín-Baró inspiram os escritos deste livro. Esta inspiração teórica e ético-política se configura pela proposta enfática de Martín-Baró na contribuição da psicologia nos processos de transformação social.

Como construir um projeto de base popular na psicologia? Este projeto já existe? A PSC representou este projeto? O que define o povo e, portanto, esta perspectiva popular? As condições de opressão em que vivem as pessoas em favelas pode ser traduzida pela condição de opressão dos trabalhadores? Ou seja, a luta dos favelados é a luta dos trabalhadores?

Martín-Baró, como um representante do esforço de colocar a psicologia contra a ordem (Lacerda, 2017[6]), é uma inspiração fundamental para esta proposta. Uma referência para pensar uma psicologia organicamente vinculada às questões populares. A atualidade da obra de Martín-Baró representa, segundo Lacerda e Guzzo (2009), a construção de uma perspectiva crítica em psicologia baseada no "resgate da crítica marxista; no resgate da realidade, como ponto de partida e de chegada; e a libertação, como fim e projeto históricos de massas" (p. 19).

É importante destacar a que nos serve a inspiração em Martín-Baró neste texto. Para nós, o que se destaca em sua obra é a crítica contundente que dirige à psicologia e algumas pistas sobre a sua reconstrução teórica e epistemológica a partir do povo. Em resumo, o que é a *psicologia favelada* se não uma reivindicação para a atualização radical de uma crítica à psicologia? E também de uma reivindicação à reflexão sobre seu distanciamento das lutas e movimentos populares? A *psicologia favelada* atualiza, portanto, dentro do contexto brasileiro e carioca, os problemas colocados à psicologia no contexto salvadorenho.

Martín-Baró escreveu sobre diferentes temas vinculados à realidade salvadorenha, como questões relativas ao machismo e à violência. No entanto, cabe destacar que a conexão de sua obra com este livro se faz a partir de sua crítica à psicologia e às propostas lúcidas e claras sobre como construir novos caminhos conceituais e práticos para o campo. Apesar destes tópicos atravessarem toda a sua obra, alguns trabalhos tratam este problema de forma mais expressiva. São estes que trazemos aqui a fim de alimentar as reflexões sobre os encontros entre psicologia e favela.

---

[6] Acessamos a obra de Martín-Baró majoritariamente pelos textos traduzidos no Brasil, em especial, pela importante contribuição da primeira coleção de textos de sua autoria publicados em português por Fernando Lacerda Junior (2017). Lembramos que outros autores estudaram e difundiram sua obra em espanhol, como Amalio Blanco, Luis de La Corte e Ignacio Dobles.

Quando inicia um de seus textos de maior circulação no Brasil — *O papel do psicólogo* —, Martín-Baró (1985/1996) afirma: "o trabalho profissional do psicólogo deve ser definido em função das circunstâncias concretas da população a que deve atender" (p. 7). Essa simples e categórica afirmação é seguida por uma análise de conjuntura da situação de opressão da população salvadorenha. A proposta do autor é, portanto, que cada psicólogo, em seu contexto, faça a análise da situação de seus povos. Entendendo que o que define o povo são as suas condições de opressão, na cidade do Rio de Janeiro, a favela é o espaço onde essas condições são identificadas. O racismo, a exploração e o machismo são algumas das situações de opressão denunciadas pelas favelas. Entendemos o povo como um grupo populacional que sofre múltiplas formas de opressão e nenhuma delas nos parece ser anterior ou superior à outra. Ribeiro (2016), ao prefaciar o livro de Angela Davis — *Mulheres, raça e classe* — destaca que "a autora mostra a necessidade de não hierarquização das opressões, ou seja, o quanto é preciso considerar a intersecção de raça, classe e gênero para possibilitar um novo modelo de sociedade" (p. 12). Como o genocídio produzido pelo Estado nestes espaços é o maior motivo de suas bandeiras de luta, o racismo costuma ser destacado pelos movimentos como uma das mais cruéis formas de opressão. No entanto, é importante dizer que nossa leitura sobre as relações de poder e os processos de opressão não são dicotomizadas, totalizantes e unitárias. Ou seja, entendemos que as dominações são produzidas em níveis relacionais, simbólicos, e se reproduzem também dentro desta categoria "povo" que invocamos para pensar outras formas de produzir psicologia. No entanto, cientes disso, entendemos que evocá-la diz respeito também a pensar os diferentes formatos que as estratégias de dominação e opressão podem tomar nestes contextos. Não tomamos o povo como uma categoria que esteja imaculada e asséptica das relações de dominação. Mas, ainda assim, acreditamos que o encontro com a atualização desta categoria nas favelas pode nos inspirar na construção de um novo *quehacer* psicológico.

Qual é o sentido de um projeto de base popular para a psicologia? Em que direção ele deve caminhar? É a partir desta perspectiva que podemos vislumbrar a reconstrução teórica da psicologia? Ou seja, ao se deixar contaminar pelas questões populares presentes na favela, a psicologia terá a chance de se reconstruir enquanto ciência e profissão? Trata-se de uma reconstrução teórico-epistemológica e metodológica e um novo projeto ético-político para a profissão, a fim de que a psicologia possa se aliar concretamente às lutas por transformação social. Neste sentido, Lacerda Jr (2017) distingue as propostas de Martín-Baró para a Psicologia Social: "não deixar a ciência psicológica alheia às lutas sociais; rejeitar os conceitos que são instrumentais para a reprodução do *status quo*; e construir uma nova Psicologia, adequada à luta histórica pela edificação de um mundo novo" (p. 11, grifos do autor).

Em relação a este problema, Fanon (1968) também é uma inspiração. Ao pensar sobre a inserção dos intelectuais no processo revolucionário de descolonização da Argélia, diz:

> A inserção do intelectual na maré popular será retardada pela existência nêle de um curioso culto do detalhe. Não é que o povo seja refratário à análise. Gosta de receber explicações, gosta de compreender as articulações de um argumento, gosta de ver para onde vai. Mas o intelectual colonizado, no início de sua coabitação com o povo, privilegia o detalhe e chega a esquecer a derrota do colonialismo, o objetivo mesmo da luta. Arrastado pelo movimento multiforme da luta, tende a fixar-se em tarefas locais, levadas por diante com ardor mas quase sempre com exagerada solenidade. Nem sempre vê o todo. Introduz a noção de disciplinas, de especialidades, de domínios, nessa terrível máquina de misturar e triturar que é uma revolução popular. Empenhado em determinados pontos da frente de combate, acontece-lhe perder de vista a unidade do movimento e, em caso de revés local, deixa-se levar pela dúvida e até mesmo pelo desespero. O povo, ao contrário, adota de saída posições globais. A terra e o pão: que fazer para ter a terra e o pão? E êste aspecto obstinado aparentemente limitado, estreito, do povo é em definitivo o modêlo operativo mais fecundo e mais eficaz. (p. 37)

Este trecho funciona como um potente analisador de nossas posições enquanto pesquisadores e trabalhadores inseridos no contexto popular. No texto "O psicólogo no processo revolucionário", Martín-Baró (1980/2017), ao definir a revolução como uma mudança radical na ordem social, propõe uma perspectiva para o trabalho do psicólogo neste processo: ser um bom psicólogo e ser um psicólogo do povo. Qual é o sentido desta proposta? Ser um bom psicólogo é desvincular sua atuação profissional das estruturas de poder e prever, não no laboratório mas na realidade, os acontecimentos e os problemas emergentes na construção de uma nova sociedade (Martín-Baró, 1980/2017). Sua tarefa é "facilitar e humanizar a passagem à nova sociedade" (p. 28). Mas há também um trabalho imediato: "atender a angústia, o pânico, o stress coletivo que pendem sobre o povo el salvadorenho" (p. 28), resultantes do processo de repressão e desumanização social. Ser um psicólogo do povo, diz Martín-Baró (1980/2017),

> não é uma questão de intencionalidade: colocar uma ciência fundamentada em termos individualistas e viciados a serviço da comunidade, só resultaria na reintrodução ou manutenção das necessidades e vivências do homem "capitalista". A questão é transformar os próprios esquemas de compreensão e de trabalho a partir da perspectiva do povo salvadorenho. Dito de outra maneira, devemos redefinir os próprios fundamentos da ciência psicológica. (p. 28/29)

Para a tarefa de ser um psicólogo do povo, Martín-Baró diz que três processos fundamentais devem ser observados:

> A distribuição da saúde mental está vinculada com a distribuição da riqueza produzida no país.[7]

> A incorporação de formas de propriedade social e de nova organização do trabalho exigirá novas formas de convivência social que todos temos que aprender (que não estão baseadas no domínio, na superioridade, etc.; mas baseadas no respeito, companheirismo, etc.).

> Acompanhar[8] o processo de mudança a partir de suas bases humanas, medindo e avaliando criticamente as possibilidades de avanço em cada momento, dificuldades, fracassos, conquistas, acertos, etc.[9] (Martín-Baró, 1980/2017, p. 29)

---

[7] Ao lado deste parágrafo, aparece a seguinte nota: "Alienação mental — alienação social" [N. do T.].

[8] Ao lado deste parágrafo aparece uma anotação sublinhada: "libertação pessoal vinculada com a libertação social" [N. do T.].

[9] Após este último item, Martín-Baró escreveu a mão um novo item, transcrito a seguir: "Humildade do psicólogo: sair das estruturas de poder, começar a descobrir, caminhando com o povo, a consciência desse povo, ajudar a construir o homem novo" [N. do T.].

As propostas colocadas por Martín-Baró devem ser contextualizadas e é a esta tarefa que ele nos convoca. O que seria "ser um psicólogo do povo" no contexto brasileiro, no contexto favelado? Portanto, devemos destacar as críticas que Martín-Baró faz à psicologia e tomar como nosso trabalho a necessidade de pensar as bases de construção de uma nova perspectiva. Neste sentido, Lacerda Jr (2005) indica que

> Las principales críticas de Martín-Baró a la psicología están relacionadas con dos puntos fundamentales: la connivencia de la psicología con el orden, y la distancia entre los problemas de la psicología y las cuestiones fundamentales de la mayor parte de la población latinoamericana. A partir de dichas críticas, el autor propone una reestructuración de la psicología en términos de concepción del mundo, objetivos, objetos y categorías de análisis. Esto sería necesario para que la psicología se libere de sí misma, y contribuya para la liberación de las mayorías populares. (p. 201)

Em resumo, Lacerda Jr (2005) destaca as críticas e propostas de Martín-Baró à psicologia. A distância das questões da maioria da população latino-americana nos faz pensar em uma reestruturação da psicologia em relação à sua concepção de mundo e categorias de análise. Uma psicologia da libertação só se faz libertando-se das teorias e epistemologias que a distanciam das urgências populares. Em caráter complementar, temos o destaque, feito por Lacerda Jr (2017), dos três pontos principais do manuscrito *O psicólogo no processo revolucionário*, que oferecem contribuições à Psicologia e que nos parecem primordiais para pensar a tese aqui apresentada sobre a *psicologia favelada*. Entender uma psicologia ancorada nas lutas e organizações populares, que critique a psicologia hegemônica, e pensar em novas bases que sustentam uma nova psicologia parece resumir os pressupostos da construção de uma perspectiva popular em psicologia.

> Em primeiro lugar, demonstra o apoio incondicional do autor às lutas por mudança social empreendidas pelas maiorias populares. A organização dos setores populares para superar uma sociedade desigual não é somente um horizonte almejado pelo autor, mas um processo que, por conter diversos ensinamentos para as ciências sociais, deve ser seriamente analisado e fomentado. Em

> segundo lugar, o manuscrito problematiza o papel e a política da Psicologia hegemônica: o autor questiona as alianças, os problemas e as práticas da Psicologia, resultando em um complexo de saberes e práticas que pouco fazia além de reproduzir os panfletos ideológicos da classe dominante. Finalmente, o manuscrito é caracterizado pela indicação das bases para se construir uma nova Psicologia indicando, especificamente, de onde ela deveria partir, qual seria o seu horizonte e quais seriam suas tarefas imediatas. (Lacerda Jr, 2017, p. 5)

Portanto, a perspectiva popular proposta por Martín-Baró para a Psicologia significa necessariamente uma revisão dos seus fundamentos teóricos a partir do ponto de vista do povo, ou seja, das maiorias oprimidas. Além de redefinir concretamente as questões, o cientista não pode enclausurar-se na neutralidade de suas pesquisas. Quando reflete sobre a construção de uma nova epistemologia para a Psicologia, Martín-Baró (1986/2009) propõe que devemos redefinir os próprios fundamentos da ciência psicológica:

> A nova perspectiva tem de ser a partir de baixo, das próprias maiorias populares oprimidas. Já nos perguntamos, seriamente, sobre como são vistos os processos psicossociais da vertente do dominado, ao invés de enxergá-los da vertente do dominador? Assumir uma nova perspectiva não supõe, obviamente, descartar todos os nossos conhecimentos, o que supõe é a sua relativização e a sua revisão crítica do ângulo das maiorias populares. (Martín-Baró, 1986/2009, p. 192/193)

Martín-Baró (1986/2009), ao pensar sobre as razões da miséria histórica da psicologia latino-americana, indica alguns fatores que explicam esta condição: o colonialismo, o mimetismo cientificista, a ausência de uma epistemologia adequada e os seus falsos dilemas.

É interessante destacar a reflexão sobre os falsos dilemas que assolam a Psicologia, pois assim Martín-Baró (1986/2009) torna explícito o distanciamento de sua postura em relação a leituras essencializantes e totalitárias. Mesmo tecendo críticas à Psicologia Social norte-americana, ao diferenciar uma psicologia reacionária e uma psicologia progressista, ele diz:

> Uma Psicologia reacionária é aquela cuja aplicação leva a assegurar uma ordem social injusta; uma Psicologia progressista é aquela que ajuda os povos a avançar, a encontrar o caminho de sua realização histórica, pessoal e coletiva. No entanto, uma teoria psicológica não é reacionária apenas pelo fato de vir dos Estados Unidos, tal como o fato de ter origem na União Soviética não a converte, automaticamente, em progressista ou revolucionária. O que torna uma teoria reacionária ou progressista não é tanto o seu lugar de origem, mas a sua capacidade para explicitar ou ocultar a realidade e, sobretudo, para reforçar ou transformar a ordem social. (Martín-Baró, 1986/2009, p. 189)

Aqui, destacamos o debate sobre a ausência de uma epistemologia adequada ao evidenciar que os modelos dominantes na psicologia fundamentam-se em pressupostos pouco discutidos: positivismo, individualismo, hedonismo, a visão homeostática e o a-historicismo. Sobre o hedonismo, nos parece interessante apresentar sua fala sobre a leitura universal do funcionamento por busca de prazer e satisfação de toda atividade humana. Pergunta-nos Martín-Baró (1986/2009): não seria esta forma de entender o comportamento humano uma estratégia de naturalizar o dispositivo do lucro, este por sua vez produto do sistema capitalista? Como reconhecer práticas de solidariedade e outras atividades que desviem disto que está sobrecodificado em leituras universais e naturais do ser e estar no mundo, em geral apresentadas pelas teorias hegemônicas em psicologia?

> No entanto, eu me pergunto se com o hedonismo é possível entender adequadamente o comportamento solidário de um grupo de refugiados que, sem nada saber sobre o recente terremoto que devastou o centro de San Salvador, abriram mão de toda a sua reserva de alimentos e a enviou para as vítimas da zona mais atingida. Pensar que por trás de todo comportamento há sempre, e por princípio, uma busca de prazer e satisfação não é fechar os olhos para uma forma distinta de ser humano ou, pelo menos, a uma faceta distinta do ser humano, mas tão real como a outra? Integrar como pressuposto o hedonismo em nosso marco teórico não é, de fato, uma concepção ao princípio de lucro fundante do sistema capitalista e, portanto, uma transposição à natureza do ser humano daquilo que caracteriza o funcionamento de um determinado sistema socioeconômico? (Martín-Baró, 1986/2009, p. 187)

Além disso, destaca que a visão homeostática, neste mesmo sentido, tende a capturar sob os signos de patologização os conflitos e lutas sociais. Visto como um pressuposto da psicologia hegemônica, Martín-Baró diz que essa visão nos leva a suspeitar de tudo que representa mudança e desequilíbrio.

> Dessa perspectiva, mais ou menos implícita, é mais difícil que os desequilíbrios inerentes às lutas sociais não sejam interpretados como transtornos pessoais (não falamos de pessoas "desequilibradas"?) e os conflitos criados pela recusa da ordem social não sejam considerados patológicos. (Martín-Baró, 1986/2009, p. 187)

Com isso, deslocando-se desta captura que patologiza as lutas populares, como pensar diante dos conflitos e da gravidade das situações que assolam as maiorias populares? A partir de onde definimos o que é socialmente desejável? Assumindo a perspectiva do povo. Mesmo assumindo que há um processo de alienação fruto de uma consciência, que, por vezes, deseja o que mantém a condição de opressão, Martín-Baró (1985/2017) alerta para as posturas catequizadoras que podemos assumir na tarefa de conscientização. Como se conectar com as necessidades populares sem os retirar do protagonismo de suas reivindicações?

> Quem deve, então, determinar as necessidades "verdadeiras" e "falsas"? A quem cabe diferenciar o que há de autêntico e o que há de alienante no interior da consciência popular? Por acaso, deverá o psicólogo social se converter em "intérprete" das necessidades populares? Problema que não é de fácil solução, nem mesmo para aqueles que, surgidos do próprio povo, se convertem em sua vanguarda política, mas que, ao chegarem nesse lugar, frequentemente, perdem o contato existencial com suas bases e tendem a assumir como voz do povo o que não é mais do que a sua própria voz. (Martín-Baró, 1985/2017, p. 81)

Ao assumirmos a necessária tarefa de libertação, os objetivos da psicologia social devem ser: redefinir as suas bases teóricas e fortalecer opções populares. A fim de operacionalizar estes objetivos, a psicologia social deve realizar "*o estudo sistemático das formas de consciência popular*", "*o resgate e a potencialização das virtudes populares*" e a "*análise das organizações populares como instrumento de libertação histórica"*. De nada adianta o processo de conscientização se dele não resultam "formas organizativas que conduzam os interesses das maiorias populares para o confronto social" (Martín-Baró, 1985/2017, p. 84).

Sobre os desafios colocados à psicologia latino-americana, Martín-Baró (1986/2009) define que a psicologia deve redefinir seu papel a partir de três perguntas: uma pergunta epistemológica, uma conceitual e outra prática. A pergunta epistemológica "questiona os critérios de verdade normalmente utilizados para legitimar nosso conhecimento" (p. 202), entendendo que as verdades produzidas nas teorias psicológicas hegemônicas são verdades situadas e não universais. Desta forma, entendendo a constituição histórica dos seres humanos, Martín-Baró (1986/2009) nos pergunta como definir critérios de verdade situados a partir da realidade dos nossos povos. Esta seria a pergunta epistemológica que a psicologia latino-americana deve se fazer. Neste mesmo sentido, a questão conceitual diz respeito a avaliar "os problemas específicos dos nossos povos sem as proteções dos marcos teóricos apriorísticos, que filtram, de forma enviesada, a realidade e limitam, não isentos de interesses, nossa capacidade de compreensão" (Martín-Baró, 1986/2009, p. 203). Conectado ao princípio que a realidade é a dimensão de onde se parte e aonde se chega, é ela quem deve balizar a construção de uma nova perspectiva teórica e não o contrário. E a pergunta práxica nos leva a pensar sobre as contribuições concretas que os fazeres científicos e profissionais da psicologia apresentaram historicamente aos povos latino-americanos. Entende que há uma limitação inerente ao *quehacer* psicológico e que nossa marginalidade aos anseios dos povos não diz respeito a uma falta de disposição ou a um conformismo. É a partir disso que afirma:

> Pessoalmente, penso que, resguardadas algumas exceções muito honrosas, a Psicologia e nós, os psicólogos latino-americanos, temos permanecido à margem dos grandes movimentos e das inquietações de nossos povos (Martín-Baró, 1986). E o mais grave é que a marginalidade da práxis não pode ser atribuída a um conformismo germinal dos psicólogos ou a uma insensibilidade ante os sofrimentos das maiorias, mas, mais provavelmente, a uma impotência intrínseca ao próprio fazer psicológico. (Martín-Baró, 1986/2009, p. 203)

Ainda sobre os desafios colocados à psicologia latino-americana, problematiza sobre o debate em torno da falta de relevância social. Tópico extensamente reivindicado por aqueles que dirigiram críticas à Psicologia Social Cognitiva na chamada "crise" da Psicologia Social, a falta de relevância social era um argumento a justificar o distanciamento das teorias em Psicologia Social da realidade social. Mas Martín-Baró (2009) nos pergunta: "onde está a pretensa falta de relevância social?" (p. 205). A psicologia influenciou expressivamente nossa sociedade, mas o fez em relação aos grupos dominantes. A falta de relevância social precisa ser debatida a partir das maiorias populares, afinal,

> a Psicologia presta-se mais às exigências de discriminação classista que às necessidades de cooperação, a buscar a eficiência produtiva do trabalhador que à justiça nas relações de trabalho, a estimular o consumo de luxo que à sobriedade solidária entre todos os setores sociais. (Martín-Baró, 1986/2009, p. 205)

Qual é a perspectiva que Martín-Baró propõe para uma psicologia popular? Neste livro, afirmamos que a favela e, em especial, sua luta, devem ser tomadas como um horizonte para a construção de uma perspectiva popular em psicologia. Qual é a realidade do povo favelado? Como a psicologia pode concretamente construir suas teorias e intervenções a partir dela?

> Todavia, o desafio não se limita a apresentar a possibilidade abstrata de qualquer contribuição psicológica, mas refere-se ao questionamento mais concreto e radical que pergunta se essa contribuição pode responder às exigências das maiorias populares. (Martín-Baró, 1985/2017, p. 67)

Ainda no texto "O psicólogo no processo revolucionário", Martín-Baró (1980/2017) indica sua preocupação com o horizonte que devemos ter para contribuir no processo revolucionário. Ele diz:

> Usando os termos dos protagonistas, a nova sociedade almejada em El Salvador busca: (a) a prioritária e crescente satisfação das necessidades básicas do povo; (b) a formação de uma nova mentalidade, solidária e comunitária; (c) a busca por uma personalidade social autenticamente nacional e popular. (p. 26)

Nós já perguntamos qual é a sociedade almejada pelo nosso povo? A psicologia se agencia a esta tarefa ético-política em seu cotidiano, reconhecendo os protagonistas deste processo? Ao definir as prioridades da construção de uma Psicologia popular, Martín-Baró (1989/2009) elenca três tarefas urgentes. A recuperação da memória histórica dos povos precisa resgatar o orgulho de pertencimento dos povos em relação à sua cultura, tradição, valores, onde a necessária "reconstrução de certos modelos de identificação" (p. 216) tem como horizonte a libertação coletiva. Em relação à potencialização de suas virtudes como uma tarefa de construção de uma Psicologia popular, Martín-Baró (1989/2009) entende que precisamos "reconhecer e potencializar todas aquelas virtudes próprias de nossos povos que lhes permitiram confrontar, em circunstâncias quase infra-humanas, a difícil tarefa de sobrevivência histórica" (p. 216). Ou seja, o autor chama a atenção para as estratégias de resistência historicamente já utilizadas pelos povos. Cita, por exemplo, a inteligência prática de crianças marginalizadas ou a solidariedade do camponês salvadorenho, evidenciando os modos de funcionamento presentes no cotidiano dos povos que expressam suas formas de resistência que escapam às formulações teóricas revolucionárias. Os povos resistem, precisam resistir ao nível da sua sobrevivência. Neste sentido, vemos uma estreita conexão com a proposta de uma perspectiva popular em psicologia. Por fim, defende que uma Psicologia popular precisa de um trabalho conscientizador. Tese já explorada no texto *O papel do psicólogo*, a conscientização requer uma práxis transformadora das dimensões sociais e materiais que esteja atenta aos "interesses mais autênticos das próprias classes populares" (Martín-Baró, 1989/2009, p. 217). Ao afirmar que a Psicologia popular precisa ser uma Psicologia política, diz que precisamos levar em conta "o poder social na configuração do psiquismo humano" (p. 217). No entanto, Martín-Baró (1989/2009) alerta para os perigos da mitificação dos povos e da Psicologia popular.

> É importante não mitificar e nem acreditar que todos os traços que caracterizam um povo são por si mesmos louváveis; há muito de alienação na Psicologia popular, como Psicologia de certas classes exploradas e oprimidas. Mas também há muito de admirável e até heróico nessas formas simples de pensar, sentir e atuar que permitiram nossos povos sobreviver a séculos de dominação e

imperialismo; são essas formas as que preciso resgatar e potencializar a favor de um processo de libertação. (p. 217)

Assim como Martín-Baró, nos inspiramos em Paulo Freire para refletir sobre esta categoria popular e seus processos de libertação. No livro *Pedagogia do oprimido*, o autor apresenta a relação dinâmica entre oprimidos e opressores e entende que o horizonte de libertação é a superação desta contradição e destas relações. O destaque é para a necessária reflexão sobre como os oprimidos, as maiorias populares, o povo, são permeados pelas formas de dominação do opressor. Como construir o protagonismo de suas lutas entendendo que neles habita também o modo de funcionamento opressor? Como diz Freire (1967/2011),

> o grande problema está em como poderão os oprimidos, que hospedam o opressor em si, participar da elaboração, como seres duplos, inautênticos, da pedagogia de sua libertação. Somente na medida em que se descubram hospedeiros do opressor poderão contribuir para o partejamento de sua pedagogia libertadora. Enquanto vivam a dualidade na qual ser é parecer e parecer é parecer com o opressor, é impossível fazê-lo. (p. 43)

Com isso, como mencionamos acima, a categoria popular precisa ser pensada de forma processual e múltipla, sem deixar de considerar a dimensão estrutural das dominações sociais, econômicas e políticas. Não há como entender o povo como unidade livre da reprodução das dominações produzidas socialmente. Os oprimidos hospedam em si a sombra dos opressores, diz Freire (1967/2011). Entendemos que o horizonte das lutas populares é que não tenhamos oprimidos que desejam se tornar opressores. O horizonte deve estar na superação da contradição. Como diz Freire (1967/2011): "os oprimidos de ontem, que detêm os antigos opressores em sua ânsia de oprimir, estão gerando, com seu ato, liberdade, na medida em que com ele, evitam a volta do regime opressor" (p. 60). A necessária superação deste nível de dominação simbólica para a transformação social parece ser um importante horizonte revolucionário. A tarefa constante de não reproduzir relações de dominação ao construir resistências baseadas em relações dialógicas, que não estejam agenciadas com a violência, os silenciamentos, o autoritarismo e a desumanização, nos parece fundamental. Só há superação da opressão se a contradição da relação for superada e não se instaurarmos novos polos opressores versus oprimidos.

> Até as revoluções, que transformam a situação concreta de opressão em uma nova, em que a libertação se instaura como processo, enfrentam esta manifestação da consciência oprimida. Muitos dos oprimidos que, direta ou indiretamente, participaram da revolução, marcados pelos velhos mitos da estrutura anterior, pretendem fazer da revolução a sua revolução privada. Perdura neles, de certo modo, a sombra testemunhal do opressor antigo. (p. 45)

Ao entendermos que a construção de uma perspectiva popular em psicologia está ancorada em uma aproximação das questões que afligem o povo e sua realidade, nos cabe também discutir de que realidade se trata. Apesar de tomarmos a realidade como evidência, como aquilo que se apresenta como a urgência e a materialidade cotidiana dos povos, que está sempre deixada do lado de fora dos consultórios e das análises psicológicas, Freire (1967/2011) nos convoca a pensá-la em articulação com os processos de transformação.

> A realidade social, objetiva, que não existe por acaso, mas como produto da ação dos homens, também não se transforma por acaso. Se os homens são produto desta realidade e se esta, na "inversão da práxis", se volta sobre eles e os condiciona, transformar a realidade opressora é tarefa histórica, é tarefa dos homens. (p. 51)

Portanto, a perspectiva popular proposta por Martín-Baró é uma inspiração à *psicologia favelada*. Mas destacamos que a análise das situações de opressões reais e concretas oferecem singularidade aos processos identificados nas favelas em relação, por exemplo, ao povo salvadorenho. Esta utópica *psicologia favelada* deve caminhar em um horizonte popular, mas nem toda psicologia popular pode ser resumida a *psicologia favelada*. A favela é um dos lugares de circulação do povo e sua experiência de vida neste espaço da cidade singulariza sua condição de opressão. Existir como povo na favela significa estar exposto, por exemplo, a uma violência do Estado e à condição de exceção quando abordamos a garantia de direitos. Mas existem muitos espaços de circulação do povo na cidade, a favela é um deles.

Aqui buscamos estudar o povo a partir da favela. Ao entender como povo o conjunto de pessoas que sofre algum tipo de opressão, é preciso dizer que há uma complexa variedade de opressões sofridas pelo povo da favela. Elas se pulverizam entre as questões econômicas, políticas, de raça e gênero. Mas o que se destaca quando precisamos qualificar o sofrimento entre os que moram em favelas, é preciso destacar, é o genocídio produzido pelo Estado e sua violência cotidiana. Sua luta, portanto, se resume, muitas vezes, a uma legítima e aguerrida luta pela vida.

Com este trecho de Martín-Baró que resume a proposta de uma nova práxis como horizonte da psicologia latino-americana, encerramos esta longa introdução com as pistas que nos inspiraram nesta construção.

> Todo conhecimento humano está condicionado pelos limites impostos pela própria realidade. Sob vários aspectos a realidade é opaca e só atuando sobre ela, transformando-a, é possível ao ser humano ter notícia dela. O que vemos e como vemos, certamente, está condicionado por nossa perspectiva, pelo lugar a partir do qual nos ligamos à história; mas também está determinado pela própria realidade. Assim, para adquirir um novo conhecimento psicológico, não basta nos situar na perspectiva do povo, é necessário nos envolver em uma nova práxis, uma atividade transformadora da realidade que nos permita conhecê-la não apenas no que é, mas no que não é, e isto ocorre na medida em que tentamos orientá-la para aquilo que deve ser. (Martín-Baró, 1986/2009, p. 193)

Este livro foi dividido em três capítulos. No capítulo I, desdobramos algumas reflexões realizadas na pesquisa de mestrado sobre a Psicologia Social Comunitária no Brasil e no quanto este projeto comunitário representou a construção de uma perspectiva popular para a psicologia, tendo em vista o horizonte que estamos esboçando a respeito da Psicologia *Favelada*. No capítulo II, apresentamos o debate sobre a relação dialética da favela com a cidade e seus processos de luta e resistência. No capítulo III, apresentamos e analisamos os encontros entre psicologia e favela na cidade do Rio de Janeiro.

CAPÍTULO I

A emergência de um projeto popular e comunitário em Psicologia: sinais de captura e insurgência

Quanto ao motivo que me impulsionou foi muito simples. Para alguns, espero, esse motivo, poderá ser suficiente por ele mesmo. É a curiosidade — em todo caso, a única espécie de curiosidade que vale a pena ser praticada com um pouco de obstinação: não aquela que procura assimilar o que convém conhecer, mas a que permite separar-se de si mesmo. De que valeria a obstinação do saber se ele assegurasse apenas a aquisição dos conhecimentos e não, de certa maneira, e tanto quanto possível, o descaminho daquele que conhece? Existem momentos na vida onde a questão de saber se se pode pensar diferentemente do que se pensa, e perceber diferentemente do que se vê, é indispensável para continuar a olhar ou a refletir. Talvez me digam que esses jogos consigo mesmo têm que permanecer nos bastidores; e que no máximo eles fazem parte desses trabalhos de preparação que desaparecem por si sós a partir do momento em que produzem seus efeitos. Mas o que é filosofar hoje em dia — quero dizer, a atividade filosófica — senão o trabalho crítico do pensamento sobre o próprio pensamento? Se não consistir em tentar saber de que maneira e até onde seria possível pensar diferentemente em vez de legitimar o que já se sabe?

[FOUCAULT, 1984/2010, P. 15]

Inspirados pelo pensamento foucaultiano e sua história das problematizações (Foucault, 1984/2010) nos perguntamos: como e por que o "comunitário" emerge como um problema e como um objeto para a Psicologia? Ou como a Psicologia objetiva isto que passou a qualificá-la, "o comunitário"? Que "comunitário" é esse que passa a se agenciar à Psicologia e produz como efeito o surgimento de uma nova "abordagem" para o campo, a Psicologia Comunitária? O que significa a emergência de um projeto popular e comunitário na Psicologia? Investigar os discursos e práticas em torno do comunitário nos permite entender como este problema surge para a Psicologia e quais são os seus efeitos na atuação e formação profissional. Tratar o comunitário como efeito de práticas e não como um objeto que desliza na linha do tempo é entender que ele assume diferentes formas e funções ao longo da sua história de agenciamentos com a psicologia. Tomá-lo como um problema diz respeito a pensar sobre que jogos de verdade instaurou e como alimentou a construção de fronteiras disciplinares na Psicologia. Com quais objetivos a produção deste "comunitário" constitui um projeto de aproximação às camadas populares?

Ao trazer algumas linhas deste pensamento, nos interessa "que a teoria sirva e funcione, mas não apenas enquanto teoria: não há valor se não houver alguém para servir dela. Não se revisita uma teoria; servimo-nos dela para fazer outras" (Marinho, 2016, p. 9). É preciso reafirmar que a convocação a Foucault orienta a narrativa histórica aqui apresentada sobre psicologia e o projeto comunitário. Quais práticas produziram o "comunitário" como um problema e quais discursos foram agenciando e administrando os encontros entre a psicologia e seu projeto popular? Ecoando as pistas metodológicas trazidas na introdução, Negri (2016) afirma que

> a obra de Foucault é uma máquina estranha. Ela permite pensar a história apenas como história do presente. Provavelmente, tudo aquilo que Foucault escrever (como Deleuze já sublinhava) deveria ser reescrito. Ele sempre procura, aproxima, desconstrói e formula hipóteses, imagina, constrói analogias e conta fábulas... Mas o essencial não é isso: a coisa fundamental é o seu método, pois lhe permite estudar e descrever o movimento entre passado e presente e entre presente e futuro. É o método de transição cujo <u>centro</u> é o presente. Foucault está ali no meio, não entre o passado e o futuro,

mas ali naquele presente que os distingue. É ali que se instala o questionamento. Com Foucault, a análise histórica torna-se uma ação, o conhecimento do passado uma genealogia, e a perspectiva do amanhã um dispositivo". (p. 15/16, grifos do autor)

Agenciados com esta máquina estranha, inspirados por seu método, nos perguntamos: quais foram as práticas encontradas na sociedade brasileira e na psicologia que compuseram a cena do encontro entre a psicologia e a comunidade? Ou melhor: como se objetificou um projeto comunitário em psicologia? Sob que prisma prático-reflexivo (Foucault, 1978) surge o problema de uma psicologia que deve olhar para questões comunitárias?

Ao falar sobre um projeto popular e comunitário em psicologia, tentamos destacar a ideia de que os trabalhos comunitários em psicologia começaram com um deslocamento (físico) dos profissionais para as regiões periféricas da cidade e isso representou uma novidade para a psicologia. Ou seja, o movimento de ida à comunidade produziu uma série de outros deslocamentos na psicologia. Compreendemos que o movimento é literal e simbólico. Mas é preciso destacar o deslocamento literal. Afinal, o encontro com as classes populares não poderia acontecer em qualquer lugar da cidade, em qualquer região. Por isso, a princípio, o termo comunidade equivale aos termos favela e periferia. "O psicólogo vai à comunidade" quer dizer "o psicólogo vai à periferia", ao encontro das classes populares e não a qualquer lugar da cidade. O projeto de uma psicologia que vai à comunidade representa um projeto de múltiplos deslocamentos na Psicologia e principalmente a sua popularização. Tornar-se popular significa sair de seus lugares teóricos e ético-políticos. Essa aposta significa que o movimento de encontrar espaços sociais marginalizados deveria significar uma transformação da psicologia e não uma extensão dos seus serviços às maiorias populares. Percebemos que, posteriormente, o termo comunidade será relativizado e não irá corresponder necessariamente a um determinado lugar da cidade. Portanto, faz-se psicologia comunitária onde há comunidade, e a comunidade está em todos os lugares: comunidade de alunos, comunidade de pacientes, comunidade de moradores da Avenida Atlântica. Esta discussão será retomada no tópico sobre o conceito de comunidade.

Por ora, é importante destacar que o projeto comunitário em psicologia nos fornecia pistas sobre um movimento que pretendia a sua popularização, no sentido de voltar-se ao povo e com ele transformar-se. Comunidade, portanto, deveria ser equivalente a povo. E o povo parecia se concentrar em alguns espaços da cidade. A emergência de um projeto comunitário em psicologia significou uma tentativa de aproximar a psicologia de setores populares. O mapeamento destes encontros nos permite pensar que, ao longo do tempo, existem faíscas de construção de uma perspectiva popular nesta trajetória. No entanto, sustentamos que a representação deste projeto pela Psicologia Social Comunitária, em alguns momentos, significou a sua captura por diversos mecanismos, tais como a produção de especialismos, a relativização de posicionamentos ético-políticos (que pode ser acompanhada pela relativização do conceito de comunidade) e a consequente aproximação dos discursos liberais e capitalísticos. A respeito da Psicologia Social Comunitária (PSC) e sua captura do movimento de aproximação das maiorias populares, entendemos, como Barros (2007), que o processo de institucionalização de um campo disciplinar implica a criação de "uma composição de linhas que ao se atravessarem produzem campos de saber, redes de poder, especialismos" (p. 95). "Linhas que marcam territórios, produzindo tanto objetos, como sujeitos" (idem). Estas instituições "passam a exigir respostas teórico-técnicas a serem dadas por especialistas, os quais novamente se instituem, cada vez mais afastados do que pulsa, do que flui, ascetizando as disputas e vontades que as constituíram" (idem).

O presente capítulo tem como objetivo pensar as condições de emergência de um movimento em psicologia que buscou se aproximar do que, genericamente, estamos chamando comunidade, periferia, favela[10]. Este movimento, em sua quase totalidade, foi objetivado no que denominamos hoje Psicologia Social Comunitária. Tendo em vista que este é um processo recente na história da psicologia, que se intensificou no último quarto do século XX, pretendemos pensar em como este projeto emerge atravessado pelos debates relativos: 1) à constituição de uma psicologia social crítica, como um projeto em psicologia que pretende "criticar a sociedade e a psicologia" (Lacerda Jr, 2013, p. 217); 2) aos estudos profissionais de psicólogo no Brasil, sua aliança com as elites e o lema do compromisso social.

---

[10] A princípio, tomamos comunidade como termo equivalente à periferia e favela. Genericamente, estes são nomes para designar um espaço urbano da cidade, destacado por características de exclusão, pobreza e violência, que aglomera, portanto, manifestações da questão social e está povoado pela classe trabalhadora.

Além disso, é preciso percorrer os caminhos deste projeto no Brasil sob a forma da Psicologia Social Comunitária, problematizando as transformações nos seus objetivos ao longo de quase quatro décadas e seus efeitos na conjuntura social e política. Este rol de problemas dentro do campo da Psicologia Social Comunitária, a respeito do projeto de um "especialismo", suas questões teórico-epistemológicas e o conceito de comunidade (Gonçalves, 2013) constituem terreno para as questões debatidas neste livro. Desta perspectiva histórica sobre a Psicologia Social Comunitária, é preciso destacar seu percurso no Rio de Janeiro pela peculiaridade dos encontros entre psicologia e comunidade nesta cidade (Soares, 2001).

Este capítulo pretende sustentar a questão deste livro ao retomar o contexto de surgimento de um projeto popular e comunitário em psicologia a partir de um mapeamento de sua trajetória no Brasil, contextualizando com as questões trazidas pela psicologia social crítica e pelos estudos profissionais. As propostas no campo comunitário foram atravessadas por contradições relativas a ideias aliadas a uma perspectiva conservadora e propostas relacionadas a projetos de insurgência e transformação. A PSC passou a condensar a maior parte destas propostas sob um manto supostamente homogêneo, caindo em um dos principais pecados capitais da psicologia: a criação de mais um especialismo. Uma das capturas revelada nesta falácia é a suposta homogeneidade de um campo que se mostrou amplamente heterogêneo em suas bases teórico-epistemológicas. A heterogeneidade revela a incoerência na defesa de uma especificidade, o que não deslegitima os numerosos trabalhos produzidos em seu nome e seus efeitos sociais e políticos. A existência de um campo, que didaticamente chamamos PSC, só se justifica como estratégia para afirmar a vinculação dos que lutam por uma psicologia pautada pelas questões sociais e populares. Outra crítica ao que a PSC produziu historicamente se traduz em uma filiação a teorias conservadoras e individualistas da Psicologia, que desvinculam a questão social dos problemas comunitários e oferecem explicações conceituais sem considerar os atravessamentos macroestruturais (políticos, econômicos, culturais), vinculando-os a uma perspectiva liberal. Como exemplo, temos a explicação da pobreza pelas formulações de Amartya Sen e os traços de psicologia positiva nas propostas de trabalho comunitário. A ideia deste capítulo é evidenciar como a PSC se distanciou dos referenciais críticos e da possibilidade de concretizar uma proposta insurgente em psicologia. Diversos fios dessa teia comunitária nos conduzem a essas vinculações liberais e conservadoras, como, por exemplo, a aproximação com a psicologia positiva.

Isto não quer evidenciar qualquer pureza na origem histórica da PSC, como se quando surgiu fosse exclusivamente progressista e agora tivesse se tornado conservador. O campo foi atravessado por diversas propostas contraditórias e divergentes (Gallindo, 1981; Lane, 1981). Ou seja, o que pretendemos é visibilizar o que foi produzido dentro deste escopo comunitário da psicologia, suas contradições, e pensar quais os caminhos que os agenciamentos da psicologia com o projeto popular tomaram ao longo do tempo. Não nos interessa afirmar que, originalmente, a psicologia e seu projeto comunitário possuem em si potenciais de transformação da realidade e da psicologia. Não há pureza ou bondade neste projeto inicial. O que queremos dizer é que, ao se aproximar da realidade das classes populares, a psicologia teve esta oportunidade. Colocou-se à disposição de se transformar a partir destes encontros. Mas parece que houve algumas capturas neste percurso. Inclusive a captura de tentar purificar a história de um projeto comunitário cheio de contradições.

Partindo das problematizações no campo da PSC e tentando nos deslocar das capturas reveladas acima, a questão está em saber se as práticas de psicologia em favelas, ao estarem vinculadas ao território de forma imanente, representam algum projeto insurgente e emancipador em psicologia, ou seja, alguma pista sobre a construção desta perspectiva popular. Há alguma coisa nestes encontros entre psicologia e favela que represente alguma linha de fuga à proposta de uma psicologia social comunitária estabelecida institucionalmente e que esteja, de fato, organicamente pautada pelo que emerge do e no território?

Das críticas à psicologia: a psicologia social crítica

O surgimento de um projeto de psicologia que vai à comunidade faz parte da difusão de uma perspectiva crítica na psicologia brasileira. A possibilidade de emergência de uma prática em psicologia dirigida aos setores populares toma corpo neste momento de profusão de críticas à psicologia e à psicologia social. Por isso a importância de conhecer como este movimento circulou na produção de conhecimento, que efeitos produziu e de que forma ele atravessa as experiências comunitárias em psicologia. Ou seja, se o projeto inicial de uma psicologia que vai até a comunidade, abarcado em geral pelas produções da Psicologia Social Comunitária, estava vinculado a uma perspectiva crítica em psicologia, é importante apresentar esta perspectiva. Além disso, a importância em destacar esta vinculação a um projeto crítico, apesar da sua necessária revisão, é enfatizar o compromisso (inicial) da psicologia comunitária com o questionamento da realidade social aliada a um projeto emancipador. Neste sentido, os vetores que marcam a difusão de uma psicologia crítica no Brasil fazem parte do projeto comunitário na psicologia, já que entre eles destaca-se a aproximação com os "setores oprimidos e explorados da sociedade brasileira" e a "entrada da psicologia em novos campos de atuação" (Lacerda Jr, 2013, p. 217). Portanto, ao falar genericamente da constituição deste terreno crítico na psicologia, oferecemos fundamentos para a compreensão da trajetória da Psicologia Social Comunitária no Brasil.

Na América Latina e no Brasil, os elementos de uma perspectiva crítica em psicologia emergem por dois caminhos: a crítica à vinculação das teorias psicológicas ao ideário burguês e sua dependência em relação às ideias produzidas nos grandes centros capitalistas (Lacerda Jr, 2013); e a reivindicação do compromisso da psicologia com a realidade social, econômica e política latino-americana (Bock, Gonçalves, & Furtado, 2007; Carvalho & Souza, 2010). A psicologia da libertação, psicologia política, psicologia sócio-histórica, psicologia marxista, a psicologia social comunitária são alguns exemplos dessa tentativa de responder às críticas e propor mudanças para a Psicologia. As diferenciações destes campos respondem a critérios didáticos e pequenos traços teórico-epistemológicos. No entanto, todas estas propostas emergem de um terreno comum e parecem estar vinculadas ao mesmo problema colocado pela necessária crítica à psicologia.

O conjunto de reflexões sobre a psicologia crítica, segundo Fox, Prilleltensky e Austin (2009), entende que as suas propostas devem pensar em uma crítica à sociedade e à psicologia. Ao diferenciar a psicologia hegemônica e a psicologia crítica, dizem:

Por psicologia hegemônica entendemos a psicologia que as universidades muito frequentemente ensinam e que os clínicos, os pesquisadores e os consultores muito frequentemente praticam. É a psicologia que você provavelmente estudou no seu curso introdutório, apresentada como uma ciência onde pesquisadores utilizam-se de métodos objetivos para compreender o comportamento humano e cujos praticantes auxiliam indivíduos a lutar contra a angústia (sem página).

No entanto, alertam que a psicologia crítica não pretende, ela mesma, se tornar mais um campo na Psicologia. E que é um perigo entender que as críticas à psicologia só estarão capturadas pelo nome "psicologia crítica". Sinalizam que um dos problemas fundamentais da psicologia hegemônica é o nível de análise individual para problemas sociais, que produz a culpabilização de indivíduos. Além disso, entendem que precisamos avaliar nossos níveis de ação política. Como podemos, de fato, produzir práticas que efetuem processos de insurgência contra a ordem social capitalista (Lacerda Jr, 2013)?

Psicólogos críticos acusam a psicologia hegemônica de ser, quase que exclusivamente, paliativa, focada na terapia para os aflitos, em pesquisas destinadas a pequenas reformas e empreendimentos de horizonte limitado. Levando em conta estas críticas, os psicólogos críticos deveriam abandonar a esfera paliativa e simplesmente adotar transformações de maior alcance? Na prática, não é sempre fácil identificar esforços transformadores, ou determinar qual o papel que podemos desempenhar. (Fox, Prilleltensky & Austin, 2009, sem página)

Entre práticas paliativas, vinculadas ao campo clínico ou intervenções individuais, e, por outro lado, práticas transformadoras que produzam mudanças de maior alcance, qual deve ser o horizonte das práticas em psicologias críticas? Em que direções estas transformações caminharam? Concordamos com os autores quando sinalizam a dificuldade em identificarmos práticas transformadoras e definimos qual papel devemos desempenhar com este objetivo.

Alguns autores vinculam a Psicologia Social Comunitária (PSC) na América Latina (Álvaro & Garrido, 2006; Campos, 1996; Góis, 2005, 2008;

Freitas, 1996; Lane, 1996; Montero, 2011; Nascimento, 2001) à Psicologia social crítica e enfatizam sua contribuição para o redirecionamento da Psicologia brasileira. Lacerda Jr (2013) afirma que estes são justamente espaços importantes para o desenvolvimento de práticas críticas em psicologia: as políticas sociais, a luta antimanicomial e a psicologia comunitária (p. 231). Portanto, é a partir da compreensão destes movimentos que trazemos as problematizações sobre a trajetória da PSC no Brasil.

Lacerda Jr (2013) entende que não é possível pensar sobre a história da psicologia no Brasil sem pautar a formação social, política e econômica do país. Por isso, explora a constituição de um capitalismo dependente como fator relevante para a predominância de uma ciência psicológica orientada pelas teorias produzidas nos grandes centros capitalistas. Ao relacionar a "psicologia crítica" ao contexto social, Lacerda Jr (2013) afirma que:

> O capitalismo dependente criou uma ciência que: mais reproduziu ideias conservadoras do que buscou compreender a realidade brasileira; mais justificou uma ordem social injusta do que explicou suas raízes e suas consequências perversas sobre a subjetividade humana; mais contribuiu para o capital extrair mais-valia do trabalho do que para a tomada de consciência de classe pelo proletariado; mais oprimiu do que libertou. Mas, a psicologia brasileira também foi espaço para contestação, rebelião e busca por emancipação. (p. 225)

Pois apesar da vinculação da psicologia brasileira a um projeto conservador, de aliança com as elites e produção de um conhecimento individualista que sustentava o projeto de modernização e "que naturalizavam ou justificavam a ordem social extremamente injusta do país" (p. 221), parece que algumas coisas diferentes foram produzidas, especialmente, a partir dos anos 1970.

O período autocrático burguês foi contraditório para a psicologia e é, por isso, um marco importante para pensar os movimentos de produção do conhecimento e da consolidação da profissão no país.

> O golpe militar fortaleceu a proliferação de ideias individualistas e de práticas conservadoras e elitistas no campo da psicologia. Mas, ao mesmo tempo, durante a ditadura militar, houve um complexo

processo de reorganização de setores da sociedade civil em sua luta contra o capital e/ou o regime militar. Este processo também chegou na psicologia, criando cisões, crises e transformações. (Lacerda, 2013, p. 225)

Para pensar a Psicologia crítica e a PSC é preciso diferenciar seus percursos "dentro e fora" do período autocrático. Portanto, em relação à participação da psicologia neste regime, temos os relatos de Coimbra (1995; 2003) sobre a construção de perfis psicológicos que alimentavam o aparato repressivo da ditadura civil-militar.

O "perfil psicológico do terrorista brasileiro" foi traçado através de testes de personalidade e longas anamneses. Com o apoio de psicólogos civis que trabalhavam no Centro de Estudos de Pessoal do Exército (CEPE) — Centro que ainda hoje funciona no Forte do Leme (RJ) —, chegou-se à conclusão de que muitos jovens tinham se colocado contra o regime por problemas psicológicos relacionados a questões familiares, pois muitos advinham de "pais separados", e passavam por "problemas" e "desajustes". (Coimbra, 2003, p. 239)

Ao mesmo tempo, Coimbra (2003) afirma que a luta pelos direitos humanos ganhou força com os movimentos sociais contra a ditadura. Este momento coincide com a defesa de Nascimento (2001) de que foi justamente aí que, ao encontrar a comunidade, a psicologia se encontra com os movimentos sociais engendrados pelo cristianismo das comunidades de base, o marxismo e o "novo sindicalismo".

Sabemos que as práticas comunitárias em Psicologia na década de 1970 possuíam estreito vínculo com os movimentos sociais e com os processos de redemocratização. Suas pautas no período militar dirigiam-se, portanto, ao questionamento do Estado autoritário e suas práticas clandestinas (Freitas, 1996) ou ao menos eram exteriores a ele. Após o estabelecimento da democracia burguesa e a instituição das políticas sociais, em 1988, as ações em PSC são incorporadas ao aparelho estatal e há um evidente distanciamento dos movimentos sociais.

A psicologia social é um caminho por onde este movimento crítico ganha força na psicologia brasileira a partir dos anos 1970 e 1980. A circulação dos institucionalistas nos setores de Psicologia Social e a criação da Associação Brasileira de Psicologia Social (ABRAPSO) revelam uma tentativa de rompimento com a individualização e naturalização dos fenômenos sociais. Entre os atores da Psicologia Social, a reivindicação era produzir rupturas com as teorias experimentalistas, produzidas especialmente em continente latino-americano. Estava em jogo a suposta neutralidade científica e a validade daquelas teorias sociais para o conjunto de necessidades da população latino-americana.

Portanto, os pontos importantes na história da Psicologia Social a serem considerados quando queremos pensar sobre o projeto comunitário na psicologia brasileira dizem respeito à sua chamada "crise de identidade" (Lane & Codo, 1984), à defesa de um *paradigma* latino-americano (Campos & Guareschi, 2000) e à própria criação da ABRAPSO.

A ABRAPSO reuniu diversos atores interessados em construir novos rumos para a psicologia brasileira, aglutinados sob a perspectiva social. A instituição materializou um movimento crítico na Psicologia Social e ofereceu espaço para a produção e circulação de materiais que buscavam construir uma perspectiva histórica para as teorias e também um horizonte de práticas engajadas nas necessidades concretas das maiorias populares.

Portanto, nos referimos à crítica à Psicologia Social Cognitiva produzida majoritariamente em território norte-americano após a segunda Guerra Mundial (Farr, 2008). O privilégio do método experimental, os pressupostos individualistas que naturalizavam a dimensão social foram fortemente contestados pelos que reivindicavam a necessária dimensão histórica dos objetos de análise da Psicologia Social (Gergen, 1973/2008). A emergência de um projeto comunitário na psicologia está, sem dúvida, atrelado à construção desta perspectiva crítica no campo da Psicologia Social (Lane & Codo, 1984). Portanto, em um mesmo movimento crítico, constatamos o esforço em construir uma estratégia de intervenção da Psicologia Social que atendesse às necessidades concretas das maiorias populares, já que uma das principais queixas era a falta de relevância do conhecimento produzido no modelo cognitivista para responder às demandas da realidade latino-americana.

Entre os diversos argumentos em disputa nas perspectivas críticas em Psicologia Social, temos as vertentes socioconstrucionistas, especialmente o movimento do Construcionismo Social, que ganharam especial relevância no campo e circularam de maneira expressiva no Brasil (Gergen & Gergen, 2010; Rasera & Japur, 2005), valorizando o caráter performativo da linguagem como forma de ação social e o diálogo como estratégia privilegiada de intervenção psicossocial. As posturas antiessencialista, antirealista e relativista, declaradas por esta perspectiva, configuram a aposta em uma postura crítica e reflexiva para a Psicologia Social. A comunidade não corresponde, portanto, a uma realidade. Pode ser fruto de práticas discursivas que produzem um estado de coisas.

Contestando esta perspectiva, temos também os que defendem o resgate do marxismo como a saída para a reconstrução da criticidade perdida nos emaranhados discursivos e simbólicos das vertentes socioconstrucionistas. Lacerda Jr e Guzzo (2009) problematizam a possibilidade da via crítica pelo relativismo, presente em sua maioria nas tendências que valorizam a linguagem e o discurso como parâmetros de delimitação do real. O perigo de cair no perspectivismo, alertam, reside na admissão de que "há múltiplas realidades cuja construção factual provém dos discursos (e não o inverso) e, portanto, possuem a mesma validade, são igualmente legítimas" (Lacerda Jr & Guzzo, 2009, p. 29). Continuam afirmando que "com a confusão entre historicização e relativização, umas das principais críticas que surgiu no período de crise da Psicologia Social — o distanciamento dos problemas postos pela realidade — volta a valer" (p. 29). A crítica ganharia, portanto, um novo escopo, dirigido especialmente à "hipertrofia do plano simbólico" na concepção da realidade.

O que nos interessa neste tópico é atrelar o surgimento de um projeto comunitário em psicologia a estas perspectivas críticas. Mas, ao mesmo tempo, pensar de que forma os rostos que este projeto comunitário assumiu ao longo da história se aproximaram ou se afastaram do que pretendem as críticas empreendidas à psicologia. Tornou-se a PSC mais uma mercadoria no mercado acadêmico? Como o projeto comunitário produz e se agencia com as perspectivas críticas em psicologia? Entendendo que esta crítica deve buscar ações que se coloquem contra a ordem social e contra os ordenamentos na Psicologia, nos parece que a PSC, por diversas capturas, distanciou-se dos interesses críticos de seu projeto inicial. Portanto, interessa-nos sinalizar que sem a aproximação com as classes populares e seus movimentos, sem uma análise crítica de suas próprias fronteiras e efeitos, tanto a PSC como a psicologia crítica podem se transformar em parente próximo da psicologia hegemônica (Lacerda Jr, 2013). Neste sentido, Martín-Baró (1986/2009) alerta sobre a diferença entre uma psicologia reacionária e uma psicologia progressista, a partir de suas leituras sobre as relações de poder na sociedade. Cada uma deve ser avaliada pelos efeitos que produzem no mundo:

> Uma psicologia reacionária é aquela cuja aplicação leva a assegurar uma ordem social injusta; uma psicologia progressista é aquela que ajuda os povos a avançar, a encontrar o caminho de sua realização histórica, pessoal e coletiva. No entanto, uma teoria psicológica não é reacionária apenas pelo fato de vir dos Estados Unidos, tal como o fato de ter origem na União Soviética não a converte, automaticamente, em progressista ou revolucionária. O que torna uma teoria reacionária ou progressista não é tanto o seu lugar de origem, mas a sua capacidade para explicar ou ocultar a realidade e, sobretudo, para reforçar ou transformar a ordem social". (Martín-Baró, 1986/2009, p. 189)

Estudos sobre a profissão de psicólogo no Brasil

Podemos fazer o debate sobre os caminhos da profissão de psicólogo no Brasil a partir de alguns aspectos fundamentais: o que está sendo feito; com que objetivos; para quem se dirige aquela intervenção (quem é seu público-alvo); e qual é o seu espaço de atuação. A partir disso, sabe-se que a literatura sobre a profissão de psicólogo no Brasil comumente classifica uma determinada atuação como tradicional, porque exercida nos espaços clássicos da profissão — a clínica, a escola e o trabalho. A psicologia aliou-se a projetos sociais conservadores de adaptação e ajustes da população. Na escola, individualizou o fracasso escolar, na fábrica, sustentou mecanismos de exploração do trabalho e, na clínica, patologizou indivíduos e reduziu os sofrimentos às dinâmicas estruturais, cognitivas ou comportamentais dos sujeitos.

Essa identificação da atuação profissional como a serviço das elites serve, portanto, para alimentar o argumento contrário: o de que, a partir de um determinado momento, a psicologia não deve mais se comprometer com as elites e sim se voltar aos interesses das maiorias populares. Essa discussão defende uma mudança de rumo nos caminhos da profissão e propõe a configuração de um novo modo de trabalho em que os profissionais estejam comprometidos com as questões sociais do contexto em que se inserem. Isso tem como consequência uma reformulação das preocupações da Psicologia, em que se torna fundamental que ela se pergunte sobre como pode contribuir para promover transformação social. É nesse contexto que os profissionais começam a se deslocar para novos espaços de atuação, sendo um deles as comunidades, as periferias, as favelas, etc.

O que se pode perceber é que os três aspectos fundamentais citados anteriormente estão sendo discutidos quando pensamos sobre a mudança de rota da profissão de psicólogo no Brasil. Há a defesa para que se institua um novo público-alvo: não mais as elites mas, agora, as maiorias populares. Além disso, propõe-se: modificar o que é feito pelo psicólogo — este ponto talvez seja um dos mais difíceis de esclarecer; modificar os objetivos do trabalho — promover transformação social, mudar as condições de vida da população, etc.; bem como também mudar os espaços de atuação. Onde essa nova intervenção será realizada? Ainda nos espaços da clínica, da escola, do trabalho? Em que outros espaços a Psicologia pode estar?

Mello (1975/2010) apresenta algumas de suas características a partir do estudo sobre a atuação dos psicólogos na cidade de São Paulo. A pesquisa foi realizada com 198 profissionais da cidade com o objetivo de saber quais eram suas ocupações logo após a conclusão do curso de graduação. Classifica o grupo em quatro áreas: Ensino, Psicologia Escolar, Psicologia Clínica e Psicologia Industrial. Apesar de colocar essa divisão, a autora adverte que os limites entre esses campos não são bem definidos. No entanto, a divisão atende a um objetivo didático-formal, de organização na apresentação dos dados da pesquisa, não sendo possível, a partir dela, realizar uma investigação sobre o caráter do trabalho do psicólogo em um determinado campo de atuação. Sem representar uma novidade atualmente para o campo profissional, a pesquisa aponta que

> a área de Psicologia Clínica, tal como nós a definimos, reúne o maior índice de experiências de trabalho de nossa população, isto é, 52% dos psicólogos diplomados, até 1970, na cidade de São Paulo, dedicam-se, ao menos em parte, a atividades que eles denominam clínicas. (Mello, 1975/2010, p. 147, grifo do autor)

Em coerência com o protagonismo da atuação clínica, o local de trabalho predominante dos profissionais eram as clínicas e os consultórios particulares. Afirma que as contingências que marcaram o percurso histórico da Psicologia no Brasil tiveram como consequência o privilégio da orientação clínica em relação a outras. Nos dados apresentados no texto, a maioria dos profissionais atua em espaços particulares, em oposição aos públicos, seja em escolas ou serviços de saúde (Mello, 1975/2010). Vale lembrar que, no momento em que este estudo foi realizado, o Brasil ainda não havia passado pelo processo de redemocratização e, por sua vez, não havia instituído suas políticas sociais. Esse processo só acontece a partir do final da década de 1980. Ao final do texto, a autora critica o direcionamento dos serviços psicológicos a um grupo elitista, seu reducionismo e individualização.

> Dada a virtual inexistência de serviços clínicos públicos e gratuitos, nem mesmo a orientação clínica, predominante na Psicologia, pode ter ampla difusão e chegar a ser socialmente significante, pois a clínica e o consultório particulares são economicamente seletivos, destinados a atender uma escassa minoria, dotada de recursos. [...] A formulação e manutenção da imagem de um profissional "de luxo", transmite certos conteúdos ideológicos residuais, que não podem deixar de ser apontados. Esses conteúdos são, basicamente, de duas ordens: implicam uma concepção da Psicologia alheia às instituições sociais, devotada ao estudo do comportamento humano em si e por si; implicam um modelo de atuação para o psicólogo devotado à melhoria individual em si e por si. (Mello, 1975/2010, p. 159)

Ainda buscando elementos que caracterizem a profissão, Bastos & Gomide (1989/2010) apresentam uma síntese da pesquisa realizada pelo Conselho Federal de Psicologia, intitulada "Quem é o psicólogo brasileiro?". Essa pesquisa aconteceu entre os anos de 1986 e 1987 e teve uma amostragem de 2.448 psicólogos.

Um dos primeiros pontos colocados pelos autores é o aumento do número de profissionais no país, principalmente a partir da década de 1970, com o aumento das instituições particulares de ensino. Como características gerais da profissão no país, temos que 70% dos profissionais trabalham nas capitais, sendo este grupo formado majoritariamente por mulheres — 80 a

90% — e jovens — 73 a 90% dos psicólogos têm menos de 40 anos (Bastos & Gomide, 1989/2010). Assim como na pesquisa de Mello (1975/2010), apontam que há um grande número de profissionais que não atuam exclusivamente como psicólogos, combinando essa função com outra atividade profissional. Além das já tradicionalmente classificadas áreas de atuação — clínica, escolar, industrial e docência —, temos o surgimento de outras, como a comunitária, a social e a pesquisa. Na pesquisa, a clínica é apontada como a área que absorve a maior parte dos profissionais (43,4%), seguida das áreas organizacional, escolar e docência. Reforçando os dados que evidenciam um predomínio da clínica como área de atuação profissional, conclui-se que mais de 60% dos profissionais têm pelo menos uma de suas ocupações nesta área. Naquele momento, somente 5,6% atuavam na área comunitária. Mesmo estando na clínica, somente metade dos profissionais trabalhavam como autônomos, tendo mais de 50% deles algum tipo de vínculo empregatício. Dentre as atividades mais desenvolvidas por profissionais de Psicologia, temos 42,9% trabalhando com psicoterapia individual, 33,5% com aplicação de testes psicológicos e 28,1% com psicodiagnóstico.

Quanto aos locais de trabalho, a pesquisa indica que há um grande predomínio das clínicas e dos consultórios. Geralmente, associam-se área de atuação e local de trabalho. Portanto, a maior parte dos psicólogos que atuam na clínica está em consultórios, assim como aqueles da área organizacional estão em empresas. Apesar disso, um número significativo de profissionais (7,6%) que trabalham com Psicologia Clínica aponta a escola como seu local de trabalho. Os autores alertam para a ausência dos psicólogos nos serviços públicos e defendem que para "romper com o elitismo" é preciso mudar a formação dos profissionais e instituir políticas públicas (Bastos & Gomide, 1989).

Entre os anos de 2006 e 2008, o Grupo de Trabalho de Psicologia Organizacional e do Trabalho da Associação Nacional de Pesquisa e Pós-Graduação em Psicologia (ANPEPP) replica o estudo realizado pelo Conselho Federal de Psicologia na década de 1980, com o acréscimo de alguns aspectos da Psicologia Organizacional e do Trabalho (Bastos, Gondim, & Borges-Andrade, 2010).

Nessa pesquisa, constata-se que, nos últimos anos, houve um grande crescimento da profissão, com um relativo aumento da quantidade de cursos de graduação, assim como a expansão da profissão para o interior. O número de psicólogos em cidades do interior já é maior do que o das capitais. Isso tem como consequência um aumento do acesso aos serviços de Psicologia. Há ainda um predomínio de mulheres e jovens em relação às características gerais da profissão (Bastos et al., 2010).

Em relação às áreas de atuação, a nova pesquisa revela ainda um predomínio da atuação na área clínica, como apresentamos na pesquisa das décadas de 1970 e 1980. No entanto, segundo os autores, é possível identificar "uma nova cara para a Psicologia brasileira", que se expressa na "emergência de uma área, denominada saúde, que não fora contemplada na pesquisa de 1988 e que, na atual pesquisa, é a segunda área de inserção de psicólogos" (Bastos et al., 2010, p. 260).

Apesar de podermos associar as atuações clínica e da área de saúde, a emergência desse novo espaço de atuação, sem dúvida, revela um aumento da inserção de psicólogos nas unidades de saúde (públicas e privadas) e uma ampliação do seu leque de ações. Isso revela a própria consolidação das políticas sociais no país a partir da constituição de 1988 e das políticas de regulamentação do Sistema Único de Saúde (SUS) na década de 1990 (Lei 8142/90; Lei 8080/90). Essas políticas resultam na criação de serviços de saúde de diferentes níveis de complexidade (atenção básica, secundária e terciária) e na convocação de atuação *psi* para além dos serviços de saúde mental. Em consonância com os dados apresentados em relação às áreas de atuação, os pesquisadores afirmam que

> o consultório continua sendo o espaço mais utilizado de trabalho pelo psicólogo [...] 70% dos psicólogos clínicos trabalham em consultórios próprios ou alugados. Além disso, ele é o local de trabalho para aproximadamente um quarto dos psicólogos que atuam na área escolar, organizacional, saúde e mesmo ensino; docência [...]. (Bastos et al., 2010, p. 262)

No que se refere à relação de trabalho, percebe-se "um crescente assalariamento do psicólogo, que se insere no serviço público (especialmente em instituições de saúde), seguido do setor privado e, em menor proporção, no terceiro setor" (Bastos et al., 2010, p. 261). Então, há um aumento da diferença entre profissionais que atuam exclusivamente como autônomos (28%) e aqueles que possuem algum vínculo assalariado (73%).

Apesar de estar inserido em áreas diferentes, o conjunto de atividades do psicólogo não varia muito, sendo as mais comuns a avaliação psicológica, o psicodiagnóstico e a aplicação de testes. Entre as áreas clínica, de saúde e educacional, há uma maior semelhança das atividades desenvolvidas, o que nos permite questionar os próprios limites entre esses campos supostamente distintos de atuação. Não há mudanças significativas em relação à pesquisa realizada na década de 1980. É preciso apenas observar que "o psicólogo está atuando para além da clínica e substituindo o modelo clínico de atendimento por modelos de intervenção grupais com forte ênfase social" (Bastos et al., 2010, p. 263).

Diante dessas três pesquisas de avaliação da profissão realizadas nas décadas de 1970, 1980 e 2000, percebe-se que a área clínica é predominante entre os psicólogos, sendo o consultório o espaço preferido de atuação. Neste sentido, diz Yamamoto (2012):

> Não há (exceto, eventualmente, de forma pontual), rigorosamente, novidades na prática efetiva do psicólogo ao mudar o seu foco de atenção para as chamadas parcelas mais amplas da população. Duas interpretações são admissíveis: ou o psicólogo está reiterando práticas conhecidas seja porque ele desconheça outras, seja porque não estamos produzindo novas e, eventualmente, mais adequadas alternativas, ou o psicólogo está atendendo adequadamente à expectativa do serviço, enfim, às demandas a ele dirigidas. (p. 10)

Portanto, diante do breve cenário apresentado e da fala contundente de Yamamoto (2012) ao celebrar os 50 anos de profissão no Brasil, percebemos que a aposta no encontro com as parcelas mais amplas da população não representou uma transformação nas práticas em psicologia. A partir desta constatação, o autor afirma que temos um problema na formação em psicologia: os psicólogos não sabem ou não aprendem outras práticas, ou eles somente atendem às demandas que lhes são endereçadas em seu espaço de atuação comunitário. Como faz parte do imaginário social a identificação entre a psicologia e sua prática clínica, é isto que lhes é demandado em qualquer inserção profissional. Ou seja, ao enunciar "sou psicólogo", imediatamente as pessoas, em qualquer espaço, imaginam um consultório e solicitam um atendimento clínico. Os psicólogos, como bons profissionais, somente atendem à demanda que lhes é solicitada, como diz Yamamoto (2012). Esta questão nos convoca a refletir sobre o quanto estes encontros entre psicologia e camadas populares, localizados em espaços comunitários — ou, em nosso caso, favelas —, não produziram uma transformação em nossos modos de fazer (ou, como diria Martín-Baró, em nosso *quehacer*) cotidianos. Se, em tese, a aposta em uma migração da psicologia dos espaços tradicionais (clínica, universidade) para as comunidades deveria representar, além da democratização na oferta de serviços, um arejamento em um conjunto de práticas enrijecidas e institucionalizadas, não foi isso o que aconteceu. As forças instituintes deste movimento de encontro com espaços comunitários pode ter gerado alguns novos modos de fazer, mas sua captura no campo da PSC esconde armadilhas. Reconheço que, se temos algumas novas práticas neste campo, a constituição de um especialismo e os objetivos de suas intervenções denunciam que algumas práticas comunitárias em psicologia se apresentam como mais do mesmo. Mais um campo, mais uma disciplina obrigatória na graduação, mais um especialismo, mais um conjunto de regras sobre o que fazer, mais psicologia a serviço do controle e ajustamento de populações, mais sobreposição de um campo de conhecimento sobre o povo, mais psicologia receitando normas de conduta, mais psicologia a serviço do capital, tentando suavizar suas formas de exploração e dominação.

O debate entre o compromisso e a função social do psicólogo

A partir dos anos 1990, ainda como consequência dessa série de transformações nos rumos da Psicologia, o termo "compromisso social" torna-se amplamente difundido, ganhando o status de lema da profissão, tanto pelo aumento do número de publicações como por ter sido adotado pelos conselhos que a regulamentam (Amorim, 2010). É possível perceber que a preocupação com a inserção social da profissão não é uma novidade. Botomé (1979), Campos (1983) e Mello (1975) já reivindicavam que a Psicologia pudesse alcançar um maior contingente da população, tendo maior inserção social no contexto brasileiro. Suas críticas se resumem ao "*elitismo* da Psicologia: a notável *preferência dos psicólogos* pela chamada *atividade clínica* associada ao *modelo subjacente de profissional liberal* (...)" (Yamamoto, 2007, p. 30, grifos do autor).

Botomé (1979/2010), ainda no final da década de 1970, nos coloca a pergunta: "A quem nós, psicólogos, servimos de fato?". A partir da constatação de que psicólogos atuam de forma preferencialmente autônoma em clínicas particulares (Mello, 1975/2010) e dos dados sobre os preços dos serviços psicológicos levantados pelo Boletim Informativo do Sindicato dos Psicólogos de São Paulo em 1977, Botomé (1979) inicia sua discussão a respeito de quem são as pessoas, na população brasileira, que podem ter acesso a esses serviços. Ao cruzar os preços dos serviços psicológicos com a média salarial da população, a conclusão é que somente 5 a 15% dos brasileiros poderiam pagar pelo trabalho do psicólogo. Os serviços de Psicologia atendem somente aqueles que possuem mais recursos financeiros. O contorno da discussão colocada por Botomé (1979/2010) parece ser eminentemente econômico e a ênfase está em ressaltar o quanto a Psicologia não alcança uma grande parcela da população, porque esta não pode pagar por seus serviços. A inserção social da profissão diria respeito, portanto, a uma ampliação da oferta *psi* a um setor da sociedade que esteve economicamente afastado da profissão pela incompatibilidade entre os ganhos salariais e o valor dos honorários psicológicos. O perigo em pensar a situação como um problema (acima de tudo) econômico é considerar que a solução também é puramente econômica. Trata-se somente de um aumento da abrangência dos serviços *psi* para que a profissão tenha uma maior inserção social?

Botomé (1979/2010) propõe que as intervenções psicológicas não apenas se dirijam aos "problemas humanos" ou ao "homem que sofre", mas que, principalmente, atuem nas "condições que o fazem sofrer" ou nos "fatores que determinam os problemas humanos". Ao não deixar claro quais seriam esses determinantes do sofrimento ou dos problemas que afetam a população brasileira, alerta: "Talvez nós, psicólogos, estejamos atendendo a quem menos necessita. O problema está em nem sequer conseguirmos ver direito, no Brasil em que vivemos, quais as necessidades a atender" (Botomé, 1979/2010, p. 190). O fato é que, para que a Psicologia contribua na solução das questões sociais, é preciso que suas intervenções se tornem, de alguma forma, preventivas. O argumento é que as intervenções não devem se dirigir aos problemas ou ao sofrimento, e sim àquilo que os determina. Dessa forma, seria possível contribuir para diminuir ou evitar sua emergência.

A proposta do autor é que a Psicologia mude seu público-alvo, já que talvez não esteja atendendo quem mais precisa, a maior parte da população. E que também transforme a direção de suas intervenções, de modo que elas possam atingir os determinantes do sofrimento e não sirva somente para remediá-lo. Concordamos com a ideia de que

> Parece necessário olhar em outras ou em mais direções e arriscar novas formas de trabalho com os problemas existentes na sociedade. Caminhos ou procedimentos novos devem existir. [...] Talvez seja necessário procurá-los onde ainda não é usual fazê-lo, onde não costumamos "caminhar" ou onde não procuramos "caminhos" ainda. (Botomé, 1979, p. 191)

É importante ressaltar que a tese de Campos (1983), na década de 1980, já questionava sobre o lugar do profissional de Psicologia na divisão social do trabalho e em uma sociedade dividida em classes. Segundo Yamamoto (1987), ela representa uma perspectiva de reconstrução teórica da Psicologia a partir da crítica às bases da própria disciplina. A Psicologia teria algum compromisso com a sociedade na qual se insere, assumindo assim uma função social? Para responder a esse questionamento, julga necessário retomar a trajetória da Psicologia nos países capitalistas europeus e no Brasil, a fim de situar a Psicologia na divisão social do trabalho. Tanto no Brasil, ao ser convocada para realizar testes de inteligência ainda na década de 1920, como no trabalho que realizava nas fábricas na Europa no século XIX, a Psicologia teria como função adaptar, justificar e legitimar as desigualdades e a dominação. Apesar disso, propõe que, a partir do trabalho histórico, resgatemos as práticas de contradominação, que seriam formas de resistência ao *status quo*, mesmo sendo realizadas em espaços tradicionais.

Para nós, o trabalho de Campos (1983) ganha um contorno singular, já que os objetivos desta tese a agenciam com esta reflexão sobre a refundação das ancoragens da psicologia a partir do encontro com as camadas populares. Campos (1983/2010) discutiu justamente a "função social do psicólogo", argumentando que há uma intrínseca relação entre a sociedade capitalista e a forma como o psicólogo contribui para sustentar ou intensificar processos como: a separação entre normal e excepcional; a dominação do capital sobre o trabalho nas empresas; a difusão da ideologia liberal em diversas instituições sociais etc. Da mesma forma, Patto (1984) criticou as relações entre psicologia e ideologia, apontando a "pseudocientificidade" da primeira, que se prende ao aparente e que, para se legitimar socialmente, buscou atender às necessidades das classes dominantes (p. 227).

Patto (1986), ao refletir sobre a psicologia dos "desprivilegiados" e a psicologia dos oprimidos, define quem são os denominados "marginalizados". A autora defende que

> não existem populações marginais numa sociedade de classes, a menos que coloquemos aspas nesta marginalidade; na verdade, estas populações, consideradas como "excluídas", "não integradas a", mantêm com a sociedade a que pertencem uma relação de participação-exclusão. (p. 221)

Mas, o que gostaríamos de destacar são suas considerações a respeito da construção de uma psicologia popular. Patto (1986) analisa que o encontro da psicologia com estes grupos historicamente negligenciados produzem um desconforto quanto à atuação profissional. Como apresenta no trecho a seguir, a formação em psicologia contribui para a manutenção de preconceitos e estereótipos sobre os "marginalizados" e sinaliza que a construção de referenciais para atuar junto a estes grupos da população ainda precisa ser construída. Entre as referências que indica serem a base para a construção de uma psicologia popular, cita Paulo Freire.

> Considerações como estas lançam-nos, sem dúvidas, num território novo, ainda não desbravado pelos psicólogos, o que inevitavelmente resulta em insegurança e ansiedade profissional; pois se elas nos alertam para o que não devemos fazer, sob pena de contribuir para a manutenção da dominação econômica e cultural de uma classe sobre outra, nos deixam, de início, confusos quanto à maneira de atuar profissionalmente. [...] A formação que o psicólogo recebe nos cursos de Psicologia contribui, sem dúvida, para a sua atuação alienada e alienante junto às classes subalternas (veja Pereira, 1975). A formulação de um corpo de conhecimentos sobre a dimensão psicológica dos integrantes destas classes sociais é uma tarefa que está para ser feita. (Patto, 1986, p. 224)

Neste mesmo sentido, Campos (1983/2010) sugere que os profissionais pensem sobre suas intervenções, já que estão sendo convocados a ampliá-las aos setores da população que possuem renda menor, devido a uma saturação do consumo dos serviços de psicologia pelas classes de maior renda. Com esta assertiva, a autora aposta que o encontro dos profissionais com as camadas populares vai produzir uma transformação de suas práticas. Ao menos, convida os psicólogos a refletirem sobre isso, já que este encontro representa uma novidade e uma oportunidade para uma profissão historicamente a serviço das elites.

Baseado em Yamamoto (1987), Lacerda Jr (2013) afirma que as propostas de Campos (1983) e Patto (1984) representam perspectivas críticas à Psicologia na década de 1980. Essas críticas ganham contornos diferentes, pois questionam as próprias bases teórico-epistemológicas da disciplina e propõem a criação de novos horizontes para o campo.

É preciso distinguir, no entanto, os discursos que envolveram o tema do "compromisso social". A reflexão sobre o comprometimento da Psicologia com a sociedade circula na literatura pelo menos desde sua regulamentação. Na década de 1980, a Psicologia começa a aumentar o alcance de suas intervenções, com a ampliação dos espaços de atuação, principalmente devido à sua inserção no campo do bem-estar social (Yamamoto, 2003/2007). Além disso, no contexto dos movimentos sociais pela redemocratização do país, dos movimentos da Reforma Sanitária e Psiquiátrica, de educação popular etc., a Psicologia se engaja na discussão de algumas questões sociais, critica as suas próprias práticas e teorias, clama por uma ampliação do alcance de suas intervenções e estabelece novos horizontes para a disciplina (Yamamoto, 2007). Temos, então, uma transformação no perfil da profissão. No entanto, a questão colocada por Yamamoto (2003) nos parece pertinente: "essa extensão do campo de atuação, para além do elasticimento do mercado de trabalho, representa um maior comprometimento com camadas mais amplas da população?" (p. 42).

Hoje, sabemos que houve um aumento da inserção social da Psicologia a partir da década de 1980, com um alcance maior de suas intervenções nas camadas populares da sociedade brasileira, principalmente devido à consolidação das políticas sociais. Ao retomar os três aspectos envolvidos na discussão sobre a profissão, constatamos que a Psicologia "comprometida" muda seu lugar de atuação e também passa a atingir um novo público. Apesar disso, ainda é preciso perguntar o que tem sido feito e com que objetivos. Assim como Yamamoto (2003), pensamos que "a questão não parece residir em *com quem* a Psicologia, nesse movimento, vem se comprometendo, mas na *forma* desse compromisso" (p. 48, grifos do autor). Este compromisso está a serviço de quê? Estamos nos comprometendo com amplos setores da população, mas para quê?

A I Mostra Nacional de Práticas em Psicologia, promovida pelo CFP em 2000, teve como tema o compromisso social da profissão. Bock (1999, 2003), uma das representantes do tema na Psicologia brasileira, afirma que esse congresso apresentou uma determinada concepção de compromisso social, que envolve uma mudança em "com quem" ela está comprometida, já que começa a aproximar seus serviços de camadas sociais antes distantes da disciplina, mas também na forma do trabalho, já que aparecem perspectivas não psicologizantes, mais sociais e interdisciplinares. O não engajamento da Psicologia a um projeto de transformação social deveu-se a uma concepção naturalizante do fenômeno psicológico, a não compreensão da Psicologia como trabalho, tendo em vista as consequências de suas intervenções sobre o mundo, e à ideia de que os sujeitos são responsáveis pelo seu próprio desenvolvimento (Bock, 2003). Em resumo, o projeto de comprometimento social da profissão "no plano político, visa ocupar as entidades sindicais e profissionais da categoria, e no teórico, combate às concepções individualizantes e a-históricas na Psicologia" (Yamamoto, 2007, p. 30).

Ao reafirmar a tese de que a Psicologia esteve historicamente comprometida com as elites, constituindo-se como uma profissão conservadora que esteve a serviço do controle, da higienização, da categorização e da diferenciação quando vinculada aos diferentes projetos sociais do país, Bock (2003) traça o perfil da disciplina: um serviço de difícil acesso aos que têm baixo poder aquisitivo e de pouca inserção social. Baseada nos estudos de avaliação da profissão (Conselho Regional de Psicologia - São Paulo, 1995; Mello, 1975/2010), constata a presença predominante dos profissionais nos consultórios, atuando de forma liberal e autônoma. Segundo Bock (2003), esse dado indica que a profissão "não está ao alcance de quem precisa dela, pois os trabalhos em consultórios são caros e, portanto, inacessíveis à população pobre do país" (p. 19). Além disso, quando tratamos dessa questão como um problema econômico, é possível pensar que ele seria resolvido assim que colocássemos a Psicologia ao alcance de toda a população pobre do país. No entanto, não se trata somente de um problema econômico, que se resolva estendendo a Psicologia a um conjunto maior da população. As questões políticas, que implicam as relações de poder envolvidas nas ações dos profissionais que se aproximam desses setores da população, também devem ser consideradas se o objetivo é discutir as inserções sociais da disciplina.

Portanto, o fato de se inserir em novos espaços de atuação não traduz, necessariamente, em uma inovação nas *formas* de praticar Psicologia. Em geral, há uma dificuldade do profissional em escapar da demanda por atendimento clínico, mesmo quando inserido em contextos diferentes do consultório particular. Com isso, temos a reprodução dos modelos considerados tradicionais ou clássicos da profissão, como o modelo clínico, e a impossibilidade dos profissionais se implicarem na criação de novos tipos de intervenção, novas práticas, novas formas de fazer Psicologia. Não basta superar o elitismo se não mudarmos os rumos das formas de atuação já consagradas pela psicologia (Yamamoto, 2007).

É claro que o modelo clínico liberal, em si, pode representar um dispositivo retrógrado quando estamos imersos na materialidade e complexidade da realidade popular. Algumas teorias e metodologias psicológicas trazem limitações para a construção de uma perspectiva popular pelos pressupostos epistemológicos em que se baseiam e produzem, necessariamente, efeitos individualizantes, essencialistas, naturalizantes, que pasteurizam a questão social. Ou seja, dependendo das referências que sustentam sua intervenção, não adianta ser um *psicólogo engajado*, pois há limites intrínsecos às próprias teorias psicológicas. Há um problema com a estratégia de intervenção no formato consultório, que costuma ser respondido com o argumento das transformações no campo da clínica e práticas emergentes — "clínica do social", "clínica ampliada", "clínica transdisciplinar" (Ferreira Neto, 2008, p. 110). O dispositivo clínico ganha novos formatos com a proposta da *clínica ampliada* e se coloca como condição de intervenção de qualquer psicólogo. A ideia é: mesmo não fazendo psicoterapia ou mesmo não estando em um consultório, o psicólogo faz clínica, ou qualquer intervenção psicológica é uma intervenção clínica, independente do espaço onde aconteça. Estas afirmações circulam entre os profissionais que já se convenceram de que não é possível sustentar a clínica liberal no contexto popular, mas continuam defendendo que suas intervenções são clínicas. Ou seja, não estamos no formato consultório, este sim tem limitações e problemas, mas podemos fazer clínica em qualquer lugar. A sobrecodificação de qualquer prática psicológica como uma prática clínica nos coloca uma questão: por que defendemos, com tanto afinco, que qualquer prática psicológica é uma intervenção clínica? Quais os efeitos desta defesa e que agenciamentos produz? Bom, para nós, fica claro que esta defesa responde a uma ansiedade quanto à identidade profissional. Se não fazemos clínica, não somos identificados como psicólogos. E essa não identificação produz um mal-estar enorme entre os que estão inseridos em diferentes locais de atuação, o que também pode ser compreendido como resultado das estruturas de formação em Psicologia. E ainda, se não fazemos clínica, fazemos o quê? Qualquer prática *psi* tem efeitos terapêuticos? O que define uma prática psicológica?

Ferreira Neto (2008), ao mapear as práticas clínicas no Brasil do campo da Saúde Mental, reafirma a tese já apontada anteriormente de que a prática clínica é predominante quantitativamente entre os psicólogos, mas é também a prática que oferece maior satisfação entre os profissionais. Esta informação conversa com o fato de que, fora do dispositivo clínico, os psicólogos costumam sentir um mal-estar e perdem sua identidade profissional. Tentando diferenciar clínica tradicional, vinculada ao discurso médico, e práticas emergentes na clínica, operadas nas políticas públicas e ancoradas no discurso político, o autor apresenta a ampliação do alcance das práticas clínicas a outros setores, como na saúde mental. Ferreira Neto (2008) sinaliza que as práticas clínicas emergentes não necessariamente representam um engajamento social e político.

> A passagem de uma "clínica clássica" para as atuais "práticas emergentes" não garantiu necessariamente uma evolução sócio-política dessas práticas. Nessa direção encontramos tanto a simples adaptação flexível para alcance de novos mercados (a classe popular), quanto o desenvolvimento de atuações, de fato, inovadoras visando a produção da autonomia dos sujeitos e coletividades (Ferreira Neto, 2004; Mancebo, 1997). É relevante investigar como, e em que medida, as práticas atuais mantêm a lógica clássica da clínica privada no contexto público e em que medida rompem com o modelo anterior, construindo, de fato, modos de atuação diversos. (p. 111)

Ao caracterizar a clínica ampliada, destaca dois modos de funcionamentos diferentes da clínica tradicional. Um deles diz respeito ao caráter metodológico, em que há uma multiplicidade de recursos e pessoas na prática clínica, "além da participação do psicólogo em outras ações não diretamente ligadas ao tratamento" (Ferreira Neto, 2008, p. 115). A dimensão epistemológica, "em que um novo olhar teórico e conceitual, que caminha na direção de articular a dupla condição do paciente, como sujeito e como cidadão", emerge como outra característica da clínica ampliada. Ao se referir a estas práticas emergentes na clínica, diz:

> os profissionais não possuem majoritariamente a condição de liberal autônomo, mas estão vinculados a órgãos públicos, organizações não governamentais, projetos de trabalho em equipe ou alguma outra forma de inserção institucional. A clientela dessa clínica, realizada em novas bases, em sua maioria, pertence aos segmentos mais pauperizados da população que, até a década de 80, não tinha acesso aos serviços psicológicos. Em função disso testemunhamos a atual proliferação de expressões que "qualificam" a clínica, tais como: "clínica do social", "clínica ampliada", "clínica transdisciplinar". (Ferreira Neto, 2008, p. 110)

A questão é: as práticas continuam sendo clínicas, só ganham novas modulações. Clínica social, clínica ampliada, clínica transdisciplinar. Existem práticas não-clínicas? Com suas intervenções clínicas, mesmo com novos nomes e operando novos dispositivos, que efeitos produzimos? Estas são práticas transformadoras?

Portanto, voltando ao compromisso social, a questão da abrangência torna-se, portanto, extremamente limitada para avaliar o engajamento de práticas psicológicas. Ampliar o mercado de trabalho da Psicologia com as políticas de bem-estar social e alcançar determinados setores da população, considerados como classes subalternas, oprimidas etc., pode não dizer nada quando se tem a perspectiva de construção de um caminho popular para a psicologia. Se concordarmos que a solução para que tenhamos profissionais mais comprometidos socialmente seja somente estender os serviços *psi* à maioria da população brasileira, chegamos à questão colocada por Yamamoto (2007):

> o atendimento psicológico utilizando os recursos teórico-técnicos "tradicionais" da Psicologia de parcelas cada vez mais amplas da população brasileira (e não apenas as elites) representa sintonia com os interesses dessa "maioria"? O meu entendimento é que a resposta é não: que é necessário avançar para uma discussão acerca do que, por falta de termos melhores, vou tratar por "<u>natureza</u>" (como esse compromisso é exercido) e "<u>direção</u>" (para quê?) desse compromisso. (p. 34, grifos do autor)

Enquanto Bock (2003) defende um compromisso com a sociedade, com a melhoria da qualidade de vida, pelo fim das desigualdades sociais, Yamamoto (2003) alerta para os limites da atuação profissional tendo em vista as contradições e consequências inerentes ao funcionamento da própria sociedade capitalista. Ao pesquisar as "alternativas" propostas pela Psicologia que tinham a pretensão de se diferenciar de sua versão tradicional e atribuir à profissão um maior significado social, como por exemplo a Psicologia Comunitária, Yamamoto (1987) alerta:

> Se "alternativo" significa simplesmente atividades difíceis de classificar nas áreas tradicionais, conforme Carvalho (1984), ou ainda simplesmente, estender os benefícios da Psicologia às parcelas da população que a ele não tinham acesso, tudo está bem: são de fato trabalhos que abrem alguma perspectiva nova para a Psicologia. Entretanto, se "alternativo" significa consequência social ou mais explicitamente, for sinônimo de "prática transformadora" em qualquer medida, a coisa muda totalmente de figura. (p. 69)

Portanto, julgamos necessário pensar sobre as consequências sociais e políticas das práticas "alternativas" ou das que se revestem hoje no *slogan* do compromisso social. Segundo Yamamoto (2012), para avaliar o trabalho do psicólogo, é necessário considerar "a inserção do profissional no quadro da organização social e técnica do trabalho" (p. 12).

A proposta de construção de uma perspectiva popular em psicologia caminha, portanto, no sentido oposto à ideia de ampliar a psicologia, tal qual produzida hegemonicamente, às massas populares. Não se trata de uma questão de abrangência e nem de simples alteração teórico-epistemológica de seus referenciais, construindo assim novas hegemonias. A consolidação do especialismo Psicologia Social Comunitária[11] traduz esta afirmação, já que se consolidou como um campo de embasamento obrigatório aos que se aventuram nas intervenções comunitárias. Trata-se de optar radicalmente por partir da realidade para a construção de intervenções. Isso significa abandonar absolutamente as institucionalizações *psi* e afirmar o caráter criativo e instituinte das práticas, que se conectem com as maiorias populares de forma autêntica, deixando-se contagiar pelas suas questões. A defesa não é, neste sentido, de uma psicologia que estenda a sua mão ao povo, mas de uma que se construa a partir dele e se deixe povoar por sua luta.

Portanto, a reflexão sobre o "compromisso social" nos parece capturada por forças que setorizam a função social da psicologia — ou seja, tornam a reflexão sobre os efeitos ético-políticos das produções psicológicas enquanto ciência e profissão parte de um setor da psicologia, o setor do "compromisso social" —, produzindo, à sua forma, mais um especialismo. Além disso, não refletem criticamente sobre as produções que cabem dentro deste "compromisso social", não importando o que se faz da psicologia, desde que ela esteja comprometida socialmente. Lacerda Jr (2013) também sinaliza que o caráter prescritivo dos itens que devem cumprir uma psicologia "comprometida socialmente" denuncia que as produções do "compromisso social" não refletem sobre os limites de sua atuação.

> Não poucas vezes, as discussões sobre "compromisso social" se manifestam como uma discussão sobre o "dever-ser" da psicologia em uma sociedade desigual. É nesta ênfase ética que se pode identificar o ponto mais problemático das discussões do compromisso social. A discussão sobre o "compromisso social", com raras exceções, ignora a análise e a reflexão aprofundada sobre a sociedade de classes e a impossibilidade de justiça e igualdade para a classe trabalhadora na sociedade do capital. (p. 230, nota de rodapé)

---

[11] Poderíamos falar da Psicologia Sócio-histórica, da Psicologia Política e até mesmo da Psicologia da Libertação. Qualquer campo que funcione de maneira "especialista" e não estratégica. Usar um nome para reunir pessoas interessadas em agenciar transformação é diferente de usar um nome para produzir os efeitos de um campo disciplinar: enrijecimentos, autoridades, sectarismo.

Da mesma forma, Lacerda Jr (2013) entende que,

> o "compromisso social" é especialmente problemático, pois, tal como foi destacado anteriormente, se fortaleceu quando a psicologia brasileira entrou em serviços públicos ou em espaços que trabalhavam com manifestações da "questão social". O problema é que as discussões sobre o compromisso social da psicologia parecem confundir a tendência ao assalariamento dos psicólogos — uma mudança econômica — com a apropriação ou a criação de concepções teóricas críticas ao individualismo, as injustiças sociais e ao capitalismo — uma mudança ideológica. (Lacerda Jr, 2013, p. 245)

O lema do "compromisso social" ganhou mais expressividade quando institucionalizou-se nos conselhos regulatórios da profissão e produziu as autoridades que podem falar em seu nome. As perspectivas que radicalizam uma crítica à psicologia não cabem nas produções do compromisso social (Amorim, 2010). Compromissar-se com as classes populares é, de fato, muito diferente de encontrar-se organicamente com suas lutas e ouvir quais críticas esses setores têm endereçado à Psicologia.

O projeto comunitário d(n)a psicologia

Podemos falar da história das intervenções sociais e comunitárias na Psicologia a partir do que se consolidou e objetivou como a área da Psicologia Social Comunitária (PSC). Esta disciplina não engendra todas as dimensões do campo comunitário, mas é um ponto de partida para pensar a trajetória das ações comunitárias em Psicologia. O projeto comunitário foi capturado pelas amarras disciplinares da PSC. Circulamos por ele problematizando seus limites e procurando desvios neste projeto que parece não caber e, por vezes, destoar do que se consolidou como a Psicologia Social Comunitária no Brasil. Neste tópico, falamos a partir desta disciplina e apresentamos as respectivas problematizações relativas à captura do movimento comunitário por mais este especialismo *psi*.

HISTÓRIAS DA PSICOLOGIA SOCIAL COMUNITÁRIA

No território norte-americano, o surgimento da psicologia comunitária ocorreu em meados da década de 1960, relacionado aos movimentos sociais comunitários, em especial os de saúde mental. Inspirados nos pressupostos da Psiquiatria Preventiva, esses movimentos tinham como objetivo não somente tratar as doenças mentais, mas também preveni-las. As intervenções, antes limitadas aos indivíduos, foram ampliadas para seu entorno — também chamado comunidade — concebido como fonte dos problemas mentais e, ao mesmo tempo, como agente potencialmente terapêutico. A conferência de Swampscott, realizada nos EUA em 1965, tem sido apontada como um marco para a constituição da disciplina (Góis, 2005; Álvaro & Garrido, 2006). Ela abordava a constituição dos serviços de saúde mental de base comunitária e criticava intervenções exclusivamente médicas e hospitalocêntricas nos casos de doença mental.

Ao retomar historicamente a trajetória da disciplina nos Estados Unidos, Angelique e Culley (2007) também relacionam seu surgimento à constituição de políticas públicas nas áreas de saúde mental no país após a II Guerra Mundial (1934-1945). Além disso, insistem na vinculação com o contexto de transformações políticas e sociais que aconteciam nos EUA entre as décadas de 1950 e 1970, como a consolidação dos direitos civis e sexuais e a mobilização social em torno da Guerra do Vietnã.

Angelique e Culley (2007) afirmam que o corte histórico para que se possa considerar o estabelecimento da Psicologia Comunitária no país como disciplina é 1977, quando já se tem um acúmulo de publicações (jornais, textos, livros) e a criação da divisão de Psicologia Comunitária na *American Psychology Association* (APA), além do lançamento do livro de J. Rapport, considerado pelas autoras a primeira produção do campo nos EUA.

Na década de 1960, inicia-se um processo de desinstitucionalização em massa de indivíduos internados em hospitais psiquiátricos, movimento esse que pode ser identificado em diferentes lugares do mundo, como na Itália e no Brasil. Nos EUA, a desinstitucionalização é acompanhada pela formação dos Centros Comunitários de Saúde Mental. Entre 1965 e 1971, mais de 700 Centros foram criados (Angelique & Culley, 2007).

A breve apresentação dos percursos comunitários da psicologia norte-americana cumpre uma função neste texto. Não nos parece possível purificar a trajetória da PSC no Brasil, identificando-a somente aos referenciais que se renovaram na Psicologia Social após os anos 1970. Não linearizar a história deste projeto comunitário no Brasil e na América Latina como uma trajetória ancorada somente nos pressupostos da educação popular, nos referenciais marxistas e nos ideais de transformação social, mas sinalizar o quanto alguns percursos comunitários da psicologia estiveram próximos dos movimentos de saúde mental, baseados nos seus princípios e referências. Este movimento inspirou, por exemplo, a tese de Gallindo em 1981, com suas concepções de comunidade como ambiente e de prevenção comunitária como horizonte de intervenção da psicologia, assim como inspira atualmente as produções de PSC no sul do país (Sarriera, 2010).

Ao longo de sua trajetória, percebemos uma captura do movimento comunitário em Psicologia pela área que denominamos PSC. É claro que a institucionalização de um campo responde a um processo histórico, mas precisamos estar atentos para os regimes de saber-poder que engendram essas formações. Não podemos esquecer que as intervenções comunitárias surgiram também relacionadas a uma tentativa de afirmar uma perspectiva crítica aos formatos tradicionais da psicologia e o que eles produziam como efeitos ético--políticos. A intervenção e a luta comunitária devem atravessar nossa formação e profissão como um analisador do que temos produzido enquanto psicólogos e produtores de conhecimento. É nisso que aposta uma perspectiva popular em psicologia. Martín-Baró será sempre uma inspiração para esta aposta, já que dedicou a vida a nos dar um exemplo de libertação da psicologia e produzir uma psicologia da libertação organicamente imersa na luta popular e comunitária.

EXPERIÊNCIAS DE PRÁTICAS COMUNITÁRIAS NO BRASIL

Ao falar das práticas comunitárias no Brasil nas décadas de 1970 e 1980, podemos destacar algumas regiões do país onde essas experiências proliferaram. Esta espécie de mapa da Psicologia Comunitária no Brasil nos ajuda a visualizar os diferentes desenvolvimentos do campo e as características que marcam estes diferentes percursos. Entre os destaques, estão os estados de São Paulo, Minas Gerais, Rio de Janeiro, Ceará e Rio Grande do Sul.

Sobre a experiência paulista, Lane (1996) reconhece dois pontos importantes: a criação dos Centros Comunitários de Saúde Mental, na década de 1970, a fim de transformar o modelo de atenção psiquiátrica vigente; e os trabalhos de alfabetização de adultos, inspirados na Educação Popular de Paulo Freire. Em relação às experiências de saúde mental, Andery (1984) afirma:

> As experiências em geral são feitas por equipes multidisciplinares e têm oscilado entre um atendimento convencional a indivíduos com queixas de teor emocional e trabalhos educativos sobre saúde mental junto a pais, famílias, escolas e associações locais de moradores ou associações religiosas presentes no bairro. (p. 211)

A partir do I Encontro Regional de Psicologia na comunidade — realizado em São Paulo, em 1981, e promovido pela ABRAPSO —, entendemos que o que se conhecia sob o rótulo de PSC naquela época era uma prática ligada à prevenção em saúde mental e à educação popular. Entre os relatos de atuação da Psicologia em comunidades que são citados neste I Encontro, temos: o Projeto de Saúde Mental Comunitária do Jardim Santo Antônio, que se inicia na universidade em 1977, apresentado por Helio Figueiredo; a experiência em Educação Popular do Instituto Sedes Sapientiae (SP) relatado por Pedro de C. Pontual e Paulo Moldes; e, ainda, o trabalho psicodramático e pedagógico realizado com mulheres da periferia, apresentado por Maria Alice Vassimon. Havia também experiências ligadas a instituições populares, como centros de convivência de crianças e jovens, associação de moradores, igrejas e sindicatos de trabalhadores. Eram usadas dinâmicas de grupo, psicodrama e técnicas de expressão corporal, atividades culturais em que se buscava conscientizar as pessoas sobre as precárias condições em que viviam naquele determinado bairro — como falta de esgoto, creches e postos de saúde (Andery, 1984).

O trabalho realizado na periferia da cidade de Osasco, São Paulo, começava com a familiarização das características do bairro, observação e pesquisa das condições gerais. O trabalho possuía duas frentes de atendimento: uma clínica e outra psicoeducativa. Na primeira, "a orientação era a de aliviar os sintomas e clarear a problemática social subjacente, no sentido de agrupar essas pessoas nas reivindicações sociais" (Andery, 1989, p. 131). Na segunda frente, eram realizados trabalhos com grupos de adolescentes (atividades de expressão corporal, discussão de problemas ligados à sexualidade, orientação ocupacional) e clube de mães (luta por uma creche no bairro).

Em Minas Gerais, o Setor de Psicologia Social da UFMG representava o movimento de redefinição dos caminhos da Psicologia Social no estado, com o objetivo de produzir novas formas de fazer e pesquisar Psicologia no Brasil (Lima, 2012). Como parte desse mesmo movimento, em 1974, é criado o curso de Psicologia Comunitária e Ecologia Humana na UFMG, caracterizado pelas articulações entre questões comunitárias e ecológicas. Inicialmente, quando ministrada pelo professor Julio Miranda Mourão, os temas debatidos na disciplina eram a ecologia e o ecodesenvolvimento. Em 1978, continua discutindo questões a respeito da relação do homem com o meio ambiente, e ainda aborda, entre outros, temas como a relação do homem com a cidade, questões de saúde e políticas públicas, planejamento urbano, questões habitacionais (Abreu, 2012). Segundo Bonfim (1989), os temas que circulavam nos primeiros cursos de Psicologia Comunitária da década de 1970 eram relacionados com questões de higiene, saúde (prevenção) e melhoria da qualidade de vida. Em 1985, a disciplina foi assumida por Elizabeth Bonfim e Marília Novais da Mata Machado, e sua ementa consistia no debate de "comunidades alternativas, ecologia, escritos anarquistas, metodologia de trabalho comunitário, pesquisa participante, estudo de casos, psiquiatria comunitária e educação comunitária" (Abreu, 2012, p. 85).

Relacionados a essa disciplina, a partir de 1985, iniciou-se um processo de intervenção em duas regiões de Belo Horizonte, a Vila Acaba Mundo e o Conjunto Santa Maria. Na favela Acaba Mundo, o trabalho consistia em refletir sobre um projeto de urbanização, realizado em uma parceria entre o poder público e a universidade, que tinha como principais atividades realizar visitas à comunidade e promover reflexões sobre o processo de urbanização. A ideia era problematizar o projeto de urbanização a fim de vincular esse processo de "desfavelamento" à criação de condições de higiene para que as pessoas pudessem permanecer no lugar onde moravam. Para isso, foram realizados grupos de adolescentes e mães e foi produzido um vídeo contando a história da comunidade (Abreu, 2012). Bonfim (1989), ao afirmar a existência de uma relação entre saúde e condições de vida, defende que cabe ao psicólogo atuar no controle dessas condições para que o sujeito tenha autonomia sobre sua saúde. Em Santa Maria, "foram organizadas oficinas de artesanato e dança, e um estudo sobre a região, com questionários e entrevistas com moradores" (p. 88). Em resumo, o que se pretendia era mobilizar os moradores a fim de auxiliá-los na solicitação de seus direitos junto aos órgãos públicos (Abreu, 2012).

No Rio de Janeiro, desde o fim da década de 1970, também identificamos experiências de migração de estudantes e profissionais de Psicologia para as favelas cariocas. O incômodo com o que era produzido nas universidades e a já mencionada crise de atuação no modelo liberal voltado às categorias de alta renda podem ter motivado esse movimento migratório para as favelas. Esses trabalhos estavam vinculados a projetos de extensão, instituições públicas de assistência e estágios curriculares.

Ao contrário de Minas Gerais e São Paulo, em que as intervenções ocorriam em organizações comunitárias e sindicais, no Rio de Janeiro, essas estiveram relacionadas a escolas e a projetos de educação em favelas da cidade (Soares, 2001). Apesar de ser possível reconhecer diferenças entre essas primeiras experiências de atuação da Psicologia em contextos comunitários na região sudeste, pode-se perceber que elas geralmente circulavam entre as áreas de saúde e educação. A motivação era produzir novas práticas em Psicologia e, posteriormente, ocupar um espaço de trabalho que estava sendo aberto pela consolidação das políticas sociais.

> A área da educação, como dito, foi um dos caminhos mais marcantes de busca de inserção dentro das comunidades. Afinal, fora do referencial clínico, esta parecia ser a área da psicologia mais visível dentro da Academia, além de parecer a mais apropriada para se começar a trabalhar junto a uma população que usualmente não "consumia" os produtos e discursos "psi" (ao menos não no formato comum: consultório-análise. [...] a área da educação seria a redenção, uma prática libertadora, ao menos dentro do campo "psi". (Soares, 2001, p. 81)

Ainda no Rio de Janeiro, dentre as experiências de atuação da Psicologia no âmbito comunitário durante as décadas de 1970 e 1980, podemos citar o trabalho com gestantes no Setor de Psicologia Comunitária do Hospital Fernandes Figueira, que deu origem à disciplina Psicologia Comunitária no curso de graduação da PUC-Rio. A intervenção no Morro dos Cabritos visava auxiliar profissionais de saúde e, ao mesmo tempo, orientar professores de uma escola comunitária. Essa experiência deu origem: à criação do setor de Psicologia Comunitária da Universidade Santa Úrsula (USU); à atuação junto à associação de moradores pelo projeto de escolas comunitárias da Secretaria Municipal de Desenvolvimento Social; ao trabalho em grupos com jovens da Rocinha, vinculado à Fundação Leão XIII, que tinha como objetivo estreitar vínculos comunitários utilizando técnicas de psicodrama; à intervenção na área de educação ambiental no contexto dos projetos governamentais de despoluição da Baía de Guanabara; e à inserção na favela Nova Holanda, na Maré, que começa em um posto de saúde comunitário, mas mobiliza os moradores com a criação de uma escola e uma creche comunitária e a eleição para a associação de moradores. As intervenções se deram, portanto, em creches, postos de saúde, associação de moradores, cooperativas e igrejas (Souza, 1985). Nos referenciais teóricos usados nestas intervenções, estão Pichón-Riviére e seu grupo operativo, a Educação Popular de Paulo Freire, a Análise Institucional e o Teatro do Oprimido de Augusto Boal (Soares, 2001).

Ao estudar as experiências de atuação em comunidades no Rio de Janeiro, é interessante notar o fato de os profissionais não identificarem suas práticas como práticas de Psicologia ou Psicologia Comunitária. Quando esses profissionais se lançam em práticas não hegemônicas, não respaldadas por referenciais teóricos e metodológicos consagrados até aquele momento, há um desconforto em afirmar que aquela atuação está vinculada à Psicologia. Ao tentar produzir uma nova prática, não baseada no que estava estabelecido até então no campo psicológico, os profissionais se sentem "exilados" de sua área de formação. O pensamento comum era: "não sei bem se o que eu fazia era psicologia..." (Soares, 2001, p. 120). No entanto, havia um reconhecimento de que aquele fazer produzia algum efeito, estando ele vinculado ou não à Psicologia.[12] "Os psicólogos no Rio de Janeiro não se preocupavam em dar nome para as intervenções que faziam nas favelas cariocas, e muitos duvidavam estar realizando uma intervenção em Psicologia" (Lima, 2012, p. 163). Os profissionais "que iam para as favelas faziam parte de um movimento mais amplo de saída dos psicólogos dos consultórios para lugares sociais, não

---

[12] Para mais informações sobre a história da PSC no Rio de Janeiro, ver: Soares (2001).

havia uma identificação de trabalho comunitário com o campo da Psicologia Social" (Lima, 2012, p. 163).

Scarparo (2005) dedicou um livro à história da Psicologia Comunitária no Rio Grande do Sul, com a intenção de acompanhar os movimentos de aproximação da psicologia à dimensão comunitária naquele estado. Ao fazer uma pesquisa extensa e detalhada, com entrevistas aos principais personagens da PSC, reconhece a pluralidade entre os referenciais que circulavam no estado: desde a educação popular até o modelo ecológico-contextual. No entanto, fica evidente a vinculação dos trabalhos comunitários com a área da saúde.

> A Psicologia Comunitária no Rio Grande do Sul tem se caracterizado pela predominância de interpretações na área da saúde. Como vimos, as primeiras incursões de psicólogos gaúchos nas comunidades aconteceram vinculadas às ações de saúde pública efetivadas no Estado, nos anos 70. Nesse momento, as unidades de saúde pública transformaram-se em portas de entrada para trabalhos sociais em comunidades, tendo como um de seus instrumentos os aportes da Psicologia. (p. 255)

Com o trabalho de Scarparo (2005), fica evidente o vínculo das manifestações atuais da PSC no estado com as alianças entre as referências norte-americanas, o foco nos trabalhos contextuais e na saúde comunitária e também a mais recente vinculação com a Psicologia Positiva. Scarparo (2005) descreve o trabalho de Silvia Koller no CEP-RUA como um dos caminhos da Psicologia Comunitária no Rio Grande do Sul, sendo esta autora uma das principais personagens da Psicologia Positiva no Brasil (Paludo e Koller, 2007). Em resumo, conclui que

> a Psicologia Comunitária construída no Rio Grande do Sul formulou-se através de um debate permanente, especialmente com as políticas de saúde pública. Os dados revelaram que a busca de outras perspectivas disciplinares favoreceu a compreensão dos processos macrossociais e que, ao se voltar para a comunidade, a Psicologia dirigiu-se a pessoas em contexto. (Scarparo, 2005, p. 286)

No Ceará, a Psicologia Comunitária surgiu em outubro de 1980, com o curso de formação de animadores populares para a alfabetização de adultos.

A ideia, nesta época, era criar círculos de cultura na periferia de Fortaleza para a luta e organização comunitária. O objetivo inicial era aproximar a Psicologia dos grupos pobres do estado, e suas primeiras atividades eram trabalho com grupos de jovens marginalizados e alfabetização de adultos (Góis, 2003).

Nesse contexto, por volta de 1980, inicia-se um projeto de intervenção no bairro Nossa Senhora das Graças do Pirambu, vinculado ao Departamento de Psicologia da Universidade Federal do Ceará (UFC). Esse projeto de atendimento psicossocial "tinha o objetivo de compreender os moradores e suas práticas enquanto pessoas e cidadãos, em lugar de moradia e convivência, além de facilitar processos de mudança social no bairro" (Mendes & Correira, 1999, p. 21). Vale lembrar que esses primeiros trabalhos eram denominados de Psicologia Popular. Posteriormente, passaram a se chamar Psicopedagogia Popular, uma união entre Psicologia e Educação Popular, e somente em 1987 essas práticas passaram a ser intituladas Psicologia Comunitária. Assim,

> acompanhando o processo de constituição da psicologia comunitária — que nessa época caminhava decisivamente rumo à especificidade, com método e campo próprios, demarcando, enfim, um corpo de atuação e um saber específico — o projeto passa a ser identificado como Projeto de Psicologia Comunitária. (Mendes & Correia, 1999, p. 22)

Não há como falar do percurso da PSC no Ceará sem mencionar o Núcleo de Psicologia Comunitária da UFC (NUCOM), até hoje um dos principais espaços de formação e produção deste campo no país. O NUCOM, fruto desses primeiros projetos de extensão, começa a se constituir com estes primeiros trabalhos em Psicologia Comunitária no estado, mas só se institui como tal em 1992.

Ao longo da década de 1990, a experiência de Pirambu estende-se a outros bairros de Fortaleza e ao interior do Ceará — Beberibe, Pedra Branca, Quixadá, Icapuí, São Gonçalo do Amarante, Favela do Dendê, Jucas, Canindé, Itaperi, entre outros. Além desses, existia um trabalho com o Movimento dos Trabalhadores Sem Terra (MST) no Maranhão.

> Os campos de atuação incluíam o município de Quixadá, onde era desenvolvido um trabalho junto à Secretaria Municipal de Ação Social, com atividades para o crescimento e fortalecimento

individual e das relações humanas de grupos específicos; o município de São Gonçalo do Amarante, através de atividades com grupos de jovens, conselho pastoral e associação comunitária e a Favela do Dendê, em Fortaleza, onde o trabalho buscava o fortalecimento da identidade dos membros do grupo de jovens, favorecendo a autonomia e autogestão. [...] Em 1996, destaca-se dentre as atividades realizadas pelo núcleo, a inserção no município de Beberibe, com o Projeto Infância Feliz, vinculado a Secretaria Estadual de Saúde (SESA), objetivando o fortalecimento da auto-estima infantil de crianças de 0 a 7 anos de idade. (Mendes & Correia, 1999, p. 24)

Dentre os objetivos dessas intervenções, temos a construção da identidade comunitária, a melhoria das condições de vida, o fortalecimento dos laços afetivos e a formação da consciência crítica. Esses objetivos eram alcançados a partir de dinâmicas de grupo, círculos de cultura e oficinas de biodança.

Estes trabalhos estavam sempre vinculados ao NUCOM, que se estruturou internamente como uma organização dividida em coordenações (geral e de finanças, de divulgação e eventos, de treinamento e desenvolvimento, de acompanhamento e integração de campos). Definem-se também metas e objetivos estratégicos que buscam seguir a missão de "facilitar a construção da identidade humana como expressão da vida social e comunitária" e atender ao modelo administrativo de gerência por objetivos. Em 1994, o NUCOM se desdobrou em NUCOM-Consultoria, que realizava assessoria às prefeituras do estado do Ceará. No ano seguinte, este deu origem à ONG Instituto Participação, que pretendia seguir as mesmas direções de trabalho do Núcleo (Mendes & Correia, 1999).

Brandão (1999) aponta quatro bases epistemológicas para o que denomina "Escola do Ceará": a Educação Popular de Paulo Freire e a ideia de relação dialógica; a Psicologia Social Crítica (aquela vinculada à ABRAPSO e a Psicologia Sócio-histórica soviética) e o conceito de identidade; o materialismo histórico e dialético e a crença no potencial do oprimido; e a biodança, o movimento mundial em favor da vida, que valoriza o encontro humano por meio do trabalho grupal (p. 41). Além desses referenciais bastante diversos, outros serão mencionados ao longo de sua trajetória, como "a Psicologia Social da Libertação (Martín-Baró); a Teoria Rogeriana (Carl Rogers); a Pedagogia da Libertação (Paulo Freire); a Biodança (Rolando Toro); e a Teoria Histórico-Cultural (Vygotsky, Leontiev e Luria)" (Nepomuceno et al., 2008, p. 457).

Em relação à inspiração marxista, Brandão (1999) afirma que a situação de opressão em que o psicólogo comunitário deve intervir não é meramente o traço econômico mas sim a relação que se estabelece entre um sujeito que se coloca como oprimido e outro que adota a postura de opressor. O autor afirma que hoje em dia as relações de dominação são compreendidas de forma mais ampla e não há mais uma identificação dos agentes de transformação com a classe operária, como havia previsto o marxismo ortodoxo.

Ou as intervenções em PSC estão dirigidas a setores economicamente menos favorecidos, mas com objetivos diversos, como melhoria da qualidade de vida, ou as intervenções estão dirigidas à comunidade ou situações de opressão, que não necessariamente se identificam a um desfavorecimento econômico. Então, se é a situação de opressão que define a intervenção, a PSC intervém na família, na escola ou qualquer espaço que tenha relações de dominação — mas sempre voltada ao oprimido, porque é somente este que pode se libertar.

Diferentemente do percurso da PSC no Rio de Janeiro, a experiência cearense revela um esforço deste grupo em oferecer a essas práticas uma especificidade. Isso se revela pelo uso de algumas estratégias, por exemplo: o conjunto de referenciais teórico-epistemológicos adotados; a não vinculação de seu percurso ao de outras práticas em PSC que aconteciam no país; e a defesa explícita de que a PSC produzida naquele estado se diferencia de outras experiências nacionais.

Nesse sentido, Barbosa (1999) afirma:

> A Psicologia Comunitária do Ceará nasce de uma prática em cujo seio se processa um contínuo e profundo diálogo com a realidade. Gestada por um desejo de expandir a ciência psicológica a serviço das classes oprimidas subtraídas ao acesso deste saber — restrito às camadas médias e altas da população — alcança hoje, após todo um esforço de sistematização, um corpo teórico cada vez mais consistente, colocando seu diferencial em relação às outras práticas em Psicologia Comunitária no Brasil. (p. 65)

Adiciona-se um novo rótulo à Psicologia, que agora, além de ser "comunitária", é também "do Ceará". Portanto, a ideia que nos parece circular por esses argumentos é que: falar em Psicologia Comunitária *do Ceará* é diferente de falar em Psicologia Comunitária de modo geral, sejam de experiências nacionais ou internacionais. Não que as práticas cearenses (ou outras) não tenham a sua singularidade de acordo com o contexto onde são produzidas. A questão está no esforço em defender mais uma especialidade para a Psicologia e nos efeitos que essa sobreposição de etiquetas pode gerar. Como se não fosse suficiente o rótulo "comunitário", colocamos ainda outro por cima, relacionado ao estado em que aquela Psicologia é produzida. Já o fizeram com a Psicologia Social produzida na cidade de São Paulo, ou especificamente na PUC-SP, com a instituição de uma suposta "Escola de São Paulo" (Carvalho & Souza, 2010). E agora também com a PSC e sua "Escola do Ceará". As estratégias de constituir identidades aos campos não nos parece ter qualquer consequência positiva. O esforço em defender a especificidade só produz isolamentos, especialismos e especialistas, que serão as autoridades que poderão falar em seu nome.

PERCURSOS DOS TRABALHOS COMUNITÁRIOS NA CIDADE DO RIO DE JANEIRO

A ideia desta seção é apresentar a trajetória histórica das práticas comunitárias na cidade do Rio de Janeiro, a partir de pesquisas bibliográficas que não se restringiram à busca realizada nos indexadores citados acima. Como esta cidade é o cenário onde a questão desta pesquisa se coloca, faz-se necessário apresentar os caminhos da psicologia no contexto comunitário ou os encontros entre a psicologia e a favela que também tiveram como cenário a cidade do Rio de Janeiro. É importante lembrar que a bibliografia relata que a prática comunitária carioca não aderiu de maneira completa à identidade da Psicologia Comunitária e, por vezes, psicólogos cariocas nem mesmo identificavam sua prática como uma atividade psicológica (Soares, 2001). Esta é, sem dúvida, uma característica a ser debatida neste momento. Quais foram as práticas de psicólogos em favelas na cidade do Rio de Janeiro? Como circulavam aqui os debates sobre o que se objetivou como Psicologia Social Comunitária?[13]

---

[13] Todos os trabalhos que temos contato sobre descrições de práticas parecem ter relação com a universidade (Soares, 2001). Há autores que se identificam com o campo instituído da PSC que precisamos analisar: Maria Helena Zamora, Lúcia Ozório, Regina Andrade e ainda os pesquisadores do programa de pós-graduação em Ecologia Social e Comunidades da UFRJ. Estes personagens parecem estar envolvidos com a etiqueta PSC na cidade e também produziram e produzem intervenções comunitárias.

Com a intenção de apresentar algumas descrições sobre o trabalho comunitário na cidade do Rio de Janeiro a partir da pesquisa bibliográfica, destacamos o relato de Landin e Lemgruber (1980) publicado na revista "Arquivos Brasileiros de Psicologia" quando ainda vinculada ao Instituto de Seleção e Orientação Profissional (ISOP - FGV).

No II Encontro Nacional de Psicólogos, Landin e Lemgruber (1980), vinculadas à Pontifícia Universidade Católica (PUC-RJ), apresentam o trabalho do psicólogo na favela a partir de sua experiência como psicólogas clínicas e supervisoras de psicoterapia individual do Serviço de Psicologia Aplicada (SPA) da universidade. Ao receber a "população mais desfavorecida" na clínica, as autoras relatam que as questões trazidas pelos pacientes derivam de "um universo cultural diverso daquele que é próprio dos estagiários e supervisores do SPA" (p. 67). Procuram uma comunidade onde pudessem inserir uma equipe de estagiários, pois

> Apesar de ser possível, com alguma experiência clínica, distinguir-se traços patológicos dos traços peculiares a um universo cultural específico, começou a surgir em nós o interesse de um estudo mais próximo de tudo o que envolve a realidade da vida dessas pessoas — seus valores, crenças, formas de comunicação, dificuldades, etc. (Landin e Lemgruber, p. 67)

O movimento de deslocamento para a favela respondia também a uma motivação institucional, já que a PUC atendia à meta das universidades católicas de se aproximar mais da realidade brasileira. Este objetivo estava em consonância com as "diretrizes lançadas pela Igreja Católica Latino-Americana nos encontros de Medellín e Puebla"[14] (Landin e Lemgruber, 1980, p. 68).

Algumas comunidades apresentam demandas de atendimento psicológico e outras, apesar de apresentarem uma série de "carências aos olhos dos técnicos", não formulam uma demanda específica. Por isso, ao invés de implantar o modelo tradicional de psicologia clínica, escolar e outras, surge o campo específico da psicologia comunitária, "onde a função precípua

---

[14] Estas correspondem às segunda e terceira conferências gerais do episcopado latino-americano, que aconteceram em 1968 e 1979, onde debatia-se a Teologia da Libertação e a tendencial opção da igreja católica pelos pobres.

do psicólogo seria a escuta e interpretação das demandas da comunidade" (Landin e Lemgruber, 1980, p. 68). Quando não há uma questão específica para a psicologia, cabe ao psicólogo comunitário tentar interpretar e lidar com estas necessidades por meio da escuta. Para evitar "psicologização na interpretação dos desejos da comunidade", é importante contar com uma equipe multidisciplinar.

> A abordagem de psicologia comunitária realça a importância da escuta, com o objetivo de permitir que a comunidade expresse seus sentimentos, anseios e necessidades, a fim de se entender melhor e de estruturar-se com vistas à resolução de suas dificuldades. (Landin e Lemgruber, 1980, p. 68)

Ao relatar o histórico de inserção do projeto na comunidade, localizada na periferia da cidade, as autoras se referem ao local como "de quarto estrato", pelas marcas de marginalização social, econômica e cultural. Não há infraestrutura, saneamento e a população "não está eficazmente organizada". Diferente da realidade atual, não há lideranças religiosas ou ligadas ao tráfico de drogas.

O trabalho começa pelo pedido das freiras salesianas que realizam atividades da pastoral de favelas em uma igreja católica da região. O volume de trabalho e a falta de recursos endossa o pedido de ajuda, mas a equipe de psicologia alerta para a necessidade de atuação de outros profissionais, como médicos, advogados, engenheiros e sociólogos. Enquanto planejavam uma ação local, houve a doação de uma verba que ultrapassava as necessidades de custeio de um serviço de psicologia. Por isso, em articulação com o Neurb — Núcleo de Estudos e Planejamento Urbano da PUC, realizaram pesquisas para o planejamento da aplicação destes recursos na comunidade, diagnosticando que a maioria dos moradores elegeu como prioridade o desejo de urbanização e saneamento. Com este dado, nenhum recurso foi aplicado às ações da psicologia.

Ao adiar o início de "um projeto específico de psicologia" (Landin e Lemgruber, 1980, p. 70), inicia-se uma mobilização da comunidade junto com o Neurb para que todos participem ativamente da aplicação da verba e se conscientizem da importância do trabalho de psicologia.

O processo de mobilização acabou resultando numa assembleia por nós convocada para discussão da verba doada. A esta reunião compareceram aproximadamente 300 pessoas (tendo sido relatado posteriormente, por elementos da comunidade, que esta teria sido a maior concentração já ocorrida no local). (Landin & Lemgruber, 1980, p. 70)

Após esta assembleia, constituiu-se uma comissão, eleita com ampla participação dos moradores, que, aliada aos técnicos do Neurb, começou a se reunir na Associação de Moradores para decidir sobre a aplicação da verba de acordo com as necessidades da população. Neste processo de mobilização, relatam que puderam, no contato com as famílias, atendendo ao objetivo inicial, sensibilizar-se com as particularidades do universo cultural da comunidade. Incentivaram, inclusive, a realização de um censo no local para mapeamento das características comunitárias.

No entanto, Landin e Lemgruber (1980) dizem que o trabalho específico da psicologia era

> organizar centros de atividades e de socialização para crianças em fase pré-escolar e para adolescentes. Esse planejamento havia resultado de nossas primeiras observações da comunidade quando observamos um grande número de crianças e adolescentes sem ocupação e soltos pela favela. (p. 71)

Depois da descrição do processo de inserção na comunidade, comentam que a fundamentação teórica é um limite colocado para o trabalho em psicologia comunitária. Ao mesmo tempo em que a literatura específica do campo padece de um "pragmatismo otimista que negligencia a noção de conflito social" (Landin & Lemgruber, 1980, p. 71), a psicanálise, como um modelo teórico individualista, parece ser inválido quando não há uma demanda de tratamento e as questões colocadas pertencem ao grupo, à família ou à comunidade. É curioso como as autoras, ao descreverem o processo de uma necessária entrada gradual na favela, chamam a atenção para o receio de serem interpretadas como infiltradas ou camufladas com "objetivos escusos" (p. 72). Atualmente, a circulação de trabalhadores sociais em favelas é tão intensa que é difícil imaginar um estranhamento por parte dos moradores.

Esclarecem que seus dois objetivos na intervenção eram

> (...) facilitar a implantação de um serviço na comunidade evitando sermos entendidos como elementos agressores (já que acreditamos que elementos estranhos seremos sempre); e, por outro lado, o de fazer uma mobilização com o intuito de levar a população a procurar sair da passividade e assumir mais as decisões e o controle sobre aspectos importantes de sua vida, no pressuposto de que isso levaria a um nível mais elevado de saúde geral e mental. (Landin & Lemgruber, 1980, p. 72)

Ao realizar uma crítica à perspectiva da Psicologia Comunitária, referem-se àquelas concepções ligadas à Medicina Preventiva e à forma como a bibliografia costuma caracterizar a psicologia comunitária norte-americana, onde "promover a saúde mental é concorrer para a readaptação social do marginalizado e mesmo prevenir a marginalização, evitando conflitos que poderiam levar a uma desadaptação" (Landin & Lemgruber, 1980, p. 72). Nesta perspectiva, seria papel do psicólogo comunitário, que equivale ao papel de um profissional de saúde mental, "ser um agente da adaptação social através de um amplo controle da vida das pessoas, pois se presume que a marginalização poderia ser prevenida pelo controle de situações familiares, profissionais, interpessoais, institucionais, etc." (p. 72). Este trabalho contradiz o que entendem como o papel do psicólogo comunitário, profissional da escuta dos problemas da comunidade, que, junto a uma equipe multidisciplinar, deve estar pronto a contribuir para a sua superação, sejam os problemas individuais ou comunitários. Outro aspecto importante destacado em sua intervenção é a necessidade de ter como horizonte a autogestão do trabalho implementado.

Sem a pretensão de esgotar a apresentação das experiências entre psicologia e favela presentes na literatura, identificamos outros trabalhos que apresentam experiências entre a psicologia e a favela na cidade, são eles: Soares (2001); Aguiar e Brasil (1991); Fernandes e Anjos (1991); Fernandes (1992); Souza (1985).

Soares (2001) realizou, em sua pesquisa de mestrado, entrevistas com dez psicólogos que realizaram trabalhos em favelas na cidade do Rio de Janeiro entre as décadas de 1970 e 1990. Em geral, estes profissionais que se aventuraram pelas favelas relatam se incomodar com a psicologia ensinada e praticada na formação universitária e buscar algo novo para a sua profissão. A motivação, em tese, identificada por Soares (2001), diz respeito a uma militância dentro do campo de atuação. A inserção acontece por diversos caminhos: projetos de extensão; trabalho em instituições públicas de assistência; e educação popular. No entanto, a educação é uma das vias mais expressivas de inserção dentro das favelas, por representar um caminho diferente em relação à clínica e também pela crença na educação como prática de libertação do povo. Algumas entradas estão diretamente ligadas a demandas de escolas ou creches comunitárias entre 1980 e 1983, outras, ligadas a organizações comunitárias, centros de saúde e a Fundação Leão XIII. Em parte, os profissionais entrevistados nesta pesquisa estavam vinculados a instituições de ensino superior, mas não havia projetos específicos de PSC ou relativos ao campo comunitário. Eram elas: Universidade Santa Úrsula, Universidade Federal do Rio de Janeiro e Universidade Gama Filho.

No livro Análise Institucional no Brasil (Saidon & Kamkhagi, 1991), encontramos dois relatos sobre experiências de intervenções em favelas: Histórias de andanças de técnicos em favelas: da "Alegria" ao "Sossego" e vice-versa (Aguiar e Brasil, 1991); e Do trabalho comunitário em Nova Holanda: nossos lugares e nossas vozes (Fernandes e Anjos, 1991). O trabalho de Aguiar e Brasil (1991) relata o projeto de Escolas Comunitárias, uma parceria entre a Secretaria Municipal de Desenvolvimento Social (criada neste momento) e o Unicef (Fundo das Nações Unidas para a Infância e Juventude), intitulado "Proposta de ação para as favelas cariocas", da década de 1980. A criação da SMDS (antes chamada SMD), oriunda da Secretaria de Turismo, representava naquele momento a criação de um setor do Estado responsável por "levar serviços" para a população favelada, já que a lógica da remoção estava enfraquecida. No entanto, como constatamos atualmente, o orçamento da secretaria representava 1% do total de recursos da Prefeitura, em uma realidade de 400 favelas na cidade. O Unicef também alocava recursos para a saúde e saneamento.

> O Projeto de Escolas Comunitárias passa a atender crianças de 3 a 6 anos, procurando considerar o universo sócio-econômico e cultural dos setores beneficiados. Partem-se das experiências embrionárias

já existentes, que funcionavam em espaços físicos cedidos pela Igreja, a associação de moradores, quadras de blocos carnavalescos ou mesmo em casa de moradores. (Aguiar & Brasil, 1991, p. 89)

Ao refletir sobre a sua inserção profissional em favelas, as autoras ilustram que as motivações que levavam os psicólogos às favelas eram variadas. O que significava trabalhar em favelas na década de 1990 na cidade do Rio de Janeiro?

> Trabalhar em favelas no Rio de Janeiro... Para alguns, seria correr um perigo desnecessário frente a tantas outras opções de atuação na área que me especializara; para outros, uma demonstração de compaixão e solidariedade para aqueles que sofrem, ou, ainda, poderia se constituir em uma boa oportunidade para um trabalho político-partidário. Eu ouviria um comentário diferente de cada pessoa com quem falasse sobre essa possibilidade de trabalhar em favelas. Para mim, recém-saída de uma faculdade de Psicologia, e engrossando a fila dos desempregados, esta oportunidade que se abria trazia não só uma necessária remuneração, mas também um desafio, um campo de trabalho novo, um caminho que provavelmente me daria experiências riquíssimas para serem vividas profissional e politicamente. (Aguiar & Brasil, 1991, p. 105)

O relato de Fernandes e Anjos (1991) conta a trajetória de seis anos de trabalho na favela Nova Holanda. Os profissionais estavam vinculados à Comissão Comunitária do Centro Brasileiro de Estudos de Saúde (Cebes) e as atividades eram relacionadas à saúde coletiva e ao atendimento médico. A princípio, um grupo conversava com os moradores sobre condições de vida e saúde, o que os levou a conseguir uma vitória na luta pelo abastecimento de água. A ideia era também conseguir um espaço para criar um posto de saúde comunitário. A Cebes intermediou a relação com a Fundação Nacional do Bem-estar do Menor (Funabem), que financia o projeto "Educação e Saúde: uma proposta de trabalho" de 1979 a 1982. A partir de 1983, a relação para captação de recursos se deu com o Ministério de Educação e Cultura, com a mediação da Associação Estadual de Saúde Pública do Rio de Janeiro (AEASP-RJ). A equipe contava com médicos, psicólogos, agentes de saúde e uma socióloga. A proposta era de desenvolvimento comunitário e prestação de serviços de saúde. Sobre este trabalho, as autoras avaliam que o caminhar na Nova Holanda significou muito mais que um "trabalho comunitário". Elas dizem que foram aprendendo a usar o seu saber técnico de forma a não desconsiderar o saber popular. Pensar nas relações de saber e poder e problematizar saberes instituídos foi o que constituiu o papel do psicólogo nesta intervenção.

O trabalho de Gallindo (1981), apesar de não apresentar uma experiência de intervenção comunitária, circulou como uma referência no campo comunitário na cidade do Rio de Janeiro e expressa um contraponto às bases teóricas expostas, em geral, pela disciplina PSC. Além de ter um título expressivo que alude à possibilidade de transformação social pela intervenção comunitária, a dissertação foi defendida na década em que os trabalhos anteriormente citados aconteceram. Para esta autora, a aprendizagem social é um dos modelos alternativos que surgiram com a Psicologia Comunitária, que se define como "um movimento de reforma dentro de um campo maior da Psicologia Aplicada e que se caracteriza como uma nova abordagem para lidar com os problemas do comportamento humano" (Gallindo, 1981, p. 13). Um novo paradigma embasa suas considerações: a ecologia ou o paradigma ecológico, que estudam a interação organismo e ambiente.

> A abordagem ecológica na psicologia tem enfatizado, em termos de ação, a intervenção social, criando alternativas através da localização e desenvolvimento de recursos e forças que possibilitem maximizar o ajustamento pessoa-ambiente. Em termos de valor, um sistema baseado na relatividade e diversidade cultural. (...) Ao invés de ajustar todos os indivíduos a um caminho único, o psicólogo comunitário procura criar condições que lhes facultem o direito de escolher suas próprias metas e estilo de vida. (p. 15/18)

Dentre as referências de pesquisas no campo da Psicologia Comunitária e os relatos de experiência das atuações de psicólogos em favelas, de fato, o trabalho de Gallindo (1981) parece destoar no que diz respeito aos referenciais teóricos. Essa abordagem ecológica se expressa, talvez, nas produções do Programa de Pós-Graduação em Psicossociologia e Ecologia Social (EICOS-UFRJ) criado em 1992. Mas é importante sinalizar que esta abordagem teórica marca as produções do campo comunitário, da época, no Rio Grande do Sul.

Ao sistematizar e concluir os dados de sua pesquisa, Soares (2001) entende que algumas características se destacam na circulação deste projeto comunitário no Rio de Janeiro. Uma das questões diz respeito ao questionamento endereçado à universidade sobre o seu papel junto às classes populares. Interpelado pela pergunta "e aí doutor, veio fazer pesquisa?", Soares (2001) sinaliza que a entrada dos psicólogos em favelas parece ter intensificado as reflexões sobre o "papel da Academia e da própria psicologia junto às populações de baixa renda" (p. 128). Esta relação entre psicologia e favela (espaço comunitário) relatada pelos seus entrevistados denunciava ainda uma verticalidade e era regada com pressupostos que circulam entre a periculosidade, a carência e a pobreza. Falar em atuação comunitária era falar nesses termos.

Soares (2001) indica que seus entrevistados fazem uma análise do que será essa "psicologia dos excluídos". Ele cita a fala de uma das personagens:

> ...enfim, eu acho assim: eu acho um trabalho apaixonante, mas eu acho que efetivamente a psicologia em si não forneceu subsídios para você trabalhar. Ela forneceu sim para você trabalhar a favor da acomodação, criar espaços terapêuticos para essa pessoa, acolher sofrimento... em muitos casos, amortizador. Em muitos casos para a indignação não aparecer mesmo. Ou então para criar canais legítimos de expressão. (Soares, 2001, p. 131)

Como mencionamos anteriormente, Soares (2001) reafirma que as práticas comunitárias no Rio de Janeiro objetivaram a afirmação de um campo de luta dentro da psicologia e sinalizaram a necessidade de emergência de outra psicologia, não mais estéril e asséptica, e que estivesse de acordo com as demandas sociais. O surgimento deste campo junto com práticas de militância são marcas das falas nesta pesquisa. A Psicologia Comunitária era eminentemente política, e isso viabilizava uma transformação da Psicologia. Conforme Soares (2001):

> Esta marca ideológica da psicologia comunitária como um campo político da psicologia de forma alguma compromete sua emergência enquanto um campo teórico naquele momento. Como já foi afirmado diversas vezes, através desta "militância" buscavam-se novos caminhos de atuação e de construção de conhecimento dentro do campo psi. (p. 133)

Ao concluir o trabalho e refletir sobre as relações entre o campo comunitário e a academia, Soares (2001) indica que, das cinco instituições de ensino superior envolvidas com o trabalho comunitário no Rio, apenas duas nomeiam suas intervenções de Psicologia Comunitária. O que isso significa? Diferente do que acontece em outros lugares do país, no Rio de Janeiro as práticas comunitárias não geram mais um especialismo dentro da Psicologia. Como diz Soares (2001): "E quem é o sujeito do especialismo? É justamente aquele que se fecha em um lugar que lhe garanta segurança e campo" (p. 138).

Neste trabalho, conclui que a Psicologia Comunitária "cumpriu seu papel nos anos setenta e oitenta: redirecionar o olhar e as práticas psi, buscar estabelecer outras conexões entre o cotidiano social e os processos de subjetivação" (p. 138). A nossa questão é: o projeto comunitário representou, de fato, um movimento insurgente para a Psicologia brasileira? Convoca a Psicologia a se colocar contra a ordem social e produzir novos modos de fazer psicologia?

Entre as capturas e insurgências do projeto comunitário

CAPTURAS: ESPECIALISMO E ENLACES COM A PSICOLOGIA POSITIVA

Entre as capturas mais evidentes que podem ser destacadas ao tomar historicamente o projeto comunitário na psicologia, estão: a busca pela criação de um especialismo sobre as questões comunitárias, traduzido nos esforços da PSC; e a aproximação desta disciplina ao campo da Psicologia Positiva (Solano, 2010). Aliada a esta abordagem positiva para os fenômenos sociais, está também a ênfase em uma abordagem liberal para a questão social, expressa pela concepção de pobreza de Amartya Sen, que circula entre os atores da PSC no Ceará (Ximenes, Moura Jr & Castro, 2015; Moura Jr., Cidade, Ximenes & Sarriera, 2014; Moura Jr., Ximenes & Sarriera, 2014). Estas capturas fundamentam nosso deslocamento crítico em relação ao projeto comunitário da psicologia, expresso pelo campo da Psicologia Social Comunitária, e evidenciam que a possibilidade de construção de uma perspectiva popular deve representar uma linha de fuga à produção destas capturas.

O processo de institucionalização do projeto comunitário da psicologia significou uma busca por sua identidade como um campo específico e singular na psicologia (Nascimento, 2010). A fixação em forma de algumas forças instituintes, presentes no projeto comunitário, que buscavam arejar a psicologia e promover seu encontro com as classes populares, produziu uma cristalização e um enrijecimento do que havia de criativo e popular em seu esforço transformador. Neste sentido, o processo de institucionalização implica "uma composição de linhas que ao se atravessarem produzem campos de saber, redes de poder, especialismos. Linhas que marcam territórios, produzindo tanto objetos, como sujeitos" (Barros, 2007, p. 95). Estas instituições "passam a exigir respostas teórico-técnicas a serem dadas por especialistas, os quais novamente se instituem, cada vez mais afastados do que pulsa, do que flui, ascetizando as disputas e vontades que as constituíram" (Barros, 2007, p. 95). Este foi o movimento do projeto comunitário na psicologia.

A forma PSC reivindica o domínio no trato com as questões sociais relativas à comunidade e, historicamente, podemos afirmar que a sua institucionalização em um campo identitário já representou uma captura aos que pensam o surgimento das ações comunitárias como uma oportunidade de transformação da psicologia e como criação de novas possibilidades de atuação. Entendemos que a constituição de um domínio específico de saber só atende às exigências das relações de saber-poder colocadas pela perspectiva disciplinar, em que o saber sobre um campo produz um especialista sobre ele. A figura do especialista agencia as relações de poder em torno da "autoridade da fala" — quem pode falar e responder sobre ele. E responde, sem dúvida, às demandas do funcionamento capitalista da produção de conhecimento, gerando um efeito de reserva de mercado. Se sou especialista de um campo, posso oferecer cursos sobre ele, formações, dar entrevistas, etc. O estabelecimento dos limites de um campo responde à necessidade de identificarmos quem está dentro e quem está fora dele, e quem pode, portanto, responder em seu nome. O principal funcionamento do poder é produzir fronteiras, e nós funcionamos e insistimos em estabelecê-las mesmo diante das perspectivas críticas em psicologia. Como produzir diálogo, encontro, diante dos muros do especialismo?

Se a construção de uma perspectiva popular pretende justamente inverter o processo e pensar em como construir saberes a partir do povo e colocá-lo como protagonista de todo o conhecimento produzido, a figura de especialista e seus domínios de saber-poder não contemplam esta perspectiva. Não há como formarmos especialistas em um saber que emana e pertence ao povo. Portanto, construir um saber processual, popular e transformador não pode coincidir com esforços identitários e autoridades do saber. O que produziremos? Especialistas em transformação social? Especialistas em povo?

> A Análise Institucional já evidenciou como o conhecimento especializado para a produção de bens materiais e serviços essenciais à sobrevivência tem operado historicamente uma dominação, implementando forças desiguais em função de seu controle por instâncias sociais como o Estado, empresas e outras corporações, entre elas, as universidades (Baremblitt, 1992). A análise histórico-crítica constitui, neste sentido, esforço relevante para evitar a formação de novas "especialidades" da psicologia na medida em que ela permite combater especialistas que operam sobre o pressuposto de que existe uma realidade prévia e definitivamente instituída. (Gonçalves & Portugal, 2016, p. 568)

Em seu livro sobre o dispositivo grupal, Barros (2007) coloca em análise não só o especialismo, mas também o próprio lugar do especialista produzido por este. Poderia parecer contraditório questionar todas as produções engendradas no campo da PSC (como fazemos neste capítulo) e, ao mesmo tempo, negar que este tem sido um tema específico de nossas pesquisas há alguns anos. Capturados, mas tentando nos desvencilhar do funcionamento especialista, é do lugar de quem habita o campo que falamos. Mas, para nós, habitar este campo só nos serve para questionar e demolir suas fronteiras e não para reafirmar essas posições de saber-poder. Serve para colocar em análise seu funcionamento e que modos de viver suas práticas instauram.

> Aqui chegamos a um ponto crucial de nossas análises: o lugar do especialista. Dissemos que os engendramentos do saber-poder criam disciplinas e, consequentemente, seus especialistas. Estes, ao promoverem recortes sobre o real, produzem objetos de interesse ao mesmo tempo em que se constituem sujeitos interessados. Desnaturalizar os especialismos é, portanto, questão central para aqueles que repensam a produção do conhecimento, que problematizam as dicotomias. (Barros, 2007, p. 226/227)

Outro tópico que devemos alertar no rol de capturas é a aproximação ou o engajamento da PSC com o campo da Psicologia Positiva. O surgimento da Psicologia Positiva é atribuído à figura de Martín Seligman, no contexto norte-americano, com o objetivo de mudar o foco de pesquisas e práticas em psicologia dos aspectos patológicos do psiquismo para seu funcionamento saudável ou positivo. O argumento é que, historicamente, a psicologia se dedicou somente às doenças mentais e não estudou seu funcionamento positivo. Deslocar-se das doenças para as emoções positivas, como a felicidade, seria um objetivo desta psicologia. Seus estudos circulam entre os fenômenos do otimismo, bem-estar, *mindfulness* e resiliência, sendo este último um dos seus pilares. A resiliência, grosso modo, é a capacidade das pessoas superarem situações adversas por suas próprias estratégias. Para o funcionamento resiliente, uma pessoa precisa atribuir sentido à adversidade, ter um olhar positivo, coragem e esperança, flexibilidade, transcendência e espiritualidade (Yunes, 2003). Paludo e Koller (2007) identificam que a principal preocupação da Psicologia Positiva é

> ampliar o campo e modificar o foco dos estudos, ou seja, a Psicologia não estar restrita apenas a reparar o que está errado ou ruim, mas (re)construir qualidades positivas; ele afirma que o tratamento psicológico e as pesquisas não devem pretender apenas consertar ou descobrir o que está "quebrado" ou não funciona, mas fomentar e nutrir o que existe de melhor nos indivíduos. (p. 12)

Yunes (2003) diz que a publicação de um número especial na *American Psychologist* em 2001 inaugura o movimento da Psicologia Positiva, em que o foco é a valorização das capacidades e potencialidades humanas.

> Tendo em vista esta perspectiva, a ciência psicológica busca transformar velhas questões em novas possibilidades de compreensão de fenômenos psicológicos como felicidade, otimismo, altruísmo, esperança, alegria, satisfação e outros temas humanos, tão importantes para a pesquisa quanto depressão, ansiedade, angústia e agressividade. (Yunes, 2003, p. 75)

Sem pormenorizar as críticas à Psicologia Positiva neste momento, nos interessa saber que efeitos a articulação desse discurso, brevemente apresentado acima, tem nas publicações em PSC e como isso se dá. As expressões da Psicologia Positiva na PSC se manifestam no movimento da Saúde Comunitária e no paradigma ecológico. Sarriera (2010) afirma que "o Paradigma Ecológico é um dos mais difundidos atualmente entre os psicólogos comunitários" (p. 33). Ao apresentar os pressupostos do paradigma ecológico, justifica-se a importância de que se escolha uma teoria explicativa em Psicologia Comunitária. Ao examinar o sentido da palavra "ecológico", o autor nos remete à ideia de entorno, natureza, comunidades. Nesse sentido, afirma:

> Ser ecológico significa ter uma atitude pró-ativa e interativa com o ambiente (micro, meso e macrossistêmico). É buscar a harmonia do homem com a natureza, produzindo cultura e transformando o entorno num lugar com melhores condições de vida para todos. Essa adaptação ou harmonia entre o homem e seu contexto tem caráter ativo e transformador, significa a boa convivência e o equilíbrio. (Sarriera, 2010, p. 31)

O paradigma ecológico permite uma compreensão holística da realidade e propõe uma concepção ecológica de ser humano, que se resume à ideia de que o ambiente exerce impacto sobre as pessoas. É curioso observar que os autores de referência do Paradigma são norte-americanos e as publicações citadas são das décadas de 1970 e 1980. São autores considerados pioneiros na Psicologia Comunitária norte-americana. Dentre eles, são citados, principalmente: James G. Kelly (1966, 1986), Trickett (1972, 1984) e Rapapport (1981) (*apud* Sarriera, 2010). Este último é considerado por Sarriera um dos fundadores da Psicologia Comunitária. A referência a esses autores é curiosa na medida em que alguns autores da PSC se esforçam em distinguir o surgimento e as trajetórias da disciplina nos continentes norte e latino americanos. Sem dúvida, a PSC latino-americana tem pressupostos e vinculações epistemológicas que lhes são próprias, como, por exemplo, a interface com a Educação Popular e a Psicologia da Libertação. Mas, não é possível afirmar que seus percursos históricos são absolutamente paralelos. Esses caminhos se encontram em alguns pontos, como se pode perceber na referência atual (2010) a autores da Psicologia Comunitária norte-americana da década de 1970 e 1980.

Este paradigma propõe uma estrutura ecológico-sistêmica, composta por estruturas físicas, sociais e psicológicas. O meio ecológico é concebido como um conjunto de estruturas concêntricas, denominadas microssistema, mesossistema, exossistema e macrossistema. O microssistema é a família, o lugar de trabalho, a escola, os amigos, as associações. Todos estes elementos inter-relacionados compõem o mesossistema, tratado como sinônimo de comunidade. Este é o contexto onde a pessoa desenvolve sua vida. O exossistema são as políticas públicas, subculturas e instituições, e o macrossistema é a cultura, o sistema político e econômico, a religião e a ideologia. Este último atravessa todos os outros sistemas.

Esquematicamente, estas estruturas são apresentadas de forma hierárquica e isolada. Cada uma compõe um círculo diferente, onde o macro engloba o exo e o mesossistema. A relação entre estes sistemas é resumida pelo caráter da influência e da interdependência. Qualquer mudança é compreendida como modificação de posição no ambiente ecológico, processo este denominado transição ecológica. Entende-se que uma mudança em uma pessoa ou ambiente provoca mudanças em todo o sistema. Portanto, o sujeito é capaz de promover mudanças no ambiente social e vice-versa.

Na dinâmica do paradigma ecológico entende-se que

> o ser humano, como a comunidade, está em contínuo processo de adaptação, evolução e intercâmbio. [...] Assim, se deseja a construção de ambientes ótimos e saudáveis nos quais as possibilidades de adaptação e desenvolvimento se potencializem na construção do sujeito de uma sociedade melhor. (Sarriera, 2010, p. 37)

Há uma concepção peculiar de transformação social nas entrelinhas dessas afirmações. Parece natural que qualquer mudança que ocorra na vida de pessoas ou comunidades exercerá algum tipo de transformação no sistema político e econômico, como se isso fosse uma consequência necessária. Não parece claro que tipo de mudança é possível promover, já que não há uma definição que nos explique o que cabe em um "ambiente social". Assim como também não é possível saber para que direção aponta essa mudança. Por que provocar transformação ou mudança é necessário? Aonde se quer chegar com esta mudança?

Fazendo referência a Bronfenbrenner (1996), um dos autores mais citados na Psicologia Positiva (Paludo & Koller, 2007), Sarriera (2010) afirma que a mudança transformadora é aquela que promove "a modificação e a reestruturação sistemática dos sistemas ecológicos existentes, de forma que desafiem as formas de organização social, os sistemas de crenças e os estilos de vida que prevaleçam em uma cultura ou sub-cultura particular" (p. 44).

Alguns objetivos desse paradigma estão explicitados no trecho:

> Esse entendimento ecológico-sistêmico da realidade nos revela a riqueza multidimensional da análise dos fenômenos psicossociais, respeita e não reduz a complexidade dos mesmos, propõe o desenvolvimento da pessoa através da otimização de seu potencial para exercer mudanças no meio. Ao mesmo tempo não ignora, mas pontua a influência determinante do ambiente na conduta. [...]. Propõe como valores prioritários a qualidade de vida e o estabelecimento de estruturas sociais que apoiem o desenvolvimento, a igualdade e a diversidade, através da ação participativa e transformadora de pessoas e comunidades. (Sarriera, 2010, p. 37/45, grifos nossos)

É importante ressaltar que a abordagem ecológica também está vinculada à Psicologia Positiva. Muitas vezes, os dois referenciais são usados juntos nas intervenções comunitárias (Koller & Dell'Aglio, 2011).

A Psicologia Positiva propõe uma nova atitude diante do estudo do ser humano, que rompa com uma preocupação principal sobre a doença, a psicopatologia, o sofrimento, a transgressão e recomendam estudos sobre bem-estar, satisfação com a vida, prosociabilidade, resiliência e saúde dos seres humanos. Esperança, sabedoria, criatividade, perspectiva de futuro, coragem, espiritualidade, responsabilidade, perseverança, gratidão e felicidade passam a ser tópicos primordiais para estudo. (Koller & Del'Aglio, 2011, p. 98)

> A Saúde Comunitária (Góis, 2008; Sarriera, 2011) pretende se constituir, ela mesma, como um novo campo de atuação, que tenha suas próprias formulações, conceitos e estratégias de intervenção. É possível afirmar que a Saúde Comunitária se relaciona com a PSC[15], é sua consequência, partilha de suas problematizações. Afinal, um dos principais campos de atuação dos psicólogos comunitários é a área da saúde. Talvez seja possível concluir que as intervenções

---

[15] O GT de Psicologia Comunitária da ANPPEP se transformou em Saúde Comunitária.

de saúde realizadas pela PSC em comunidades tenham formado esse que se pretende um novo campo. Góis (2008) e Sarriera (2011) usam as mesmas formulações que empregam na PSC para pensar as intervenções em Saúde Comunitária.

O surgimento do "movimento" pela Saúde Comunitária (Saforcada & Sarriera, 2011) é atrelado à Psicologia Comunitária, como identificam Saforcada (2011) na Argentina e Sarriera (2011) no Brasil. As discussões desse campo tangenciam, portanto, pontos que pertenceram à PSC. A proposta da Saúde Comunitária é "alcançar o mais alto nível de saúde possível e dispor o acesso universal aos serviços e recursos de saúde" (p. 11). Ou seja, ela tematiza questões caras ao movimento da Reforma Sanitária. Inspirada no campo da Promoção da Saúde, tem como norte um novo conceito de saúde onde mais do que prevenir doenças é preciso atuar nos determinantes sociais da saúde para o alcance de melhores condições de vida. Ou seja, há uma ampliação do conceito de saúde, que, desvinculado da ideia de doença, passa a depender de fatores como habitação, trabalho, lazer, educação, etc. Vale lembrar que esse conceito é incorporado pelo SUS em 1988, e, já em 1946, a Organização Mundial de Saúde (OMS) define que saúde é o "estado de completo bem-estar físico, mental e social, e não meramente ausência de doença ou incapacidade" (Almeida Filho, 2011, p. 8). Ao se identificar a PSC ao campo da Saúde Comunitária, temos um afunilamento da resposta dada aos problemas colocados pela primeira, na medida em que a questão de destaque passa a ser a saúde. Há uma direção e um tema colocado *a priori* para as intervenções em contextos comunitários. Nesse caso, a saúde é eleita como protagonista entre os múltiplos temas com que se preocupou a PSC. Além disso, mesmo que a Saúde Comunitária mantenha as maiorias populares ou a comunidade como alvo de suas intervenções, os objetivos dessas práticas giram em torno de um único tema. O que se pretende alcançar, portanto, é o "bem-estar pessoal e coletivo" (Sarriera, 2011, p. 248) e melhores condições de vida.

Entendemos que é a partir de, pelo menos, estes dispositivos — o paradigma ecológico e a saúde comunitária — que a aproximação da Psicologia Comunitária com a teoria positiva fica mais evidente. Parece que esta vinculação representa um processo de individualização da questão social e torna invisível os interesses e os contextos sociais e econômicos onde se estabelece um determinado estado de *bem-estar e positividade*. Torna-se invisível o que produz as situações de opressão e "vulnerabilidades" em que vivem estes que precisam desenvolver sua capacidade de se desenvolver livremente, serem positivos e resilientes mesmo em condições de pobreza — esta, por sua vez, relativizada em sua própria definição (Sen, 2010; Balancho, 2013).

Além desta vinculação expressa nos referenciais da Saúde Comunitária e Paradigma Ecológico, é preciso falar sobre a entrada da Psicologia Positiva nos referenciais que discutem pobreza na Psicologia Social Comunitária. Em um seminário recente de Psicologia e Assistência Social produzido pelo Conselho Regional de Psicologia do Rio de Janeiro, a mesa que tratava da proteção social especial de alta complexidade apresentava justamente a Psicologia Positiva como referencial de suas intervenções em uma população com vínculos sociais, familiares e comunitários rompidos. A disseminação deste referencial na Psicologia Social Comunitária ou nas psicologias que propõem tratar da questão social é evidente. E é isto que pretendemos explorar brevemente. Mas, sem dúvida, o mapeamento da invasão dos referenciais liberais e positivos na Psicologia Social Comunitária mereceria uma pesquisa com mais fôlego.

Em uma das últimas vezes que estive em campo, no morro do Borel, ao final de uma reunião que discutia "Para quê e para quem servem as pesquisas sobre favelas", um líder dos movimentos de militância de favelas diz: "RESILIÊNCIA É O $%@&*! Nós não somos resilientes, nós somos resistentes e sobreviventes!". Talvez, mesmo sem nunca ter ouvido falar em Psicologia Positiva, os discursos dessa nova e perversa área da psicologia já tenha se espalhado no tecido social e chegado às favelas. Como disse, o trabalho comunitário em psicologia (e não só) está contaminado com este discurso liberal, meritocrático, que estanca as possibilidades de análises ampliadas, históricas, materiais, políticas, sociais e econômicas de um problema que a Psicologia Positiva nos faz parecer individual. O que nos assusta é a aderência de setores supostamente críticos da Psicologia Social Comunitária a este referencial, principalmente quando estamos falando do trato à questão da pobreza.

Neste tópico, apresentamos brevemente como a aderência dos movimentos comunitários no Ceará e no Rio Grande do Sul tem usado este referencial, principalmente quando discutem a questão da pobreza. A compreensão da pobreza a partir do Nobel de economia Amartya Sen e a ideia da pobreza como privação de capacidade e liberdade resumem esta captura dos referenciais sociais e comunitários pelos referenciais neoliberais que sustentam a Psicologia Positiva. Para Sen (2010), "a pobreza deve ser vista como privação de capacidades básicas em vez de meramente como baixo nível de renda, que é o critério tradicional de identificação da pobreza" (p. 120). Ao analisar as consequências do pensamento deste autor no trato da pobreza de maneira ampliada, não vinculada à psicologia, Mauriel (2010) sinaliza que esta teoria "liberal revisitada" está conectada com os organismos internacionais de gestão do capital.

> Nessa tendência de análise, cada um deve ter capacidade de se habilitar, e as oportunidades são criadas para que cada um possa ter um funcionamento capaz de concretizar realizações, o que permitirá medir e avaliar a potencialidade das habilidades de cada indivíduo. O expoente com maior proeminência no desenvolvimento dessa perspectiva é o indiano Amartya Sen (Sen, 2001, 2000), cujas ideias conformam base para a teoria do desenvolvimento humano, propagada por organismos econômicos multilaterais como PNUD e Banco Mundial. Um dos principais aspectos do pensamento seniano ligado à política social é sua análise sobre pobreza e desigualdade. (p. 175)

A chamada Abordagem Multidimensional da Pobreza baseada na Abordagem das Capacitações (AC) expressa a perversidade no trato do tema da pobreza a partir de uma perspectiva individualizante e a ancoragem no debate deste autor — o Amartya Sen. Destacamos alguns trechos que mostram de forma expressiva essas afirmações.

> Sob essa perspectiva multidimensional, há a Abordagem das Capacitações (AC), prisma de análise da pobreza escolhida para embasar essa produção, e que será, nas páginas que seguem, representada pelas iniciais AC. Ela foi criada por Armatya Kumar Sen, ganhador do premio Nobel de Economia em 1998.
>
> A Abordagem das Capacitações concebe o ser humano como dotado de potencialidades que são contextuais, sociais, culturais e pessoais. O indivíduo é concebido como ativo na transformação da realidade, fundamentando-se "nos estados mentais, como felicidade e satisfação dos desejos, e nos bens primários com as teorias baseadas em renda, gastos, consumos ou necessidades básicas". (Picolotto, 2006, p. 34, grifos nossos *apud* Moura Jr. et al, 2014, p. 345)

Assim como:

> Segundo Sen (2000), a AC baseia-se em Aristóteles na centralidade da liberdade como uma questão substantiva; em Adam Smith no foco das condições de vida específicas para as necessidades humanas; e em Marx na autonomia em relação à atividade. (...)
> Consoante com esta prerrogativa, ressalta Marujo e Neto (2010, p. 519) que, ao trabalhar com populações desfavorecidas e marginais ao poder, é necessário estar atento às práticas implementadas e às teorias subjacentes, pelo ainda maior risco de criação de dependências e minorização das populações, as quais assumem, por regra, por expectativas antecipadas de apoio, e por óbvia resposta ao sistema que estimula dependências e fragilidades, a posição de vítimas. Assim, deve-se expandir o entendimento da pobreza vinculada somente à perspectiva unidimensional monetária e à compreensão limitada da abordagem multidimensional referente a questões concretas. Isso permitirá a compreensão dos aspectos subjetivos da vida em privação e que acarretam limitações no exercício dos sujeitos de seu potencial inventivo e de reconstrução da realidade (Moura Jr., Cidade, Ximenes & Sarriera, 2014, p. 345/349).

É importante destacar que Marujo e Neto (2010), citados pelos autores acima, escrevem um texto articulando explicitamente a Psicologia Comunitária à Psicologia Positiva — "Psicologia Comunitária Positiva: Um exemplo de integração paradigmática com populações de pobreza". Neste texto, os autores, citando Rappaport, um dos autores da Psicologia Comunitária da década de 1970 também bastante citado por Sarriera e pelo movimento da Saúde Comunitária, dizem que as psicologias comunitária e positiva são consideradas movimentos "críticos e corajosos em relação ao status quo da psicologia, intentando um horizonte de representação da mudança e dos seres humanos baseado nas forças e no positivo" (Marujo e Neto, 2010, p. 519). Em outro texto, relacionando a Psicologia Positiva a "práticas transformativas", Marujo e Neto (2010) dizem que a psicologia deve estar aliada à promoção da qualidade de vida, à justiça social e à garantia de direitos humanos. Exaltando a consolidação do campo nos últimos dez anos com o crescimento do número de publicações sobre felicidade no site *PsycInfo* sendo maior do que na década anterior (1990-1999), a pergunta que orienta suas intervenções positivas é: como podemos viver a vida mais felizes?

A Psicologia Positiva apresenta uma abordagem desenvolvimentista das capacidades e potencialidades humanas e, por isso, é facilmente aliada a esta concepção de pobreza proposta por Sen (2010). Paludo e Koller (2007), ao analisar as contribuições da Psicologia Positiva, usam a abordagem ambiental e contextual para analisar a dimensão social. A transformação social está reduzida à mudança de comportamento em determinados contextos ou ambientes (ecológicos), com a intenção de ampliar suas capacidades e liberdades.

> Outra importante contribuição da Psicologia Positiva envolve a possibilidade de abordar as questões envolvidas no desenvolvimento das pessoas, reconhecendo que elas e as experiências estão inseridas em contextos sociais e culturais. Certamente, esse movimento não é o único que distingue a importância do ambiente social para o comportamento humano, no entanto, produz uma mudança na teoria psicológica ao conceitualizá-lo como um organismo integrado. (Paludo & Koller, 2007, p. 15)

A inserção desta perspectiva positiva na PSC foi protagonizada pelos caminhos que os trabalhos comunitários tomaram no Rio Grande do Sul e, mais recentemente, no Ceará. Com o intuito de visibilizar essas articulações entre Psicologia Positiva e Psicologia Comunitária, apresentamos em que pontos esses caminhos parecem se cruzar. Mas, que efeitos isto produz no projeto comunitário da Psicologia? Ele representou, como concluiu Soares em 2001, uma transformação na psicologia brasileira? Se considerarmos que este projeto pretendia ser alguma espécie de movimento insurgente na psicologia, sua articulação com o movimento positivo parece estancar qualquer questionamento da ordem social capitalista. A ideia de potencialidades individuais para superar adversidades, a relativização da realidade e a valorização de emoções positivas engendram um perverso funcionamento de invisibilização da questão social e sua ancoragem em processos sociais, políticos e econômicos. As pessoas em situação de rua, pobres, devem ser resilientes? Nós, psicólogos, devemos atuar no sentido de desenvolver sua capacidade resiliente? As práticas comunitárias devem ter como objetivo desenvolver potenciais de felicidade, otimismo, entre aqueles que expressam as contradições do sistema capitalista? Parece ainda mais preocupante quando reconhecemos que o discurso positivo tem se colocado justamente como ferramenta de análise e intervenção no campo comunitário, no trato de questões como a pobreza, no atendimento a crianças e adultos em situação de rua, na política pública de assistência social. O termo transformação social desliza de um lado para outro e parece ter sido capturado de vez das psicologias críticas para esta Psicologia Positiva. No entanto, o seu sentido no movimento positivo parece atender à manutenção da ordem capitalística com o desenvolvimento de relações liberais e individuais no trato da questão social. Em vista disso, concordamos com Lacerda Jr (2005) em suas críticas à PSC.

> Desde mi punto de vista, la PSC, en la actualidad, está marcada por tres grandes "ausencias" ligadas entre sí: (1) la ausencia de reflexión sobre el papel de los quehaceres comunitarios dentro de la totalidad concreta que es la sociedad brasileña; (2) la ausencia de politización de la psicología; y (3) la ausencia de un proyecto alternativo de cambio global (lo que los pos-modernos llaman, de forma peyorativa, una "gran narrativa"). (p. 205)

BREVES SINAIS DE INSURGÊNCIA NA PSICOLOGIA?

Este tópico tem como objetivo analisar como a crítica à Psicologia Social realizada por alguns setores no Brasil estiveram inerentemente vinculadas a uma crítica à Psicologia e à criação de um projeto comunitário para o campo enquanto ciência e profissão. Isto quer dizer que o projeto comunitário, com a intenção de figurar como um escape às práticas adaptacionistas e elitistas da Psicologia, funcionaria como um dispositivo para repensar os modos de fazer da profissão e da produção de conhecimento, acusados de contribuírem para manter relações de dominação e opressão da organização social capitalista. A crítica à Psicologia e à proposta comunitária pareciam vir acompanhadas de uma crítica ao capitalismo. Ao apresentar as armadilhas às quais o campo da PSC sucumbiu ao longo da história, vemos que alguns setores do projeto comunitário e suas perspectivas teóricas e ético-políticas representam mais uma aliança à ordem social dominante, à ordem do capital, do que um questionamento do que está estabelecido. Onde está a aliança com os setores populares e a luta pela transformação de suas condições de opressão? O que havia de popular nas propostas comunitárias? Elas representaram uma crítica à Psicologia e à construção de uma perspectiva popular para a Psicologia? O projeto comunitário foi, em algum momento, insurgente? Diante da exposição de suas capturas, o que resta de insurgente na PSC?

Portanto, escolho para esta análise o texto de César Wagner Góis, da década de 1980, sobre a Psicologia Popular, como um analisador sobre a pertinência destas afirmações e uma tentativa de pensar se a proposta de Góis está alinhada à proposta de uma *psicologia favelada*. Com este texto, conseguimos dar visibilidade às mudanças na trajetória de propostas do projeto comunitário brasileiro? Góis (1984/2003) apresenta uma perspectiva popular para a Psicologia no texto *Por uma Psicologia Popular*, apresentando conceitos e métodos de intervenção junto à classe oprimida. Com a intenção de tornar a psicologia mais presente na vida dos oprimidos e de levá-la às ruas, afirma que é necessário

> Refazer a cultura, criar novos valores, tecer um novo tecido social e econômico, enriquecido de organização comunitária, participação política, solidariedade, intimidade e justiça social, é o caminho que a classe oprimida poderá criar numa luta social justa e popular. (p. 38)

Góis (1984/2003) esclarece que as expressões "pobre" e "oprimido" se referem às pessoas que vivem na periferia da cidade e que o psicólogo popular deve facilitar os esforços de organização da população e sua luta contra a opressão. Ou seja, a perspectiva popular é construída para e com as classes oprimidas que estão nas periferias. Não há relativização do espaço de atuação do psicólogo quando inserido em atuações comunitárias. Além disso, o seu trabalho está vinculado à organização e luta da população. No entanto, parece que esta proposta ainda permanece com a ideia de ampliação de uma prática psicoterápica e com os objetivos de prevenção na área da saúde. Ainda definindo o escopo da Psicologia Popular e suas propostas de atuação, diz que: "pode-se pensar que isto não é Psicologia, pois estaria voltada, também, para uma ação política, ou estaria o Psicólogo Popular atuando como um Educador, um Sociólogo ou um militante político" (Góis, 1984/2003, p. 47). O compromisso da Psicologia Popular deve estar orientado para a "autonomia individual e de grupo; integração e participação comunitária e política; e justiça social" (Góis, 1984/2003, p. 47).

Algumas afirmações representaram breves sinais de insurgência na Psicologia e traduzem sua proposta de politizar práticas psicológicas e produzir transformação social. Não há relativização quanto ao que é comunidade, e o psicólogo deve participar da organização das lutas populares. Góis (1984/2003) pauta a análise da psicologia sobre as relações de dominação. A partir da reflexão sobre que formas as ideologias disseminadas para a manutenção das relações de opressão podem tomar naquele contexto, expõe o conceito de ideologia de submissão e resignação. Propõe a visibilização das características psicossociais que mantêm os oprimidos distantes de suas potencialidades de ação popular e também explora conceitos que envolvem o caráter do oprimido (Ferreira Neto, 2004). Com isso, expressa um necessário envolvimento da psicologia com questões que dizem respeito à construção de uma perspectiva popular.

Relembramos a proposta de Martín-Baró para uma Psicologia Popular a partir da resenha de Marilene Proença (2016) no livro *Psicología de la liberación* (1998), organizado por Amalio Blanco. No trecho a seguir, a autora destaca os itens colocados por Martín-Baró para a construção desta perspectiva.

> Ao final de sua vida, em 1989, realiza uma de suas últimas conferências pronunciada em Guadalajara (México), em que considera que a Psicologia ao assumir seu compromisso com as classes populares deverá se constituir em uma Psicologia popular. Destaca que a finalidade desta Psicologia popular deverá ser de recuperar a memória histórica dos povos latino-americanos, na perspectiva de Fals Borda (1985, p. 139), na qual significa "[...] *descobrir selectivamente mediante la memoria colectiva, elementos del pasado que fueron eficaces para defender los intereses de las clases explotadas y que vuelven outra vez a ser útiles para los objetivos de la lucha y de conscientización* [...]"; reconhecer e potencializar as virtudes populares, formas simples de pensar, sentir e agir que permitiram que povos latino-americanos sobrevivessem a séculos de exploração e dominação; explorar novas formas de reflexão em um trabalho conscientizador, que supõe, dentre outros aspectos "[...] *una articulación organizativa de las necesidades más profundas y de los intereses más autênticos de las propias clases populares, sin mediatizar essas necesidades y esos intereses a instancias partidistas* [...]" (1985, p. 341). E enquanto Psicologia popular, é também uma Psicologia política. (p. 174)

Recuperar a memória histórica, reconhecer as potencialidades de luta e resistência popular, suas formas de ser e estar no mundo que lhes permitiram sobreviver, participar da organização dos interesses das classes populares para viabilizar transformações... Estas seriam as tarefas de uma Psicologia popular. A PSC esteve em algum momento conectada com elas? Ao partir da realidade e suas condições de materialidade e complexidade, construímos uma perspectiva popular em psicologia? Se Martín-Baró foi uma inspiração e tivemos alguns breves sinais de insurgência na proposta de um projeto comunitário em psicologia, eles se perderam pelo caminho.

Lacerda Jr (2016) nos ajuda a compreender sobre que aspectos devemos entender os processos de insurgência. Colocar-se contra a ordem, rebelar-se e estabelecer novas formas de ser e estar no mundo orientam as reflexões das insurgências em que devemos nos inspirar para a transformação das formas de fazer psicologia. E, além disso, quais processos insurgentes na sociedade, protagonizados pelas lutas populares, devem nos inspirar na construção desta perspectiva *favelada* e, portanto, popular e insurgente?

> A insurgência possibilita que o oprimido descubra o mundo existente como uma objetivação limitada e limitante, experimente suas próprias forças e potencialidades, e conclua que pode criar as condições para o surgimento de uma nova sociedade e de um novo ser humano. A insurgência é, em síntese, o primeiro passo para o processo de humanização. (Lacerda Jr, 2016, p. 61)

Lacerda Jr (2016), inspirado em Martín-Baró, apresenta uma teoria psicopolítica da insurgência e diz que "a luta insurgente contra a ordem é, ao mesmo tempo, o ponto de partida para novas experiências subjetivas" (p. 60). Entende que os processos sociais do contexto salvadorenho permitiram a Martín-Baró refletir sobre o caráter humanizador da insurgência, um dos seus aspectos fundamentais, se compreendermos que as insurgências devem estar conectadas a processos de libertação. Ao estudar a vida cotidiana de zonas liberadas pela *Frente Farabundo Martí para La Liberación Nacional*, Martín-Baró realizou um mapeamento das características de uma nova ordem social, revelando os processos de uma organização insurgente. Neste estudo, Lacerda Jr (2016), ao citar Martín-Baró (1981), diz que o autor "nota que a luta revolucionária não é somente o uso da força, mas é cooperação, solidariedade e organização popular" (p. 60). Entre as características deste novo ordenamento social, destaca:

> desaparecimento de mecanismos de entorpecimento que produzem o fatalismo entre os camponeses; diminuição das formas mais intensas de discriminação de gênero e crescente aceitação das mulheres em qualquer atividade social; paulatina substituição dos padrões individualistas de relação social por laços de solidariedade comunitária e de classe; surgimento de novas formas de divisão social do trabalho que se distinguiam pela organização comunitária dirigida à revolução social. (Lacerda Jr, 2016, p. 57)

As novas formas de relação, expostas nesta etnografia de um lócus insurgente em El Salvador, abrangem o questionamento de padrões baseados no fatalismo, no machismo, no individualismo e na divisão social do trabalho clássica. Percebemos que estas novas relações rompem com os funcionamentos fundamentais que sustentam a ordem social capitalista. Além disso, Lacerda Jr (2016) apresenta os estudos de Martín-Baró sobre os processos psicossociais da insurgência. Ao analisar quem é o "combatente do povo", destaca que a insurgência parte do ódio, da raiva e da indignação. Este ódio é resultado da percepção de que existe um processo violento em curso, que provoca perdas materiais e subjetivas aos povos. Mas, por sua, vez, o ódio abre espaço para as análises das causas deste conflito social que gera violência contra os povos. Ou seja,

> ainda que todo o sofrimento produzido por condições de miséria, anos de exploração e inúmeras perdas de vidas e de coisas impulsionem um ódio que já justifica o engajamento na luta insurgente, esta é impulsionada quando o ódio leva ao desenvolvimento da consciência de classe. (p. 58)

Além de destacar que a consciência intensifica os processos de insurgência, Martín-Baró cita a construção de uma nova identidade pessoal e social.

Diante destas colocações, podemos nos refazer a pergunta: afinal, o que há de insurgente no projeto comunitário da Psicologia? Para nós, a insurgência deste projeto se resumia em produzir um deslocamento físico de profissionais e intelectuais dos seus espaços consagrados e confortáveis para as margens da cidade. Ir até a periferia, ir até a favela poderia ter representado um caminho de produção de uma perspectiva popular em psicologia no sentido descrito por Martín-Baró. Esses encontros poderiam ter sido uma transformação profunda em algumas bases teórico-epistemológicas da psicologia e em alguns de seus modos de funcionamento.

Conseguimos evidenciar neste capítulo que a trajetória da PSC não representou um caminho de insurgência, a não ser por breves manifestações conectadas à perspectiva popular. Identificamos que a insurgência deve funcionar produzindo um duplo movimento na construção de um projeto popular em psicologia. Devemos nos conectar com os sentidos que os processos insurgentes têm para os povos e como eles se organizam na realidade, mas também devemos pensar quais sentidos tem a insurgência para a psicologia. O que significa construir uma psicologia insurgente? Quais devem ser as bases teóricas, éticas, metodológicas de uma psicologia insurgente? Historicamente, o que temos como base na psicologia para a construção de uma psicologia insurgente? Além desta análise interna à psicologia, a necessária crítica às suas próprias produções, entendemos que a construção destes parâmetros para uma perspectiva popular deve partir dos processos insurgentes dos povos.

Ao longo dos anos, a busca por uma identidade, pela consolidação do campo, e a aproximação a setores da psicologia que individualizam a questão social e produzem práticas a serviço de sustentar subjetividades capitalísticas traduzem uma PSC capturada por processos de institucionalização e presa nas redes de saber-poder que funcionam para sustentar o funcionamento da sociedade que, em tese, se queria destruir. Portanto, aqui apostamos novamente neste encontro como possibilidade de (re)atualizar forças instituintes presentes em um projeto comunitário que representava transformação e insurgência para a psicologia. Como construir outras formas de fazer comunitário que não estejam capturados pelos dispositivos do especialismo e da assepsia da realidade, da vinculação a teorias liberais? Apesar das breves pistas destacadas por Góis para a construção de uma perspectiva popular, e sendo ele um dos principais representantes da PSC brasileira, entendemos que, historicamente, a PSC não expressou uma vertente insurgente na psicologia. Além disso, esteve pouco conectada com as lutas populares que se colocaram contra a ordem. Neste sentido, mesmo tomando como análise a

Psicologia Política, nos inspiramos mais uma vez em Martín-Baró e usamos este trecho de Lacerda Jr (2016) para pensar a proposta de um projeto comunitário insurgente na Psicologia:

> O desafio que o autor propõe para o campo é pensar como a ordem existente pode ser perturbada, interrompida e superada. Assim, o desafio proposto por Martín-Baró é, também, um chamado para a ação contra a ordem e o sistema do capital, sem meio-termos (como abstratos 'compromissos sociais'), sem idealismos e subjetivismos (como as propostas que partem da centralidade ontológica da linguagem) e com profunda implicação nos movimentos sociais que, direta ou indiretamente, acabam confrontando a ordem do capital. (Lacerda Jr, 2016, p. 61)

CAPÍTULO II

F-A-V-E-L-A:
histórias, sentidos e lutas

Para entender uma prática psicológica que se dirige a um território, é preciso pensar sobre ele. Considerando que as práticas aqui descritas e analisadas estão ancoradas neste espaço, torna-se necessário discutir a produção de discursos e intervenções agenciadas pelos diversos atores sociais sobre o tema "favela". A mesma questão colocávamos para a Psicologia Comunitária (Gonçalves, 2013). Se a comunidade era o que qualificava uma forma de fazer psicologia, era preciso entender o que era comunidade. A comunidade foi um cenário de intervenções de uma psicologia que continuou suas práticas tradicionais ou a comunidade ofereceu novo caráter às práticas em psicologia? A favela transforma a psicologia produzida neste espaço? O encontro com as questões da favela nos fazem pensar novas formas de fazer psicologia?

Este capítulo tem como objetivo apresentar parte da literatura que circula nas ciências humanas e sociais sobre o tema "favela", amplamente debatido por antropólogos, historiadores, arquitetos, sociólogos, advogados, etc. Convocaremos seus argumentos para compor o cenário de surgimento e pertencimento do território "favela" na cidade do Rio de Janeiro, problematizando suas definições e a produção de sentidos sobre este espaço da cidade.
É importante resgatar a produção de discursos sobre a favela e o conjunto de intervenções que se dirigiram a este espaço da cidade, pois estes dois polos se articulam e se legitimam dialogicamente. Os discursos fundamentam as intervenções e as intervenções legitimam o discurso. Por isso é importante entender: o que é favela, afinal? Favela é comunidade? A favela foi alvo de diversas intervenções do Estado, como os primeiros mapeamentos estatísticos e as remoções, constitutivas destes territórios, sempre atendendo

ao dilema de banimento ou permanência na cidade. As remoções e a luta pela moradia marcam profundamente a constituição da favela. Além disso, ainda se constituiu objeto privilegiado de práticas filantrópicas e fonte de dados de pesquisa. Mas como a favela se tornou um objeto para as ciências sociais? Quais são os atores que protagonizam as intervenções neste espaço atualmente? É necessário situar esta discussão a partir da produção de uma cidade para os megaeventos[16] e exemplo de um modelo de segurança pública em que as favelas são as únicas cobaias: as Unidades de Polícia Pacificadora. O que representa a favela na história do Rio de Janeiro e suas dinâmicas de inclusão/exclusão na paisagem política e urbana da cidade? A favela hora "tem que acabar" e hora será urbanizada e incluída nas dinâmicas do capital e dos megaeventos, onde a população sofre com processos de gentrificação e "remoção branca". Historicamente, como a favela emergiu como um território a ser removido e/ou exterminado? Qual é o interesse em associar a favela à imagem de um "estado paralelo" na década de 1980, com a circulação do tráfico de drogas e seu "necessário" combate, que passou a se configurar como uma ameaça ao Estado democrático de direito? Qual é a justificativa para as incursões policiais nas favelas e o genocídio da população jovem, pobre e negra?

No entanto, há uma história de luta associada organicamente ao território que sempre passou pela questão da moradia, mas hoje também está associada à luta contra o genocídio de jovens pobres e negros. Pelo que luta a população favelada? Quais são os modelos de organização em que estas lutas se sustentam? De que forma a psicologia e seus profissionais se aproximam e aparecem nestas lutas? Neste sentido, este capítulo apresenta os discursos históricos sobre a origem das favelas na cidade vinculando o seu surgimento a um mito de resistência quando associado à Canudos e aos quilombos. Além disso, discutimos conceitualmente os termos favela, comunidade e território e pensamos nos processos de insurgência e capturas sobre a favela presentes na bibliografia.

---

[16] A cidade do Rio de Janeiro foi sede da Copa do Mundo em 2014 e também dos Jogos Olímpicos em 2016.

Mitos de origem e história das favelas na cidade do Rio de Janeiro

> [16 DE MAIO] *Eu amanheci nervosa. Porque eu queria ficar em casa, mas eu não tinha nada para comer.*
> *...Eu não ia comer porque o pão era pouco. Será que é só eu que levo esta vida? O que posso esperar do futuro? Um leito em Campos do Jordão. Eu quando estou com fome quero matar o Janio, quero enforcar o Adhemar e queimar o Juscelino. As dificuldades corta o afeto do povo pelos políticos.*
> [17 DE MAIO] *Levantei nervosa. Com vontade de morrer. Já que os pobres estão mal colocados, para que viver? Será que os pobres de outro país sofrem igual aos pobres do Brasil? Eu estava discontente que até cheguei a brigar com meu filho José Carlos sem motivo.*
> *...Chegou um caminhão aqui na favela. O motorista e o seu ajudante jogam umas latas. É linguiça enlatada. Penso: É assim que fazem com esses comerciantes insaciáveis. Ficam esperando os preços subir na ganância de ganhar mais. E quando apodrece jogam fora para os corvos e os infelizes favelados.*
> *Não houve briga. Eu até estou achando isto aqui monótono. Vejo as crianças abrir as latas de linguiça e exclamar satisfeitas:*
> *- Hum! Tá gostosa!*
> *A Dona Alice deu-me uma para experimentar. Mas a lata está estufada. Já está podre.*
> [CAROLINA MARIA DE JESUS, QUARTO DE DESPEJO, 1960, P. 28/29]

Há quem diga que a favela tem vários mitos de origem que se relacionam com a sua história (Valladares, 2005; Campos, 2011; Francisco, 2016[17]). Zaluar e Alvito (2006) afirmam que estudar a favela hoje é "mapear as etapas de elaboração de uma mitologia urbana" (p. 21). Essas imagens de origem fazem aludir a um início vinculado tanto geografica como discursivamente à construção

---

[17] Monica Francisco, cientista social e moradora da favela do Borel, em exposição na aula do projeto Agentes Pesquisadores de Favela.

de um arquétipo de favela baseado nas descrições de Canudos por Euclides da Cunha, vinculando a favela à ideia de resistência — "Canudos não se rendeu"[18]. Os textos escritos no início do século XX associam o Morro da Providência, supostamente a primeira favela carioca, ao povo de Canudos e desde já também aludem a favela como questão sanitária e policial. Valladares (2005) diz que os cronistas da época ajudavam a construir uma representação sobre a favela: "quando descreviam os novos bairros miseráveis da capital da República, queriam mostrar que o sertão estava presente neles" (p. 33). Zaluar e Alvito (2006) apresentam uma carta de 1900, de um delegado de polícia, que, após três anos ter recebido os veteranos da campanha de Canudos, diz que a favela era lugar de ladrões e desertores.

Há ainda outra imagem de origem na aproximação da favela com o quilombo, no trabalho de Campos (2011). Seu texto associa os signos favela e quilombo no que diz respeito à produção de um "espaço criminalizado" na cidade e também à ideia de resistência. Entende que os estigmas associados à favela têm origem antes de seu surgimento.

> O quilombo, como espaço de resistência à ordem imperial, tem alguns pontos em comum com as atuais favelas brasileiras, sobretudo àquelas localizadas nas grandes cidades. Ambas as estruturas espaciais foram e são estigmatizadas ao longo da história sócio-espacial da cidade. Se, no passado, a resistência era constituída em torno do não-aprisionamento dos negros (primeiro ocorrendo apenas com os escravos e, posteriormente, com os negros que se tornaram livres), ao longo do século XX a resistência aconteceu em torno da permanência nos locais "escolhidos" para moradia. (Campos, 2011, p. 31)

O discurso que associa a origem da favela a essas trajetórias de resistência buscam construir uma narrativa histórica que associa a favela à imagem de luta, à imagem de um povo que representa simbolicamente resistência a partir do simples fato de existir na cidade. Campos (2011) apresenta três versões para a origem da primeira favela, entre os anos de 1870 e 1894, atribuindo

---

[18] Diz um painel da Biblioteca Parque Estadual, localizada no centro da cidade do Rio de Janeiro.

a origem à Guerra do Paraguai, ao combate aos cortiços, à construção do primeiro trecho da Estrada de Ferro D. Pedro II e à Guerra de Canudos, mas todas essas origens, segundo ele, atribuem o surgimento da favela como opção de moradia em decorrência de um fato isolado e não de um processo. Já o quilombo possibilita esta perspectiva processual de formação sócio--espacial e permite "entender cultura, política, discriminação, segregação espacial e, fundamentalmente, a criminalização dos mais pobres" (p. 51).

Sobre a trajetória da favela na primeira metade do século XX, Valladares (2005) afirma que

> A esse período de descoberta, sucede um segundo momento de transformação da favela em problema social e urbanístico, seguido de um terceiro em que o projeto de um tratamento administrativo para o problema assume a forma de medidas e políticas concretas. Um quarto período corresponde à produção de dados oficiais, através da realização do recenseamento de 1948, específico para as favelas do Distrito Federal, e do Recenseamento Geral de 1950 que generaliza a definição desse tipo de aglomerado urbano. (p. 23)

Valladares (2000; 2005) volta ao início do século XX, antes que a favela se tornasse um tema amplamente discutido nas ciências sociais, para pensar sobre a construção social da favela. Com isso, propõe uma análise da produção de sentidos para este espaço social ao longo do tempo e quais os atores sociais envolvidos neste processo. Aqueles que se dedicavam a pensar a cidade no início do século XX voltavam-se para o cortiço, já que este era considerado o lugar da pobreza, desordem social e, posteriormente, a "semente da favela" (Valladares, 2000, p. 7). Percebido como ameaça à cidade, lugar de contágio de doenças, vagabundagem e antro de vícios, os cortiços se tornaram foco privilegiado de intervenções médico-higienistas e administrativas. A proibição da construção de novos cortiços e o fechamento do maior de todos, o "Cabeça de porco", fazia parte de um projeto de saneamento da cidade, ensejado pela reforma urbana do prefeito Pereira Passos, entre 1902 e 1906.

É só depois dessa série de intervenções sobre o cortiço que as atenções se voltam a esse outro espaço social, considerado novo território da pobreza.

> Em especial, uma favela cataliza as atenções, mais precisamente o morro da Favella, que entrou para a história por sua associação com a guerra de Canudos, por abrigar ex-combatentes que ali se instalaram para pressionar o Ministério da Guerra a lhes pagar os soldos devidos. O morro da Favella, até então denominado morro da Providência, passa a emprestar seu nome aos aglomerados de casebres sem traçado, arruamento ou acesso aos serviços públicos, construídos em terrenos públicos ou de terceiros, que começaram a se multiplicar no centro e nas zonas sul e norte da cidade do Rio de Janeiro. (Valladares, 2000, p.7, grifo da autora)

As representações sobre a origem da favela guardam uma relação mítica com Canudos, já que foram os ex-combatentes dessa guerra que ocuparam o então morro da Providência. Segundo Valladares (2000), a explicação para a mudança de nome para morro da Favella é a "existência neste morro da mesma vegetação que cobria o morro da Favella do município de Monte Santo, na Bahia" e o papel de resistência que representou na guerra (p.9).

O importante é destacar a centralidade que a favela ocupa nos debates sobre a cidade já no início do século XX e como circulavam os discursos sobre esse espaço social na época. Os debates sobre a pobreza e a habitação popular ensejam a discussão sobre o lugar da favela na cidade. Os projetos de intervenção nesses territórios tem como objetivo retomar o ordenamento da cidade, já que esses eram tomados como lugares de ameaça à ordem social e moral.

Jornalistas, médicos e engenheiros são os principais atores sociais que produzem discursos e oferecem sentidos para a favela no início do século XX. O que se destaca nessa produção é a preocupação com a cidade e, consequentemente, a transformação da favela em problema. Essa operação coloca a favela como um lugar que necessita de intervenções estatais urgentes a fim de atender aos projetos de embelezamento e bom funcionamento da cidade. A questão da habitação ganha destaque nas discussões sobre o futuro da capital, onde principalmente a categoria médica e os engenheiros defendem o caráter anti-higiênico desses espaços, fonte dos males físicos e morais dos homens. Ao entender a cidade como um corpo, a favela era vista como a doença que precisava ser combatida a fim de evitar a contaminação do meio urbano e a proliferação das epidemias. O morro da Favella acaba se tornando foco de intervenções das autoridades no início do século, principalmente aquelas vinculadas ao projeto de higienização da cidade, como por exemplo, as empreendidas por Oswaldo Cruz.

A existência da favela só é reconhecida oficialmente pelo Código de Obras, de 1937. Neste, temos a seção "Favelas", especificada na seção de habitações anti-higiênicas. Ainda em meio ao pensamento predominante do que fazer com a favela, esse Código tem a função de definir e qualificar a favela como objeto de intervenção (Valladares, 2000; 2005).

> A favela, uma vez oficialmente reconhecida, passa gradativamente a ser vista como um problema a ser administrado. O próprio Código, que pode ser lido como a primeira política formal de governo relativa a favela, apresenta medidas puramente administrativas. Foi certamente a necessidade de administrar a favela e os seus pobres que despertou o interesse em conhecê-la e conhecê-los mais de perto. (Valladares, 2000, p. 19)

Na década de 1940 são realizados os primeiros estudos sobre favelas na cidade do Rio de Janeiro. A motivação era produzir conhecimento sobre esse espaço social para formular políticas de intervenção. No final dessa mesma década, começa a surgir um novo tipo de conhecimento sobre a favela, agora considerado oficial, baseado nas pesquisas do Censo. Em 1949, é publicado o primeiro Censo de Favelas da capital, realizado pelo Departamento de Geografia e Estatística do Distrito Federal. Logo em seguida, em 1950, é realizada uma nova pesquisa denominada Censo Demográfico. O que chama a atenção é a diferença dos resultados encontrados. Se no primeiro Censo são identificados 105 aglomerados, em 1950 são identificadas 58 favelas com uma população de 169.305 habitantes. A diferença entre os números se deve aos diferentes critérios de definição utilizados nas pesquisas (Valladares, 2000; 2005).

Em matéria publicada no jornal Estadão (2011), intitulada "Ninguém sabe quantas favelas existem no Rio", discute-se uma questão semelhante. Quantas favelas existem atualmente na cidade do Rio de Janeiro? A diversidade na resposta a essa pergunta revela uma divergência nas conceituações sobre a favela entre a Prefeitura e o Instituto Brasileiro de Geografia e

Estatística (IBGE). Em janeiro de 2011, a Prefeitura registrava um total de 1020 favelas na cidade. Depois de uma revisão de definições, identifica 600 favelas e 69 "comunidades urbanizadas". A Federação das Associações de Favelas do Estado do Rio (Faferj) tem em seu cadastro o total de 946 comunidades. O Censo de 2010 considera que existem 763 aglomerados subnormais na cidade, onde vivem 1.393.314 pessoas. Isso representa 22% da população carioca, formada por mais de 6 milhões de habitantes. Segundo matéria do jornal O Globo (2011), "o crescimento da população em aglomerados subnormais em 10 anos foi de 27,65%, enquanto a cidade regular, excetuando os moradores das favelas, cresceu a um ritmo oito vezes menor, apenas 3,4%, passando de 4.765.621 para 4.929.723 nesses dez anos". O IBGE considera aglomerados subnormais aquelas áreas onde houve ocupação de áreas públicas ou privadas, mas não considera conjuntos habitacionais hoje favelizados, como é o caso da Vila Kennedy e da Cidade de Deus. Ou seja, áreas que foram construídas para receber moradores removidos de outras favelas da cidade, mas que se tornaram elas mesmas outras favelas.

Em termos globais, Davis (2006) cita o relatório da Organização das Nações Unidas (ONU) sobre questões de habitação, que denuncia o aumento significativo do número de favelas no mundo. O documento intitulado "O desafio das favelas", publicado em 2003, "baseia-se em estudos sinópticos da pobreza, das condições de vida na favela e da política habitacional de 34 metrópoles" (Davis, 2006, p. 31). Segundo o autor, a pesquisa publicada no relatório atende às advertências do Banco Mundial de que a pobreza urbana seria um dos maiores problemas políticos e econômicos do século XXI e fornece dados empíricos de como podemos lidar com esta questão. O crescimento das favelas e a pobreza urbana é um problema global que desafia o mito desenvolvimentista e inclusivo do capitalismo. Segundo Davis (2006), a favela é o local de "armazenamento da humanidade excedente" em um processo de globalização onde há fluxos livres de capital, tecnologia e informação, mas não de pessoas, já que as fronteiras dos países ricos estão fechadas para os que fogem da guerra e da miséria[19]. Por isso é necessário estar atento

---

[19] Temos notícia, por exemplo, da "selva" de Calais, uma grande região de acampamento precário na França que abrigou mais de 8.000 pessoas refugiadas. Foi considerada a maior favela da Europa.

a estes que oferecem algum obstáculo ou resistência ao crescimento econômico-financeiro. Não é por acaso que alguns projetos realizados em favelas recebem financiamento do Banco Interamericano de Desenvolvimento (BID) ou do Banco Mundial, que têm dirigido suas atenções e recursos para as favelas latino-americanas em especial. O projeto era recuperar, na década de 1990, os estragos feitos pelos planos de ajuste econômico da década de 1980, um "analgésico da globalização" (p. 166). Davis (2006) diz que a pobreza que ocupa estas áreas marginais das cidades é um "sinistro mundo humano ao mesmo tempo bastante isolado da solidariedade de subsistência do campo e desconectado da vida política e cultural da cidade tradicional — é a nova face radical da desigualdade" (p. 201). Maricato (2006) relaciona o crescimento das favelas à precarização geral que sofreram as cidades depois dos anos 1980. E foi nesta década que encontramos o maior índice de crescimento das periferias no país.

> O aumento do desemprego e da pobreza urbana a partir dos anos 1980 contribuiu para mudar a imagem das cidades no Brasil: de centros de modernização que se destinavam a superar o atraso e a violência localizados no campo, passaram a representar crianças abandonadas, epidemias, enchentes, desmoronamentos, tráfego infernal, poluição do ar, poluição dos rios, favelas e... violência. (p. 214)

Na cidade do Rio de Janeiro, a lista de maiores favelas/complexos de favelas (usando aqui critérios do Instituto Pereira Passos para reunir aglomerados subnormais em complexos de favela) englobam: o Complexo do Alemão, com 58.430 habitantes; o Complexo da Fazenda Coqueiro, com 44.834 moradores; o Complexo da Penha (35.388); o Complexo do Jacarezinho (32.972); o Complexo de Acari (21.999); o Complexo de Manguinhos (21.846); e o Complexo da Pedreira (20.508). (Rafael Galdo, O Globo, 2011)[20]

Os discursos do Estado para a definição deste espaço variam entre favelas, complexos, comunidades urbanizadas, aglomerados subnormais, comunidades. É interessante perceber as nuances destes usos conceituais para se referir à favela, já que eles estão vinculados à produção de sentidos

---

[20] "Rio é a cidade com maior população em favelas do Brasil", O Globo, 21 de dezembro de 2011.

que sustentam intervenções sobre o território. Como veremos no próximo tópico, o uso do termo comunidade para se referir à favela tem sido uma estratégia para suavizar processos de violência e estigmatização relacionados à palavra "favela". Violência e estigmas muitas vezes produzidos pelo próprio Estado em suas práticas de intervenção higienistas e remocionistas sobre este território. Por outro lado, temos o uso do termo "complexo" vinculado à política de segurança pública e à violência policial. Ao invés de nos referirmos a um conjunto de favelas, começamos a designar este conjunto como "complexo". A serviço de quê? Complexo de favelas... da Maré, do Alemão? O que é complexo nas favelas cariocas? Complexo para quem? Alvito (2001) expõe em seu trabalho, *As cores de Acari: uma favela carioca*, que o uso do termo complexo está vinculado ao vocabulário penal. Talvez no momento da escrita de seu texto o termo complexo não estivesse tão naturalizado. Hoje, ele é usado pelos próprios moradores, instituições públicas, meios de comunicação, sem nos darmos conta do que estamos produzindo também a partir do discurso reproduzido.

É interessante perceber a contradição entre o uso do termo comunidade e do termo complexo, já que um tenta amenizar e homogeneizar as multiplicidades de um território, e o outro tenta capturar esta multiplicidade somente pelo viés punitivo e negativo de suas complicações. Os termos aglomerados subnormais e assentamentos informais são amplamente rechaçados pelos moradores. Podemos dizer que o termo favela é o mais utilizado pelos moradores envolvidos com os movimentos de luta das favelas por estar vinculado à sua história e expressar a sua existência como uma forma de resistência, evidenciando que os processos de violência e estigmatização sobre o termo foram produzidos, não fazem parte de sua natureza como os discursos produzidos pelo Estado os queriam fazer acreditar.

Ainda sobre estes termos, é importante dizer que existem diversos tipos de assentamentos populares que o IBGE considera como sendo informais, com isso, "percebe-se então que a moradia precária e com posse ou características construtivas irregulares não é um problema somente das favelas" (Silva et al, 2009, p. 48). Entretanto, o que diferencia a favela desses assentamentos precários é a ocupação supostamente ilegal do terreno. Em decorrência da diminuição das opções de habitação legal de loteamentos e das desigualdades sociais, que permanecem intactas, a população favelada tem crescido cada vez mais. No entanto, na medida em que esse crescimento não é proporcional ao número de áreas ocupadas, o resultado é um adensamento populacional.

Daí a existência de casas de frente e de fundos, altos e baixos, sobrepostas, e até edifícios nas favelas e bairros populares. Investimentos familiares decorrentes de melhoria nas rendas são canalizados para a ampliação e reforma das casas. Os moradores atuais podem ter comprado a casa sem ter participado da ocupação inicial, podem ser herdeiros com partilhas, ser inquilinos, etc. (Silva et al, 2009, p. 50)

Sobre a história das favelas na cidade, resgatamos o documentário de Jean Manzon, *As favelas vão acabar*, que retrata a vida em uma favela carioca no início dos anos 1960. As imagens revelam condições de miséria absoluta. A narração é de um personagem, trabalhador e morador de uma favela, que anda descalço entre as vielas e só pode calçar os sapatos para ir trabalhar quando desce o morro — "eu, pai de família, era no Rio de Janeiro o que se chama, tristemente, um favelado". Imagens de crianças nuas, mergulhando na lama e fazendo suas refeições junto aos porcos denunciam a falta de condições de vida daquela população. Ao retratar esta realidade, diz que ela em breve irá mudar com o trabalho da Fundação Leão XIII e do programa de ajuda do governo americano, Aliança para o Progresso[21]. O filme é uma exaltação destas intervenções na favela, que de forma alguma foram exclusivamente positivas para a cidade ou para os moradores.

O personagem, no entanto, parece ver como um milagre a possibilidade de construir sua vida fora da favela. Milagre concedido pela Fundação Leão XIII e pela Aliança para o Progresso, que fazem obras de saneamento, instalação de luz elétrica e principalmente as remoções com a concessão de casas

---

[21] O programa Aliança para o Progresso foi lançado pelo presidente John F. Kennedy, em 1961. Com a desculpa de promover o desenvolvimento do continente latino-americano, os investimentos bilionários e as intervenções imperialistas visavam conter o comunismo diante da Revolução Cubana. O projeto financiou, como explícito no pequeno filme, *As favelas vão acabar*, e o projeto de remoções das favelas cariocas para bairros da zona oeste, como Vila Aliança e Vila Kennedy, contribuindo para o ideal do então governador Carlos Lacerda de desfavelização da cidade. Os moradores foram removidos do morro do Pasmado, favela da Praia do Pinto e favela do Esqueleto, onde fica atualmente o prédio da UERJ.

em "bairros populares". Em 1973, eram 200 favelas. Hoje, temos mais de um milhão de pessoas vivendo em quase 1.000 favelas na cidade do Rio de Janeiro. Em São Paulo, são quase 2 milhões de pessoas em 1.500 favelas. Esses dados revelam o inegável insucesso do projeto de retirada das pessoas das favelas e sua transferência para outros bairros. As remoções constituem a própria formação da favela carioca e marca, até hoje, as intervenções do Estado naquele espaço. O filme retrata as intervenções de duas assistentes sociais que auxiliavam o trabalho da Fundação na favela. É possível dizer que as condições de moradia nesses espaços melhoraram com o tempo, mas espanta a insistência dos problemas de saneamento, lixo e habitação. Ou seja, apesar de mais de meio século de intervenções, as favelas continuam com condições precárias de vida a este respeito.

Com o discurso pesaroso, o filme fala de mulheres com lata na cabeça denunciando o cotidiano de sofrimento daquela população e a falta de condições de higiene como causa principal de morte das crianças. O personagem diz que a favela só tem poesia nas letras de samba. E quem pode fazer poesia com tamanha desgraça dos seres humanos? Quando avista duas pessoas bem vestidas no ponto de ônibus, diz "foi a partir daquele momento que a favela começou a ficar diferente. Com as pioneiras sociais as famílias começaram a encontrar compreensão, ajuda e simpatia". A Fundação Leão XIII começaria a transformar a vida na favela, até luz elétrica teriam. Mas o auge foi o sorteio de lotes para a construção de residências. "Todos sonhavam com uma casa confortável e bonitinha". A reforma urbana do governo da Guanabara prevê a construção de 10 mil casas por ano. A Fundação Leão XIII financia as casas em 10 anos.

Imagens de obras e construção de casas ao fundo da narração entusiasmada que relata a contribuição do banco interamericano e da Aliança para o progresso na efetivação da reforma urbana. Em Vila Aliança, cujo nome deriva do programa Aliança para o Progresso, a Fundação Leão XIII construiu mais de duas mil casas para a população removida das favelas. Algumas outras casas formam o bairro Nova Holanda, na Avenida Brasil. Todos estes lugares são favelas atualmente. Com a sua mudança para um destes "bairros", o personagem prevê o fim das favelas no estado da Guanabara, mas afirma que existem ainda um milhão de pessoas vivendo em condições miseráveis em mais de duzentas favelas.

O filme mostra de forma positiva o processo de remoção com imagens de famílias e seus móveis em caminhões abertos e, segundo o personagem, a vida começava a ter dignidade. "Um chuveiro jorrando água é um presente do céu para um ex-favelado", com um *close* nos olhos do personagem, que brilhavam. E termina: "Graças à Fundação Leão XIII e à Aliança para o Progresso, eu saí da margem da vida, onde vegetava, e passei a ser um cidadão da comunidade".

Como a história tem sempre as suas versões e se repete, trago a experiência do campo que dialoga com esta narração de Jean Manzon. Na Cidade de Deus, as pessoas chegaram, nos anos 1960/1970, em caminhões de lixo, removidas de outras favelas. Recentemente, próximo à faculdade onde leciono, houve um processo de reintegração de posse de uma favela, chamada Telerj, em que as pessoas foram transportadas para abrigos nos mesmos caminhões de lixo da década de 1960. Quais foram os sentidos construídos para a favela ao longo de sua história que naturalizam intervenções violentas e remocionistas? *As favelas vão acabar* expressa os sentidos construídos historicamente sobre este espaço e sua ampla gama de nomes: *favelas, complexos, aglomerados subnormais, comunidades* expressam sentidos de *lixo, sujeira, má educação, miséria, violência, perigo*. No entanto, pretendemos sinalizar que estes sentidos foram produzidos e que a existência das favelas na cidade representa, por si, um processo de resistência a práticas históricas de eliminação via processos de violência policial e remoção. A favela como problema é o discurso produzido historicamente pelo Estado e outros agentes de intervenção, como os intelectuais e os trabalhadores sociais, que sempre entenderam a favela como problema para a cidade e sua urbanidade. No entanto, como diz uma militante jornalista das favelas cariocas: Favela não é problema, favela é solução! A apropriação da identidade favelada e afirmação do termo favela evidenciam a apropriação deste processo de resistência.

Favela, comunidade, bairro, território — o que é favela, afinal?

Neste tópico, exploramos os sentidos de favela que estão em debate na bibliografia, incitados pela pergunta "O que é favela, afinal?". Esta questão intitulou um seminário organizado pela ONG Observatório de Favelas e gerou uma publicação organizada por Silva e colaboradores (2009). Partimos também do reconhecimento que as representações orientam políticas e projetos, e as intervenções realizadas sobre este território também alimentaram a construção e manutenção de uma determinada representação sobre ele. A respeito do sentido de favela, temos também o trabalho de Freire (2009), que a partir da pesquisa sobre os impactos do programa Favela-Bairro na favela de Acari, descreve os sentidos de bairro, comunidade e favela.

Além disso, apresentamos o debate sobre o termo comunidade que circula na Psicologia Comunitária, já que o deslocamento do termo comunidade para o termo favela produz efeitos nesta psicologia que chamamos *favelada*. Além disso, incluímos as reflexões sobre comunidade e favela realizadas pela Psicologia Comunitária (Gonçalves, 2013).

O QUE É FAVELA, AFINAL?

Polícia passa e deixa a dor
Política passa-e-fica-a-dor
Cadê o baile? O baile acabou.
E o morador? Tapa levou.
Que a paz não venha de caveirão
Favela é dor
Mas não para de cantar
[MC CALAZANS]

Para pensar a questão da favela a partir de um olhar crítico é necessário analisar os discursos produzidos socialmente por diversas instâncias sociais e refletir sobre como estas representações produzem efeitos na ideia de pertencimento dos favelados; na relação da favela com a cidade; na criação de políticas públicas; e nos diversos tipos de intervenção realizadas neste espaço. A fim de relacionar os discursos sobre a favela com o conjunto de intervenções que se dirigem a ela, é importante resgatar o que tem sido dito sobre esse território e, com isso, problematizar a visibilidade de alguns discursos e práticas, em detrimento do silenciamento de outros, quando o assunto é favela. Além de ser caracterizada por diversas dinâmicas sociais, econômicas e culturais, historicamente a favela pode ser representada por duas perspectivas paradigmáticas: a da homogeneização e a da ausência. A perspectiva da homogeneização diz respeito à identificação desse espaço por sua aparência, como se a paisagem tivesse uma maneira uniforme de se apresentar. Dessa maneira, a complexidade se instaura quando, na verdade, no sentido geográfico, a favela possui diferentes formas de apresentação, podendo se desenvolver em planícies, morros, prédios, às margens de rios e lagoas (Silva et al., 2009). Se havia a intenção de homogeneizar as favelas por sua aparência, por exemplo, com a identificação "favela igual a morro", com a sua trajetória de multiplicação pela cidade sabemos que ela se apresenta de diferentes formas geográficas. E, inclusive, os conjuntos habitacionais, que foram construídos para receber pessoas removidas de outras favelas, sofreram eles próprios um processo de favelização. Além disso, sabemos que a homogeneização relacionada a este espaço se desdobra em outros aspectos. Todas as favelas são iguais? Os discursos antropológicos e de outros campos de conhecimento, que objetificaram a favela e tentaram identificar e descrever estilos de comportamento comuns, também contribuíram para a criação desta homogeneização (Valladares, 2005). Sem mencionar, é claro, o sentido produzido pelo próprio Estado, para justificar suas políticas de extermínio. Retorno à declaração do então governador do Rio de Janeiro, Sérgio Cabral, citado por Birman (2008), "favela é uma fábrica de marginais".

Na perspectiva da ausência,

> a favela é definida pelo que não seria ou pelo que não teria. Nesse caso, é apreendido, em geral, como um espaço destituído de infra-estrutura urbana — água, luz, esgoto, coleta de lixo; sem arruamento; globalmente miserável; sem ordem; sem lei; sem regras; sem moral. Enfim, expressão do caos. (Silva et al., 2009, p. 16)

É importante sinalizar que o discurso da falta de precisão sobre o conceito de favela não diz respeito à falta de produções científicas sobre o tema. Ao contrário, estamos afirmando que a favela tem sido objeto privilegiado de diversos campos de conhecimento. Entretanto, para produzir outro olhar para esse território é necessário suspender as verdades já ditas sobre ele, no intuito de dar visibilidade a novos enunciados. Se os discursos que até então têm tido voz — e que orientam políticas e projetos — falam desse território de forma estereotipada, é necessário incluir nesse processo novos atores ou os protagonistas destes discursos, para entrarmos em contato com a realidade favelada. Quem protagoniza os discursos de homogeneização e ausência proferidos historicamente sobre as favelas? São os favelados? O que percebemos é que predominam as representações sociais sobre a favela ancoradas em parâmetros negativos. Sempre à favela falta alguma coisa. E esta representação se traduz no senso comum quando as pessoas se referem à favela como "comunidade carente". Mas, a quem/que servem esses referenciais? A ideia de homogeneização, por exemplo, fornece subsídios para o Instituto Brasileiro de Geografia e Estatística (IBGE) considerar, assim como desconsiderar, determinados territórios como sendo favela. Desta maneira, pode-se dizer que o número de favelas existentes excede a quantidade representada na estatística. Os discursos sobre a favela amparados nesta representação — por uma perspectiva negativa, onde sempre falta alguma coisa — têm origem no ideal de cidade produzido na urbanização capitalista. Para afirmar a cidade como um lugar, é preciso dizer que à favela falta a civilidade e a urbanidade da cidade, a favela precisa ser, portanto, sempre um não-lugar. Um não-lugar a ser "incluído" ou exterminado. Essa representação se sustenta continuamente nos estereótipos de classe, por ser um espaço constituído por uma população pobre, e de raça, por grande parte da população favelada ser negra (preta e parda).

Os referenciais hegemônicos que representam historicamente a favela falam de um território que não se enquadra no modelo civilizatório em curso (Silva et al., 2009) e que, por isso, acaba sendo criminalizado. Os discursos que identificam a favela ao caos esbarram na ideia de pertencimento dos moradores desse território. Ou seja, quando, no sentido simbólico, a favela carrega a noção de não civilidade, os processos de produção da identidade favelada ficam barradas pelo estigma. Ninguém quer ser considerado incivilizado, logo, ninguém quer ser favelado. Desse modo, é preciso afirmar que o que se apresenta neste território como processo de diferenciação deve ser afirmado como potência. Ao ser sempre comparada com o modelo hegemônico de cidade, a favela será somente o território da falta. Um dos movimentos de resistência hoje identificados nas favelas é traduzido, por exemplo, a partir da estratégia de afirmação da identidade favelada. É importante dizer — "eu sou favelado" — e é a partir disso que os movimentos se articulam para visibilizar que os discursos que capturaram a favela não foram produzidos por seus moradores.

Uma das características da favela é a "alta concentração de negros (pretos e pardos) e descendentes de indígenas" (Silva et al., 2009, p. 23), o que sugere, mais uma vez, falar das aproximações entre favela e quilombo. Os quilombos se apresentavam como espaço de luta e resistência para pessoas negras que estavam em condição de escravidão ou livres, porém marginalizadas. Eram vistos pelo Estado como uma ameaça, sofrendo inúmeros ataques. A favela surge como uma espécie de atualização desse espaço, representando uma ruptura com o modelo de cidade, e torna-se alvo cotidiano da violência institucional. Com isso, percebe-se que historicamente o Estado investe de forma genocida neste território, atuando com a intenção de eliminá-lo da cidade a partir de práticas remocionistas ou de extermínio. Cabe lembrar que o projeto remocionista oficialmente adotado para tentar acabar com as favelas, levando as pessoas para viver em "espaços civilizados" como os conjuntos habitacionais construídos em Vila Kennedy, não teve êxito. O número de favelas na cidade cresceu e continua crescendo exponencialmente, marcando a cidade do Rio de Janeiro por sua presença expressiva nos espaços mais nobres da cidade. Como explicar este fenômeno? Como explicar a multiplicação das favelas pela cidade ao longo dos anos? Hoje em dia, um projeto explícito que assumisse "acabar" com as favelas da cidade seria rizível. Mas quais são as estratégias de mortificação adotadas pelo Estado e contempladas, muitas vezes, por nós, psicólogos e pesquisadores, quando nos relacionamos com a favela? Ou seja, de quantas formas eliminamos a favela no cotidiano a partir de nossas presenças camufladas nos atos genocidas?

Em suma, o ideal de cidade é espelhado em padrões hegemônicos (Silva et al. 2009) definidos pelo Estado e que servem a uma supremacia branca. Dessa maneira, não há linhas de fuga para conceber o território da favela em sua potência afirmativa de diferenciação, mas tão somente pela ideia de ausência e como um espaço inferior em relação à cidade. A quem servem a democracia e a cidade? Os favelados devem ser "incluídos" nesse projeto civilizatório? Com isso, para pensar novas formas de apreensão dos processos de favelização, é preciso considerar a produção histórica da favela e compreender as múltiplas instâncias de produção deste território, que envolvem uma compreensão sobre a sua realidade social, econômica, política e cultural e, de forma mais específica, o debate sobre a pobreza e o racismo. A favela é um território marcado pela interseção das dominações de classe e raça. Nas favelas estão os pobres e negros da cidade.

Como mencionado anteriormente, se no sentido qualitativo a favela é representada socialmente como um não-lugar, no sentido quantitativo ela está bem representada: quais áreas do Rio de Janeiro não estão cercadas por favelas? Pode-se dizer que seu crescimento se dá em paralelo ao processo de expansão da cidade: o progresso do asfalto não se daria sem o esforço do morro. Silva et al. (2009) esclarece que

> esta expansão se dá, por um lado, em função do desenvolvimento de um mercado de trabalho, e, por outro, inserido nos mecanismos dos processos imobiliários que, num determinado momento de sua evolução deram margem a que parte dos segmentos sociais mais pobres ocupassem morros e baixios em algumas áreas. (p. 31)

Nas décadas de 1950 e 1960, moradores de favelas foram removidos pelo Estado para outras áreas precárias ou conjuntos habitacionais (Silva et al. 2009). Entretanto, esses ataques do Estado contra a favela, que se deram — e continuam ocorrendo atualmente — em forma de despejos e remoções resultaram em diferentes tipos de resistência nesse território, que vão desde a criação de associações de moradores, com a finalidade da reivindicação de moradia, como também através de manifestações culturais, que denunciam tais violências, mas também falam das particularidades de um modo de vida favelado. Uma expressão dessa resistência é o samba, um produto cultural da favela que acabou sendo institucionalizado, dando origem às escolas de samba. Como se organizaram esses movimentos de resistência às violências perpetradas pelo Estado?

Ainda que a favela atue na produção do espaço social, fazendo com que tais produções cheguem à cidade e sejam por ela consumidas, o território favelado segue em processo de marginalização. As remoções se atualizam recentemente com o projeto de megaeventos na cidade (Jogos Pan-Americanos, em 2007, Copa do Mundo de Futebol, em 2014, e Jogos Olímpicos, em 2016). A fim de dar lugar a empreendimentos que irão favorecer os interesses de um modelo hegemônico de cidade, aliados à especulação imobiliária, além dos processos de remoção em algumas áreas, como a Vila Autódromo e a região portuária, temos o processo de gentrificação[22], que produz uma remoção branca. A escolha do Rio de Janeiro como sede destes megaeventos

> abriu caminho para grandes investimentos da iniciativa privada e dos setores públicos na tentativa de uma renovação urbana que possa, a partir do aumento do número de visitantes, fortalecer a economia carioca e oferecer uma cidade mais organizada e principalmente mais segura aos futuros visitantes. (Carvalho, 2013, p. 286)

No entanto, sabemos o preço que as favelas precisaram pagar para atender à produção desta megacidade. Para a população em situação de rua, bem como para os negros, pobres e favelados, a cidade olímpica custou, dentre outras coisas: violação de direitos humanos, remoções, intervenções policiais e morte. Nesse sentido, a pesquisa de Alvarenga Filho (2013), a *Chacina do Pan*, tem como cenário o conjunto de favelas do Complexo do Alemão, especificamente no período de junho de 2007, onde uma "megaoperação policial", realizada em parceria entre os governos estadual e federal, teve como resultado 44 mortos e 78 feridos.

> Esta não foi a primeira vez que uma chacina manchou o chão carioca com sangue de moradores de comunidades pobres. No entanto, isso não quer dizer que devemos aceitar estes acontecimentos como coisas naturais, muito menos, que devemos aplaudir "o que não tem pé nem cabeça". Pois este "bicho de sete cabeças" precisa ser enfrentado de frente. (Alvarenga Filho, 2013, p. 27)

A mídia hegemônica atua de forma a invisibilizar a violência cotidiana presente na favela e, na mesma proporção, dá holofotes para a violência que

---

[22] O processo de gentrificação diz respeito à revitalização de um bairro histórico da cidade e sua valorização no mercado imobiliário. Com isso, a população local acaba sendo "removida" por não conseguir arcar com os custos de habitar aquele espaço. Como diz Mendes (2011), a gentrificação, como um "processo específico de recentralização socialmente seletiva nas áreas centrais da cidade, tem contribuído para a fragmentação social e residencial do espaço urbano contemporâneo" (p. 476). Aqui na cidade do Rio de Janeiro, este processo aconteceu em algumas favelas da zona sul e na região portuária.

acontece na cidade, reforçando a produção de medo e passando a ideia de que o que acontece na cidade e a preservação das vidas que ali habitam é o que importa. Entretanto, alguns acontecimentos nesse território, como a Chacina do Pan, ganham repercussão midiática, por estarem a serviço do Estado.

> A "megaoperação" no Complexo do Alemão foi noticiada tanto nos veículos de comunicação da chamada "grande mídia" como através dos jornais e revistas da "mídia alternativa". Enquanto a "grande mídia" afirmava que a operação policial foi um sucesso e que a mesma representava uma inovação no combate à criminalidade, a "mídia alternativa" chamava atenção para as violações de direitos humanos e os fortes indícios de execuções sumárias. (Alvarenga Filho, 2013, p. 25)

Ao visibilizar a necessária produção de uma chacina nas favelas cariocas para a viabilização deste megaevento, Alvarenga Filho contribui para a reflexão sobre o que representaram, para as favelas, estas intervenções na cidade. Portanto, sabendo que o processo de urbanização no Brasil sempre contribuiu para a exclusão social e econômica e renegou às populações periféricas um conjunto de direitos reservados aos cidadãos brasileiros, na cidade do Rio de Janeiro estas violências se acirraram com os megaeventos.

> Atualmente, longe de termos resolvido os problemas decorrentes dessas formas de exclusão, vemos a exacerbação de projetos urbanísticos que privatizam espaços públicos das cidades e, em nome do desenvolvimento econômico de alguns, empurram para as margens aqueles que são considerados como não merecedores de habitar os espaços de maior visibilidade, intensificando os processos de periferização da pobreza. (Huning & Mesquita, 2015, p. 19)

Ainda na tentativa de conceituar o que é favela surgem muitas questões paradoxais. Existem características inerentes às favelas? Todas as favelas são iguais? O que há de semelhante e de diferente entre elas? Esse livro não se destina a esgotar tais questionamentos, mas pretende usá-los como disparadores para pensar questões que dizem respeito à favela, como, por exemplo, o processo de favelização. Esse caráter heterogêneo da favela também esbarra na ideia de pertencimento de seus moradores, pois, na medida em que existem diversos tipos de favelas vão existir diferentes tipos de favelados. Além das perspectivas de homogeneização e ausência, que, respectivamente, desconsideram a diversidade e a auto-organização da favela, podemos destacar a representação social desse território como sendo a da criminalização. Como consequência do imaginário social de que a favela é o lugar do crime, emerge a ideia de que ser favelado é ser potencialmente criminoso e que, com isso, precisa ser preventivamente disciplinado pelas suas condutas. Este discurso justifica muitas intervenções em favelas, tanto do Estado, através de incursões policiais nesse território, como do terceiro setor, quando entende que devemos "ocupar" o tempo dos jovens de favelas de alguma forma, já que há sempre uma virtualidade criminosa advinda do território.

O quadro de violências nas favelas se intensifica a partir da década de 1980 com o aumento do comércio ilegal de drogas e do jogo do bicho. Carvalho (2013) entende este processo vinculado à pauperização da população pelos anos do milagre econômico na ditadura civil-militar. As transformações ocorridas no tráfico de drogas na década de 1980 e o aumento da violência a ele relacionado são atribuídos "às transformações na organização transnacional do crime e, em especial, no Rio de Janeiro, à entrada da cocaína, e de modernas armas de fogo no comércio varejista de drogas" (p. 291)[23] e também ao aumento da corrupção policial. As favelas foram os locais privilegiados de circulação dos contraventores e, segundo Carvalho (2013),

> esse aumento da violência associada ao tráfico de drogas, em especial relacionada à comercialização de cocaína e de armas, se concentrou nas favelas, conforme apontam diversos autores, devido a uma topografia e uma organização espacial que muito contribuiu para a instalação das "bocas-de-fumo". Além disso, muitos dos traficantes identificam a favela como um espaço seguro para a execução de suas atividades, pois os mesmos contavam em certa medida com um "apoio" comunitário, ou seja, a proximidade com os vizinhos e as relações sócio-afetivas estabelecidas eram uma garantia ao bom funcionamento da atividade. (p. 289)

---

[23] Para mais informações, ler o romance de Raquel de Oliveira, "A número um".

É importante lembrar que o projeto recente de produção de uma cidade olímpica contou também com o processo de militarização das favelas, a partir da implementação das Unidades de Polícia Pacificadoras (UPP). Bem como, sinalizar que a capitão da polícia integrou a comitiva do Comitê Olímpico Brasileiro (COB) na ocasião de escolha da cidade como sede das olimpíadas.

> A primeira unidade de polícia pacificadora foi instalada em dezembro de 2008 na favela Santa Marta localizada em Botafogo, zona sul da cidade. A ocupação, vocabulário utilizado pela polícia militar, foi feita pelo Batalhão de Operações Especiais (BOPE) que permaneceu na favela até a entrada de 125 policias sob o comando da Capitão Pricilla Azevedo (Cunha e Mello, 2011). A partir de então, inaugurou-se uma nova modalidade de ação executada pela secretaria de segurança pública e direcionada às favelas cariocas que atualmente já está estabelecida em 28 unidades localizadas em diferentes favelas ou conjuntos de favelas no Rio de Janeiro. (p. 287)

Como diz o Repper Fiell (2011) sobre a instalação da UPP no morro Santa Marta em 2008:

> Já estamos em 2011, e ainda quase nada de melhoria coletiva chegou ao morro Santa Marta. Sim, medidas paliativas sim, isso chegou e irá chegar sempre. Eu me refiro a mudanças revolucionárias, onde o povo poderá viver de forma igualitária, com mais saúde, moradia, alimentação de qualidade. Isso não chegou e vai além da UPP. (p. 61)

Depois de quase uma década de "pacificação" observamos a que interesses este projeto esteve a serviço ao longo de todos estes anos. Com o atual desmonte do governo estadual do Rio de Janeiro, sua "crise" produzida pelos incentivos fiscais e esquemas milionários de corrupção, vemos um enfraquecimento do projeto de pacificação com o aumento dos conflitos entre os traficantes de drogas na cidade. As críticas a este projeto feitas pelos moradores sempre denunciaram o controle sobre os modos de vida da favela. A proibição dos bailes funk, a restrição da circulação e da ocupação do espaço público da favela são apenas algumas das intervenções que fazem parte do projeto de militarização. Além, é claro, da truculência e abusos de poder. Portanto, "pacificar" a favela diz respeito a um controle sobre modos de ser e estar no mundo. A tentativa de organizar o cotidiano dos moradores e implementar novas formas de sociabilidade (Carvalho, 2013) representa um projeto moral e civilizatório.

Nesse sentido, a "paz" seria garantida com base nessas iniciativas: controle das festividades, organização do trânsito, inscrições nos espaços públicos visíveis a todos. As ações públicas direcionadas aos territórios acabam por penalizar todos os moradores de favelas identificando-os como potencialmente criminosos e reforçando as vinculações entre pobreza e criminalidade. (p. 304)

Ao problematizar o processo de militarização do espaço favelado pela instalação das UPPs[24], Batista (2012) afirma que o projeto político midiático da "pacificação" aprofunda as históricas desigualdades socioespaciais na cidade do Rio de Janeiro. Tomando como analisador o argumento de "reconquista do território", usado oficialmente pelo Estado, Batista (2012) revela a falácia do projeto que pretende tão simplesmente a "ocupação militar e verticalizada das áreas de pobreza que se localizam em regiões estratégicas aos eventos desportivos do capitalismo videofinanceiro" (p. 58). O discurso de "reconquistar o território" como estratégia de "guerra ao tráfico" revela os planos de intervenção do Estado em favelas, que atendem interesses escusos e escamoteados nos pronunciamentos oficiais. O Estado que se apresenta às favelas esqueceu de suas adjetivações democráticas e da garantia de direitos. A quem servem essas dominações territoriais? Santos (2000) entende o território como um espaço político, onde se encenam as desigualdades sociais na sociedade do capital. Fala do espaço geográfico como sendo, na verdade, um território usado, resultado do processo material e histórico, base das ações humanas. Neste sentido, Santos (2000) nos fornece pistas para entender a importância de dominar militarmente "territórios". Afinal, como lembra Batista (2012), este projeto não é uma novidade brasileira, tendo em vista as invasões norte-americanas do Iraque e da Palestina. A ocupação militar de territórios favelados na cidade do Rio de Janeiro respondeu a interesses

---

[24] Para mais informações, ver: Alves, M.H.M. & Evanson, P. (2013). *Vivendo no fogo cruzado: moradores de favela, traficantes de droga e violência policial no Rio de Janeiro*. São Paulo: Editora Unesp.

econômicos com o objetivo de viabilizar a realização de megaeventos e a reprodução do capital. Controle dos territórios, controle dos corpos pretos favelados, gestão policial da vida.

> O paradigma bélico para a Segurança Pública é um artefato, uma construção política através da qual o capitalismo contemporâneo controla os excessos reais e imaginários dos contingentes humanos que não estão no fulcro do poder do capital videofinanceiro. São os pobres do mundo que inventam novos países para aportar, sobrevivem nas frestas do mercado com seus difíceis ganhos fáceis, enfim, à sua maneira, são os mais verdadeiros empreendedores de um mundo em ruínas, como diz Marildo Menegat. (p. 71)

Além disso, quem vive nas favelas sabe que as relações da polícia com a manutenção do tráfico de drogas varejista é evidente. A distinção de intervenções sobre a apreensão dos supostos traficantes varia de acordo com as regiões da cidade, a cor e classe do "jovem". É extremamente violento assistir estes discursos oficiais e passar pela experiência de ver os policiais praticando corrupção na entrada do seu local de moradia, todos os dias, e não conseguir distinguir em seu cotidiano quem são os anunciados defensores de seus direitos e os difamados bandidos. Os moradores têm clareza das relações escusas dos policiais com os traficantes varejistas e o quanto esta "guerra às drogas" não tem nenhum sentido pelas justificativas oficiais. A contradição sofrida pelas pessoas com a produção destes discursos e a experiência de ver seu povo sendo massacrado produz um estado de barbárie material e simbólica. Afinal, a que serve o genocídio do povo preto favelado? Sobre a experiência de habitar um território favelado e se relacionar cotidianamente com as invasões policiais, Silva e Costa (2016) dizem:

> A mesma polícia que não prende os "revendedores" de drogas na zona sul e Barra, e que não dá tapa na cara dos "usuários" de maconha, cocaína da classe média alta, é a mesma polícia que sai matando nas favelas. A polícia entra na favela para matar. Seja traficante, seja "viciado", seja morador. Seja quem estiver na frente das balas, pois já entram atirando, antes mesmo do "fogueteiro" soltar os fogos, avisando que tem polícia no morro. E aí, salve-se quem puder. E os que não podem, entram para as estatísticas dos autos de

resistência ou se enquadram nos discursos dos "cidadãos de bem", de que "eles estavam no lugar errado, na hora errada", quando levaram uma bala perdida. E nessa sujeira toda, pagam os pobres, pretos e favelados. Estes são presos e executados. Vidas indignas, vidas matáveis. (Silva & Costa, 2016, p. 11)

FAVELA É (E) CIDADE

Quando questionada sobre o título de um dos seus principais livros — Quarto de despejo — Carolina Maria de Jesus (1960) responde:

> É que em 1948, quando começaram a demolir as casas térreas para construir os edifícios nós, os pobres, que residíamos nas habitações coletivas, fomos despejados e ficamos residindo debaixo das pontes. É por isso que eu denomino que a favela é o quarto de despejo de uma cidade. Nós, os pobres, somos os trastes velhos. (p. 171)

A afirmação "favela é cidade" atravessa os espaços de militância nas favelas cariocas. Pertencer à cidade é a luta de um lugar marcado por práticas históricas de remoção que negavam um lugar cada vez mais pungente na cidade. O espaço urbano não só expressa mas é cenário das contradições do jogo econômico no capitalismo. As favelas foram historicamente o espaço destinado àqueles que estavam à margem da acumulação do capital e dos espaços destinados ao seu desenvolvimento. Portanto, uma cidade com mais de mil favelas expõe no espaço real e em três dimensões as suas contradições.

Para nós, falar em favelas é falar em contradições. É afirmar seu pertencimento à cidade como estratégia política, mas reconhecer que a textura do seu território não pode ser facilmente homogeneizado ao chão do asfalto — uma textura áspera, como diz Zamora (1999). Há um estriamento heterogêneo neste espaço que não se justifica pela sua essência antropológica (modos de vida próprios, como caracterizados em muitos estudos), mas pelos efeitos que se produzem nele. Como sabemos que um lugar é uma favela? Quando neste espaço sua vida está ameaçada a todo o instante. Morre-se nas favelas. Morando em um bairro do subúrbio do Rio de Janeiro, mesmo estando na periferia da cidade, minha vida não está ameaçada pelo Estado a todo momento.

Harvey (2014) nos permite refletir sobre a função do espaço social nas dinâmicas de acumulação capitalista e na relação dialética da favela com a cidade e seus processos de transformação social. Ao realizar uma geografia política do capitalismo, Pereira (2010) entende que David Harvey demonstra como a

> dimensão espacial tem sido historicamente apropriada pelo capital e como as suas dinâmicas imprimem uma racionalidade que assegure, mesmo a partir de suas crises e contradições, a reprodução e ampliação das condições fundamentais para a acumulação capitalista. (p. 71)

Ao reivindicar a cidade para a luta anticapitalista, Harvey (2014) entende que "o urbano funciona como um espaço importante de ação e revolta política" (p. 213). Ao realizar uma reflexão mais ampla sobre os enlaces entre a cidade e a acumulação capitalista, podemos sinalizar como a favela está inserida nesta dinâmica. A princípio, podemos dizer que a favela expressa as contradições da utilização do espaço urbano para reprodução do capital e, ao mesmo tempo, protagoniza os enfrentamentos políticos que acontecem no território urbano na cidade do Rio de Janeiro. Como são as favelas os alvos privilegiados das estratégias de controle e opressão para a reprodução da cidade-capital a partir de intervenções de extermínio e remocionistas, podemos dizer que serão elas também a protagonizar os processos de resistência na cidade. Neste sentido, afirma Pereira (2010)

> a dinâmica capitalista apropria-se intensamente da dimensão espacial, utilizando-a não apenas para sua reprodução, mas, centralmente, para a superação de suas crises e ampliação de sua ação, expandindo-se através de transformações de caráter técnico e organizacional em escalas diferenciadas. Essas expansões, somadas à distinção geográfica, geram desigualdades geográficas que contribuem para delimitar relações de poder, de luta de classes e de comportamento coletivo. (p. 80)

Ao refletir sobre a variável espacial no processo de acumulação capitalista e a relevância que ganhou o debate em torno do termo território, Pereira (2010) sinaliza que as organizações internacionais como o Banco Mundial (BIRD), o Banco Interamericano de Desenvolvimento (BID) e o

Fundo Monetário Internacional (FMI) estão cientes da importância do território para a reprodução da acumulação capitalista. Por isso, "priorizam de longa data a dimensão territorial, especialmente ao apregoar, desde os anos de 1960, a focalização nas populações mais pobres" (p. 87). Neste mesmo sentido, Bartholl (2015) diz que a Organização das Nações Unidas (ONU) tem produzido pesquisas e publicado relatórios sobre os processos de urbanização e periferização em todo o mundo. Como diz Maricato (2006), "em vez das cidades de ferro e vidro, sonhadas pelos arquitetos, o mundo está, na verdade, sendo dominado pelas favelas" (p. 209).

A cidade é, portanto, o cenário urbano de produção e reprodução do capital, onde se expressam "as relações sociais de produção capitalista, sua materialização política e espacial" (Iasi, 2013, p. 41). Ao discutir os processos de insurgência que tomaram as ruas no fatídico junho de 2013, Iasi (2013) apresenta a cidade como espaço de contradições onde podem tomar corpo as lutas anticapitalistas. A cidade expressa as relações sociais capitalistas e materializa as contradições que lhes são próprias.

> É a unidade de contrários, não apenas pelas profundas desigualdades, mas pela dinâmica da ordem e da explosão. As contradições, na maioria das vezes, explodem, cotidianamente, invisíveis. Bairros e pessoas pobres, assaltos, lixo, doenças, engarrafamentos, drogas, violência, exploração, mercado de coisas e de corpos transformados em coisas. As contradições surgem como grafites que insistem em pintar de cores e beleza a cidade cinza e feia. Estão lá, pulsando, nas veias que correm sob a pele urbana. (p. 41)

Portanto, se o capitalismo toma a cidade como cenário de sua reprodução, é também nela que podemos vislumbrar as linhas de fuga que fogem a esse modo de funcionamento. Se as contradições explodem invisíveis nas cidades, as resistências também o fazem. Mas o que nos interessa aqui é entender a relação dialética que a favela estabelece com as cidades a fim de situá-la nas contradições entre o capital e o trabalho e no próprio cenário urbano. Como diz Maricato (2013), "as cidades são o principal local onde se dá a reprodução da força de trabalho" (p. 19), mas elas não oferecem somente o suporte para a reprodução social capitalista. A cidade é também "um grande negócio, especialmente para os capitais que embolsam, com sua produção e exploração, lucros, juros e rendas" (p. 20). Segundo a autora, as cidades brasileiras herdam uma história de desigualdade social e escravidão que ganham corpo nas periferias e expressam nas suas fronteiras urbanas a contradição das cidades produzidas como cena para a produção e reprodução social do capital. Neste sentido, Harvey (2013) afirma que "as chamadas cidades 'globais' do capitalismo avançado são divididas socialmente entre as elites financeiras e as grandes porções de trabalhadores de baixa renda, que por sua vez se fundem aos marginalizados e desempregados" (p. 29).

Após o reconhecimento da prefeitura do Rio de Janeiro do fracasso e alto custo das políticas remocionistas que ocorreram na década de 1980, surge o programa Favela-Bairro, em 1993, com a finalidade de integrar as favelas à cidade (Freire, 2009). Tanto no plano teórico, que diz sobre os objetivos, quanto no plano prático, que trata das intervenções, esse programa pode ser colocado em análise. A quem interessa uma integração da favela à cidade? Que fatores foram considerados nessa integração? Como ela se deu na prática? Quais os seus efeitos?

Sobre os sentidos mapeados na pesquisa sobre os termos favela, bairro e comunidade, Freire (2009) destaca falas analisadoras:

> "O que é favela? Boa pergunta... Favela, na realidade, é uma área que não tem urbanização, é uma área de invasão basicamente, sem infraestrutura, área que não tem legalidade." (engenheira da Secretaria Municipal de Habitação (SMH), p. 101)

> "Favela é um lugar onde ninguém respeita o espaço de ninguém, com um monte de barracos juntos, 'puxadinhos'... onde o morador não entende nada de espaço." (agente comunitária de habitação, p. 101)

> "O Favela-Bairro muda toda a estrutura da comunidade, e, por isso, o morador também tem que ser educado para se adaptar a essa nova estrutura." (líder comunitário, p. 102)

> "É, agora quem manda na rua é o César Maia, né?" (moradora interpelada por uma agente comunitária de habitação, por ter deixado sacos de cimento em frente à sua casa, p. 102)

A classificação do que é favela para a engenheira da Secretaria Municipal de Habitação (SMH), por exemplo, expressa inicialmente uma falta de consenso sobre o que é esse território, mas depois caminha para a queixa sobre a infraestrutura, trazendo à tona não só o paradigma de carência, como também o esvaziamento do caráter político, econômico e cultural da favela. As percepções da agente comunitária de habitação e do líder comunitário trazem a ideia de civilidade que supostamente falta à favela. Como contraponto, temos a fala da moradora que denuncia os processos de sobrecodificação e gestão dos modos de vida impostos pelo Estado, ora realizados pelos projetos de urbanização, ora pelos projetos de militarização.

Transformar a favela em bairro significa transformar fisicamente o espaço, com a intenção de urbanizar e organizar o território, mas também livrar os moradores das estigmatizações produzidas historicamente sobre o que é a favela e ser favelado. O dispositivo moral alimenta estes controles sobre os modos de vida favelados que sempre se traduzem como "falta de educação", "desleixo", "desorganização", "comportamentos inadequados". O processo de integração significa uma adesão a um estilo de vida urbano que circula em torno da ideia de civilidade. É necessário, para participar da cidade, adequar seus comportamentos aos jogos urbanos e aos jogos do capital. Como diz Alvito (2001), "desde o seu aparecimento, no final do século XIX, as favelas sempre representaram uma outra face da 'civilização urbana carioca' que muitos pretenderam eliminar, controlar ou esquecer" (p. 92).

As reflexões aqui apresentadas sobre as relações entre e favela e cidade têm o objetivo de visibilizar os processos que agenciam a produção de periferias urbanas com o desenvolvimento do capital. Pensar sobre isso é também pensar sobre os movimentos de resistência, como os descritos por Harvey (2013), que se relacionam com o direito à cidade.

> A implicação é que nós, individual e coletivamente, fazemos nossa cidade através de nossas ações diárias e de nossos engajamentos políticos, intelectuais e econômicos. Todos somos, de um jeito ou de outro, arquitetos de nossos futuros urbanos. O direito à mudança da cidade não é um direito abstrato, mas sim um direito inerente às nossas práticas diárias, quer estejamos cientes disso ou não. (...) Mas, ao contrário — e é aqui que a dialética retorna para nos assombrar —, a cidade nos faz sob circunstâncias urbanas que não escolhemos. (p. 31)

Como podemos vislumbrar a criação de novas formas de construir as cidades se estivermos imersos na experiência brutal de um cenário urbano cruel e hostil às pessoas? Neste sentido, dizem Brito e Oliveira (2013) que "num contexto de empresariamento urbano, as lutas territoriais não só ampliam como ressignificam as suas perspectivas: a cidade não é só palco das lutas, mas é também aquilo pelo que se luta" (p. 69). As lutas nas favelas estão inseridas neste cenário de reivindicações por um direito à cidade, vinculado às necessidades reais e concretas daquela população. Um deles, sem dúvida, diz respeito ao próprio direito de circulação, já que os moradores de periferias têm acesso restrito às áreas centrais da cidade. Geralmente, os meios de transporte oferecidos só contemplam os horários de trabalho e ficam restritos aos finais de semana. Ao afirmar que favela é cidade, precisamos contemplar o reconhecimento de sua participação na dinâmica de reprodução do capital urbano e, ao mesmo tempo, saber que estes espaços têm uma textura diferente de outros espaços da cidade pelos efeitos que sofrem perpetrados pela violência e abandono do Estado. No tópico sobre insurgências nas favelas, tentamos pensar sobre este processo de organização e construção de lutas faveladas. É importante lembrar que, apesar de situarmos as favelas em sua relação dialética com as cidades e o conjunto de dominações capitalistas que tomam corpo no cenário urbano, não entendemos que a luta favelada seja equivalente à luta dos trabalhadores.

FAVELA-COMUNIDADE. COMUNIDADE-FAVELA

A partir do debate sobre os sentidos de comunidade que circulam na PSC e o texto de Birman (2008) sobre a equação favela e comunidade, pretendemos debater o quanto a Psicologia Comunitária se aproxima da favela ou, quando o faz, se entende a favela como comunidade. Neste debate, também nos interessa refletir se a comunidade foi, de fato, relativizada ao longo da PSC como uma ideia que pode ser encaixada em qualquer contexto e espaço social, distanciando-se da ideia de periferia, maiorias populares, classes oprimidas, etc.

Na PSC é o conceito de comunidade que qualifica o campo de conhecimento e intervenção. Em pesquisa anterior (Gonçalves, 2013), vimos que a comunidade pode ser concebida como lugar onde encontramos um forte potencial de luta e de solidariedade, onde os valores comunitários possuem em si um potencial transformador. A valorização ou o resgate dos próprios valores já existentes na comunidade seria a forma mais direta para incentivar a participação e a mudança social (Maciel, 2007; Mello & Souza, 2007).

No texto que defende uma abordagem clínica para as intervenções comunitárias, a comunidade é tomada como "leito" em que se debruça o psicólogo, assim como as famílias e instituições que dela fazem parte. A comunidade faz as vezes do clássico paciente de relação psicoterápica. Costa e Brandão (2005) conceituam comunidade

> como dimensão espaço/temporal na qual os sujeitos são compreendidos com foco em suas relações, sendo constituídos por meio destas, em uma constante dialética entre individual e coletivo. A comunidade se expressa como espaço de construção de cidadania, na qual todas as falas são legítimas (Freitas, 2000; Guareschi, 2003). Esse conceito, que pode parecer utópico, é tomado nessa perspectiva para que marque o desafio de atuarmos focando as relações entre indivíduos, e entre estes e a sociedade, em uma busca de valorização das relações comunitárias que visem o bem comum. (Ricci, 2003, p. 34, grifos nossos)

Nos trechos citados anteriormente podemos compreender comunidade como um lugar de fala. O lugar onde as pessoas têm voz. O espaço onde é possível exercer participação e cidadania. Como se em comunidade as pessoas, que não são ouvidas na sociedade em geral, pudessem ter uma posição que não ocupam regularmente. E assim fosse possível para elas participar das decisões coletivas de modo a exercer sua cidadania.

O argumento é de que as relações comunitárias devem ser, portanto, valorizadas. Nesse sentido, a comunidade parece o lugar onde se quer chegar, um modo de organização social alternativo em meio a uma sociedade capitalista recheada de valores pós-modernos. Na comunidade as pessoas são reconhecidas como sujeitos a partir de relações de vizinhança e familiaridade, e isso se contrapõe ao modo de vida anônimo das grandes cidades. Os sentimentos e os afetos são o que distinguem a comunidade da sociedade. Ao se referir a Bauman (2003), Câmara (2008) argumenta que na pós-modernidade, estamos cada vez mais nostálgicos de um conceito de comunidade que se aproxime às relações ideais, como se estivéssemos ressentidos de viver em meio ao turbilhão de relações superficiais. [...] No entanto, em meio à difusão de relações que experienciamos, as identidades locais e regionais lutam por reafirmar-se e começamos a pensar em um lugar no mundo no qual possamos sentir-nos fortalecidos junto a um grupo, capazes e, mais do que nunca, respaldados por um grupo. (p. 43, grifos nossos)

A definição de Góis (2008) também se aproxima dessas ideias:

> Entendemos a comunidade como uma instância da sociedade ou da vida de um povo ou nação que a reflete com uma dinâmica própria; é o lugar de moradia, de permanência estável e duradoura, de crescimento, de orientação e de proteção da individualidade ante a natureza e a sociedade; como a sociedade que a circunda e influencia, apresenta um processo sociopsicológico próprio, cheio de contradições, antagonismos e interesses comuns, que servem de construção e orientação das ações dos moradores em relação ao próprio lugar e à sua inserção no conjunto da sociedade. É o espaço social de intermediação da vida familiar com a vida da sociedade, no qual o indivíduo é confirmado como membro de uma determinada cultura e com uma determinada identidade de lugar. É um espaço de relação direta, face a face, entre seus moradores. (p. 86, grifos nossos)

Diante destes trechos, é possível compreender que o espaço comunitário é marcado pelo compartilhamento de território, história, valores e um modo próprio de vida social. A dimensão física não é suficiente para definirmos comunidade. Portanto, há uma ideia de que a definição não se dá exclusivamente pelo espaço geográfico mas sim por um determinado tipo de sentimentos e relações que emergem em determinado espaço. Comunidade não é um lugar e não se restringe a uma delimitação espacial. Além deste elemento, é preciso considerar a comunidade como um espaço onde as pessoas estabelecem um tipo de relação e exercem determinados valores, como, por exemplo, o de solidariedade.

A ideia é que a comunidade se constitui por proximidade e compartilhamento. Assim, é preciso que as pessoas estejam próximas e compartilhem determinadas relações, afetos e valores. O interessante é ressaltar que parece haver uma natureza específica que caracteriza as relações, os valores e o modo de vida comunitário. Como se, para constituir uma comunidade, fosse necessário estabelecer certo tipo de interação entre as pessoas e um determinado conjunto de valores. Com este raciocínio, naturalizamos o conceito de comunidade, já que supomos a existência de traços específicos que a caracterizam. Com este raciocínio, a comunidade é dotada de uma essência.

A partir de referenciais da Psicologia Comunitária norte-americana[25], a discussão do conceito de comunidade de Câmara (2008) se aproxima aos ideais utópicos da vida comunitária e individualiza sua concepção ao entender comunidade como um "sentimento psicológico". Nesta perspectiva individualista de tratar o conceito, um indivíduo torna-se parte da comunidade quando é acometido por um sentimento de pertencimento e passa por processos de influência social. Entende-se comunidade a partir de uma instância *a priori*: o indivíduo. É a partir desta unidade que é possível compreender a dimensão comunitária. Essa ideia nos parece semelhante à concepção de Psicologia Social que se tornou hegemônica nos Estados Unidos depois da Segunda Guerra Mundial, onde a esfera social era compreendida a partir da simples interação entre um ou mais indivíduos.

> Um conceito que se relaciona estreitamente com o <u>sentimento psicológico de comunidade</u> diz respeito às <u>relações de vizinhança</u>, que abarca os seguintes elementos: <u>união afetiva e emocional, componente cognitivo e componente social</u>. Com relação à união afetiva e emocional, vamos encontrar a importância das relações mais próximas e de ajuda mútua; cognitivamente, os indivíduos formam um mapa simbólico acerca de sua localização naquele contexto e dos recursos que estão presentes; e, socialmente, seriam as relações sociais estabelecidas na rede da vizinhança, sendo que estas podem ser conflitivas ou não. [...] O sentimento psicológico de comunidade é o que vai unir as pessoas em torno de ações que visem a mudança. (Câmara, 2008, p. 45-46, grifos nossos)

---

[25] Sarason, S. B. (1974). *The psychological sense of community: prospects for a community psychology*. San Francisco: Jossey-Bass. Unger, D. G., & Wandersman, A. (1985). The importance of neighbors: the social, cognitive, and affective components of neighboring. *American Journal of Community Psychology*, 13, 139-170.

O conceito toma a dimensão social simplesmente como rede de relações entre as pessoas que compartilham um determinado local de moradia. Dessa forma, não inclui em sua compreensão fatores econômicos, históricos e políticos. Limita-se a entender comunidade a partir de esferas afetivas, cognitivas e sociais, com uma ideia bastante empobrecida desta última.

No entanto, talvez seja interessante pensarmos nas palavras de Scarparo e Guareschi (2007) que problematizam as dicotomias e utopias envolvidas no conceito de comunidade:

> Penso que a questão das relações comunitárias, ou qualquer outra questão, não pode se restringir às dicotomias antagônicas que polarizam conceitos (como individualismo e coletividade) e revigoram as lógicas naturalizantes que adotam e impõem modelos impeditivos dos processos de criação humana. Bom e mau, certo e errado, real ou irreal traduzem universos fechados, sem possibilidades de problematizações e, consequentemente, sem produção de pensamentos e modos de existência. <u>A questão das utopias se vincula a essa lógica dicotômica.</u> Existe um espaço *essencialmente bom*, no qual as pessoas *sempre* vão fazer o que é *verdadeiramente certo* e terão ótimas condições de vida, constituirão relações harmônicas e terão uma convivência afortunada e venturosa. (p. 103, grifos das autoras e grifos nossos)

Em meio aos seus múltiplos sentidos, é possível identificar que a palavra *comunidade* muitas vezes nos remete a uma dimensão econômica e/ou espacial que a define. Assim, se tomarmos como crivo a dimensão econômica, ao pronunciarmos *comunidade*, estamos nos referindo a uma determinada parcela da população, classificada como *classe oprimida, maiorias populares, população de baixa renda*. Se estivermos nos referindo à dimensão espacial, *comunidade* significa o território onde vive essa parcela da população. Portanto, sem nos remetermos a nenhuma definição sociológica, comunidade significa simplesmente esses espaços destacados da cidade — favelas, periferias, morros.

> No entanto, mesmo que o conceito de comunidade que aqui descrevemos como sociológico-disciplinar esteja ficando para trás, o <u>território urbano concreto</u> que ele buscou cobrir permanece em definitivo. A questão urbana hoje passa necessariamente

pela urgência de pensar a realidade das favelas, morros, periferias, comunidades populares, enfim, são várias as formas de se referir hoje a esse território forjado na margem do regime de produção capitalista. (Rocha & Kastrup, 2008, p. 101, grifos nossos)

Por meio desses pequenos apontamentos, é possível rastrear algumas ideias que esse conceito põe em funcionamento na PSC. Uma delas diz respeito à noção de que existe um conjunto de relações, comportamentos e valores típicos da vida comunitária. Também à ideia de que a comunidade possui em si um potencial de transformação e é um lugar privilegiado para o exercício da solidariedade, respeito e cooperação, de que as relações comunitárias são dotadas de uma essência que as distingue de outras e são consideradas ideais.

O argumento é de que o que constitui a comunidade não é a dimensão geográfica, sua localização concreta, mas sim uma dimensão relacional composta por valores, sentimentos e afetos. Dessa forma, não se discute na definição de comunidade nenhum componente político ou econômico. Aqui comunidade não se refere a um território urbano concreto ou a uma determinada parcela da população. Relativiza-se o conceito de comunidade. Ela não se refere necessariamente à pobreza, classes oprimidas, favelas. A comunidade pode estar nas partes mais ricas da cidade. A partir deste crivo, se dotada de determinada dimensão simbólica, pode estar em qualquer lugar e ser formada por qualquer grupo de pessoas.

Se comunidade é o conceito que define o escopo da PSC, se entendemos que o adjetivo comunitário é o que pretende especificar e qualificar uma determinada prática da Psicologia, ao relativizá-lo, relativizamos também esta prática. Não identificar comunidade a territórios de exclusão, pobreza ou às maiorias populares (que, em geral, vivem nestes territórios) é também não associar o trabalho da PSC a esses espaços ou a essa população.

No debate sobre a definição de favela pelo termo comunidade, Birman (2008) argumenta que é preciso pensar as consequências sociais e políticas dos sentidos que são atribuídos à favela. Sua proposta é analisar a disputa de sentidos entre os discursos proferidos socialmente sobre os termos favela e comunidade, atrelando-os a determinados atores sociais. Defende que não lhe interessa responder sim ou não à pergunta disparadora do texto, nem mesmo estabelecer critérios que bem definam o que são favela e comunidade. Portanto, ao invés de discutir identidades — "favela é lugar de bandido", "comunidade é lugar de trabalhador" — a autora propõe uma reflexão sobre as políticas de identificação e seus efeitos. Assim, o que ganha destaque é "saber por que comunidade virou um termo 'pau para toda obra'" (Birman, 2008, p. 104) e quais são as intenções em jogo quando esses termos são acionados.

Existem quatro sentidos em jogo quando se usa o termo comunidade para se referir à favela. O primeiro seria um uso eufemístico do termo, onde se procura substituir uma palavra pela outra, já que favela carregaria em si um sentido estigmatizante e negativo. Os atores sociais envolvidos nesse discurso seriam o Estado, a mídia, as ONGs e as associações locais, e geralmente a substituição pelo termo comunidade é acionada quando estes atores pretendem negociar com a população assim identificada. O segundo faria parte do esforço em valorizar o sentido positivo relacionado à cultura da população favelada.

> A "cultura", seja esta "material" ou "imaterial", como se diz hoje em dia, é recorrentemente acionada como modo de contrapor a favela, lugar disruptivo e violento, à "comunidade", lugar da harmonia e de projetos civilizacionais associados às raízes culturais e étnicas da nação: a capoeira, o samba, o forró, a festa do santo padroeiro, a arte de origem africana. (Birman, 2008, p. 109)

Na terceira significação apontada está o esforço dos próprios moradores em se identificarem como comunidade a fim de valorizar as relações diárias e o que há de comum no convívio cotidiano relacionado ao compartilhamento de um mesmo espaço. Esse mecanismo revela, portanto, um processo de identificação positiva com o lugar. Esse é um esforço dos moradores em construir um sentido interno para o espaço social onde vivem a fim de contrapor as identificações generalistas e totalizantes vindas de fora. Chegamos então ao quarto sentido em jogo apresentado por Birman (2008):

> colocar em relevo formas de sociabilidade positivas que os ligam entre si através de uma experiência do lugar, os habitantes das favelas buscam mostrar o 'outro lado' desses territórios, um lado social positivo, que se mostra contrário e mesmo antagônico à visão totalizante que os identifica 'de fora'. (p. 112)

Percebemos que a psicologia escreve sobre a comunidade em seu projeto comunitário, mas nada disse sobre a favela. E que, pela tese de Birman (2008), os sentidos construídos sobre a comunidade invisibilizam os processos históricos de violência e resistência presentes neste território. Portanto, para falar de uma *psicologia favelada* é preciso acionar outras fontes que discorram sobre o conceito de favela e, além disso, entender a potência deste termo para aqueles que residem neste espaço da cidade. Falar de comunidade significa não falar de favela. O projeto comunitário da psicologia esteve, com isso, longe dos debates sobre favela e consequentemente longe da materialidade dos modos de vida e da luta do povo favelado. No debate entre favela e comunidade, percebemos que "comunidade" atende muito pouco à ideia de construção de uma perspectiva popular em psicologia, já que relativiza a existência comunitária, não considerando as diversas formas de opressão sofridas nas favelas — principalmente as opressões de classe e raça. Desta forma, podemos dizer que a psicologia comunitária não é *favelada* tanto porque não discutiu as favelas, como também não sustentou ao longo de sua história um projeto popular em psicologia.

Repper Fiell, morador do morro Santa Marta, faz a distinção dos termos no texto *Favela ou Comunidade? Um olhar de quem vive lá!*:

> No dicionário a palavra COMUNIDADE significa um bairro, um grupo de amigos. No mesmo dicionário a palavra FAVELA significa habitação desprovida de infra-estrutura de urbanização e local desagradável de mau aspecto. (...) Ouvindo, pesquisando e tirando minhas próprias conclusões, hoje eu digo que sou morador de favela. Um lugar ocupado pelos trabalhadores que suaram para erguer suas casas com uma geografia própria, onde criam suas famílias e, de forma coletiva, buscam melhorias. Por mais discriminados que sejamos nós somos os verdadeiros guerreiros que, juntos, fazemos a cidade girar. (p. 24)

E completa sinalizando a cilada em usar o termo comunidade para se referir à favela:

> O termo COMUNIDADE foi intitulado por governo (sic) e propagado por instituições (ONG). A ideia é que os moradores iriam ficar mais incluídos na sociedade, ser mais aceitos. A palavra comunidade é

mais leve, e vem com menos preconceito. Só que, quando o governo quer, ele tira as aspas do nome comunidade. Viola os direitos, remove famílias, manda a polícia truculenta para a favela, onde os moradores são xingados, espancados e muitos morrem por autos de resistência. Nesse momento o território é chamado de favela, e os moradores de favelados ou marginais. (Repper Fiell, 2011, p. 25)

Com isso, se é necessário se agenciar com os discursos e lutas da favela para pensar a construção de uma perspectiva popular, o conceito de comunidade que tem qualificado as práticas psicológicas dirigidas a estes espaços precisa ser repensado. Especialmente na cidade do Rio de Janeiro, onde este binômio comunidade–favela tem como efeito a invisibilização dos processos históricos vinculados ao território. Além de ter sido capturado pelo Estado e por parte do terceiro setor. A que nos serve o conceito de comunidade para pensar sobre as práticas psicológicas dirigidas às favelas? A que nos serve o conceito de comunidade para pensar na construção de uma perspectiva popular? A favela quer ser comunidade? Além disso, é preciso sinalizar os deslizes que o termo comunidade proporciona a práticas comunitárias, que estão distantes de estarem preocupadas com a realidade dos povos.

Sonhar ou sobreviver[26] — insurgências e capturas nas favelas

> No fundo as resistências — a orgânica e/ou a cultural — são manhas necessárias à sobrevivência física e cultural dos oprimidos. (Paulo Freire, 1996/2015, p. 91).

Este tópico pretende investigar os processos de luta, resistência e capturas na favela. Estamos chamando de captura a tentativa de mercantilizar a favela e enxergá-la apenas como novo nicho de trocas econômicas

---

[26] Referência à música *A vida é desafio* — Racionais Mc's.

— a chamada economia popular —, parece ir de encontro a esta perspectiva que percebe na favela um lugar de resistência e onde potencialmente podem se organizar os movimentos de base popular. O trabalho de inserir a favela no mercado do capital, afirmando que ali não é mais o espaço de oprimidos e pobres, tem sido a tarefa de Renato Meirelles e Celso Athayde. A partir do Instituto DataFavela, realizaram uma pesquisa censitária em 63 favelas do Brasil com duas mil pessoas e afirmaram que as favelas movimentam 63 bilhões de reais no mercado brasileiro. Este trabalho está no livro *Um país chamado favela* (2014). Como processos de insurgência, mapeamos a tese de doutorado de Bartholl (2015), que, do ponto de vista da geografia, investiga justamente os movimentos sociais de base na favela, definindo-a como um território de resistência. Inserido como militante nestas organizações, Bartholl (2015) mapeia a dinâmica de quatro coletivos de favela — Ocupa Alemão, Us Neguin Q Não C Kala, Roça! e a Comunidade Popular Chico Mendes. No trabalho, os militantes refletem sobre suas experiências de luta, que tem como horizonte uma sociedade igualitária onde as definições de centro e periferia estejam superadas. Segundo este autor, considerar as "favelas como territórios de resistência são expressão de mudanças do sistema capitalista e de suas lutas de classes no decorrer do tempo" (p. 172). Sobre a história e memória das lutas, temos também a contribuição do livro *História de favelas da grande tijuca contada por quem faz parte delas*, onde encontramos a informação de que o morro do Borel foi pioneiro na organização dos trabalhadores favelados, criando a União dos Trabalhadores Favelados. O livro *As lutas do povo do Borel*, de Manoel Gomes

> desempenhou papel ativo na luta contra as remoções e pela posse da terra, e conta com prefácio de Luiz Carlos Prestes, na época senador pelo Partido Comunista. Relatando a história da comunidade desde 1922, o livro foi publicado em 1980 e é um instrumento fundamental para se conhecer um pouco da memória da comunidade e acompanhar as mudanças e transformações vividas por ela. (Cunha, 2006, p. 20)

Se antes as lutas estavam de forma mais expressa vinculadas às questões da moradia e das práticas de remoção, hoje podemos dizer que esta luta está vinculada à sobrevivência em um espaço da cidade que se tornou alvo do genocídio do Estado. Sem dúvida, um dos atravessamentos destas lutas é a questão econômica. Considero que os processos de insurgência das favelas são também movimentos contra a ordem do capital, e como veremos, ao mesmo tempo, os processos aqui descritos como capturas estão atrelados à sua apreensão como nicho de mercado a partir do discurso do empreendedorismo e da inclusão nas trocas econômicas da cidade. É importante sinalizar que não é possível falar de resistência das favelas sem mencionar o processo de militarização deste território, principalmente a partir da invasão da política pelo projeto de "pacificação" em 2008.

Mas por onde caminha a resistência da favela? Por quais organizações esta luta passou ao longo do tempo? Quais os seus objetivos? Quais são as pautas dos movimentos de favelas? O que é pensar insurgência em um território codificado pelo binômio inseparável da existência-resistência? Esta reflexão também busca fundamentação e discussões sobre o que tenho encontrado no campo, em que a luta da favela se expressa pela constituição de uma representação e identidade favelada, vinculada às questões do território, que busca protagonismo e luta pela vida. As barbáries e o controle exercido pelas incursões policiais ou polícias de paz figuram como os maiores inimigos. Essa identificação com a figura de um "trabalhador" e as opressões causadas pelo sistema econômico tangenciam os debates, mas não aparecem como elemento central de organização e formação de coletivos. Não poderia deixar de mencionar o texto de duas psicólogas em formação que pensam, a partir da sua profissão, a favela. Moradores e mobilizadas pelas questões do território, escreveram como trabalho de conclusão do curso de psicologia o texto *Favela: território de luta e resistência* (Silva e Costa, 2016).

Sem a pretensão de responder todas essas perguntas aqui, nos parece importante refletir sobre os processos de insurgência e resistência na favela por dois motivos principais: porque neste livro afirmamos que foi a partir do encontro com espaços de luta favelada que conseguimos vislumbrar a proposta de uma *psicologia favelada*; e porque esta psicologia deveria justamente servir para visibilizar o distanciamento das formas hegemônicas em psicologia da luta popular. Como a *psicologia favelada* pode convocar a psicologia a instaurar processos de insurgência a partir do que a favela coloca como suas pautas de luta?

No livro *Um país chamado favela* (2014), Renato Meirelles e Celso Athayde anunciam a maior pesquisa já feita sobre as favelas brasileiras a partir do instituto de pesquisas censitárias DataFavela. Com o objetivo de mapear a realidade das favelas brasileiras, os autores tentam afirmar uma ascensão social e econômica dos moradores de favelas, por sua ascensão à chamada classe média e sua potencial capacidade de movimentar grandes volumes monetários na sociedade brasileira. Com o intuito de atribuir uma natureza empreendedora aos moradores de favelas, o objetivo desta radiografia das favelas brasileiras é "incluir" a favela nas dinâmicas econômicas como potentes espaços de desenvolvimento do mercado. Se a favela foi vista como o espaço preterido da cidade e a expressão das contradições de uma urbanização excludente, sua inclusão "econômica" deve ser feita, e podemos resolver este problema. Em resumo, dizem: vejam como podemos ganhar dinheiro com as favelas. Como diz Harayama (2016), o subtítulo do livro poderia ser "como é rico o meu favelado" (p. 431). Criticando a suposta pesquisa científica com fins de produção de divulgação do seu trabalho, Harayama alerta que: "Ao propor realizar o maior estudo sobre a favela já realizado os autores fazem um recorte intencional em busca do perfil empreendedor do morador de comunidade, ou seja, aquele voltado para a criação de um mercado dentro das comunidades" (p. 432).

Obviamente apóiam o projeto de militarização do espaço pelas UPPs, pois, como já vimos, é a isso mesmo que ele serve. Meirelles e Athayde (2014) afirmam que "a vida sem tormentos de guerra origina-se na instalação das Unidades de Polícia Pacificadora (UPPs)" (p. 58), e isso possibilitou o crescimento dos negócios legais.

> Convém lembrar que nas áreas pacificadas perdeu-se o "investimento" do tráfico. De uma forma ou de outra, ele aumentava o volume de dinheiro circulante nas favelas. Os membros das organizações compravam no comércio local, patrocinavam eventos na área de entretenimento e, muitas vezes, ainda praticavam algum assistencialismo, auxiliando a mãe desesperada a comprar um antibiótico para o filho ou pagando um táxi para que o idoso pudesse se deslocar até o hospital. (Meirelles e Athayde, 2014, p. 75)

A respeito dos negócios locais, Meirelles e Athayde (2014) falam sobre a criação de um shopping center no Complexo do Alemão, projeto em curso da *Favela Holding* em parceria com o empresário Elias Tergilene que "está orçado em 22 milhões de reais, deve abrigar quinhentas lojas e gerar 6 mil empregos diretos e 4 mil indiretos" (p. 68), onde pelo menos 60% das lojas serão comandadas por moradores locais.

Esse modelo de empreendimento, acredita ele, é o único capaz de substituir a atual matriz econômica de muitas comunidades: o tráfico de drogas. Produzir, vender e ganhar é, em sua concepção, a receita para propiciar ao jovem das comunidades *status*, dinheiro e acessos. "Se ele enxerga claramente essa oportunidade, nem vai cogitar tentar a vida no mundo do crime", raciocina. (Meirelles e Athayde, 2014, p. 70)

Como se o tráfico de drogas fosse um problema das favelas e como se esta fosse a única questão dos moradores, apresentam uma análise perversa da realidade local para justificar suas ambições financeiras. A desculpa de resolver o problema do tráfico de drogas pelo viés econômico, gerando oportunidades e apoiando os potenciais empreendedores, é a estratégia usada para mascarar as contradições estruturais que não serão superadas com o "desenvolvimento econômico". Com o intuito de identificar negócios locais, Celso Athayde, um dos fundadores da Central Única de Favelas (CUFA), afirma que não aprendeu com grandes economistas, assim como o Amartya Sen. Com esta fala e com as capturas que ela representa, visualizamos como as alianças teóricas das intervenções comunitárias em psicologia podem participar deste projeto. A transformação das organizações populares em organizações sociais ou ONGs representa a aliança dos projetos neoliberais com a gestão da pobreza e as possibilidades de geração de riqueza a partir do que parecia representar algum sinal de insurgência. Como denuncia Harayama (2016) em relação à publicação de Meirelles e Athayde (2014)

> é importante compreender a publicação dentro de um cenário maior que movimenta o setor de pesquisa e ações "sociais" nos estratos populares. Desde meados da década de 1990 diversas associações e movimentos populares dentro das comunidades e favelas, especialmente do Rio de Janeiro, vêm experimentando uma virada neoliberal no modelo de gestão. Sobretudo na transformação de organizações populares em Organizações Social de Interesse Público (OSCIP) e no seu consequente financiamento via contratos

de "responsabilidade social" de grandes empresas. Essa mudança, que em parte pode explicar essa guinada do "empreendedorismo social" defendida no livro dos autores, não aparece como dado, uma vez que a própria Cufa é resultado desse processo e o DataPopular, prestador de serviço nesse nicho de "pesquisa científica". (p. 433)

A despeito das capturas produzidas pelos discursos que pautam a "inclusão" da favela nas dinâmicas urbanas do capital e de capturar o povo favelado como potencial "mercado consumidor" ou "empreendedores", temos algumas organizações que pautam outros movimentos de resistência. Com o crescimento exponencial das favelas, o povo não se revoltará? (Davis, 2006) Pensar os movimentos de resistência em favelas é discutir a construção de diálogo com as bases populares. Como entender as organizações que surgem nestes contextos e que não necessariamente dialogam com os movimentos de esquerda tradicionais? Se é na favela que está o povo, são as favelas que precisam protagonizar as lutas anticapitalistas no espaço urbano.

> Até dentro de uma só cidade, a população favelada pode apresentar variedade enlouquecedora de reações à privação e à negligência estruturais, que vão das Igrejas carismáticas e cultos proféticos às milícias étnicas, gangues de rua, ONGs neoliberais e movimentos sociais revolucionários. (Davis, 2006, p. 201)

Neste cenário colocado por Mike Davis (2006), é necessário nos conscientizarmos dos efeitos das intervenções religiosas nas urgências da vida favelada e saber que as igrejas neopentecostais ocupam a maior parte destes espaços acolhendo seu sofrimento. O crescimento de milícias e de ONGs na cidade é um analisador do alcance do Estado nestas situações de opressão e abandono. É interessante também pensar com quais movimentos a psicologia tem se agenciado. ONGs? Movimentos sociais?

Com o intuito de visibilizar estes protagonistas, trazemos o relato de Silva e Costa (2016), como mulheres pretas, faveladas e psicólogas que pautam o território favelado como espaço de luta e resistência. Imersas nas múltiplas formas de ser e estar na favela, na psicologia e na universidade, tentam reivindicar as potencialidades da favela a despeito das intervenções violentas do Estado. Com o olhar de quem habita o território, afirmam a existência dos moradores de favela — que, apesar de todo o controle, insistem em viver — e suas formas de vida.

> Favela é história, é arte, é dor e alegria; é um compartilhar de vidas e simples saberes; é sorriso de moleque solto na rua; é barulho de funk, samba, pagode, todos os ritmos juntos e misturados; favela é cultura, é multiplicidade de crenças e crendice; é grafite, pichação; é sorriso; é batuque; é tudo isso. (Silva & Costa, 2016, p. 31)

Além disso, em sua pesquisa, Silva e Costa (2016) denunciam o silêncio da Psicologia em relação à favela. As suas inquietações ao habitarem a universidade como mulheres faveladas levaram-nas a tentar encontrar respostas sobre o território favelado e os modos de subjetivação que ali eram produzidos. Mas, enquanto estudantes de Psicologia, perceberam que não se falava sobre a favela na universidade. Neste sentido, a denúncia de Silva e Costa (2016) se torna um acontecimento, pois transversaliza o tema com lugares de fala muito potentes. Podemos vislumbrar processos de insurgência na psicologia e na favela, com a possibilidade de construção de um protagonismo e um olhar descolonizado sobre esse território. Ao colocar em análise a Psicologia, se perguntam: como a Psicologia pode contribuir para os processos de resistência e a luta da favela?

> Ah, se a favela soubesse da sua potência transformadora e do seu olhar muito singular. Ah, se os favelados se encontrassem e se reconhecessem em suas semelhanças de desencontros, suas belezas e empoderamentos; nas riquezas da troca; nas suas dores, alegrias. Então nos tornaríamos personagens principais de nossas histórias faveladas, sujeito narrador. Como sonho utópico — distante — de uma união, sem facções, sem rixas. Sujeitos de transformações sociais, históricas e políticas. E quantas mudanças nós alcançaríamos juntos? E quantos sangues derramados poderiam ser poupados? Ah, se a favela soubesse a força que ela tem. (Silva & Costa, 2016, p. 5).

A partir da convocação destas psicólogas pretas e faveladas, como nos agenciamos com esta fala para contribuirmos para processos de organização e transformação da sociedade e da psicologia a partir da favela? Deste lugar,

Silva e Costa (2016) colocam seu território, seus modos de existência e a própria psicologia em questão com a esperança de construir novos caminhos.

Com outra perspectiva, Bartholl (2015) relata em sua pesquisa os modos de funcionamento de algumas organizações de luta e resistência na favela. As organizações identificadas por Bartholl (2015) — Ocupa Alemão, Us Neguin Q Não C Kala, Roça! e a Comunidade Popular Chico Mendes — visibilizam uma variedade de características dos movimentos sociais de base que se articulam a partir das favelas. As organizações citadas anteriormente possuem histórias e aéreas de intervenção bastante diferentes. Algumas têm como foco de atuação a questão econômica, como o coletivo Roça!, que atua na favela da Maré. Outras existem há mais de vinte anos e se articulam nacionalmente com o Movimento de Cultura Popular (MCP). O movimento Ocupa Alemão foi criado em 2013 e tem como objetivo visibilizar as situações de violência e abuso policial. O coletivo de rap Us Neguim Q Não C Kala faz intervenções culturais.

> A atuação dos grupos, em termos temáticos, difere consideravelmente. Um grupo coloca maior peso na dimensão cultural, outro na dimensão econômica, e em sua maioria articulando atividades e temas, que, ao somar-se umas as outras enfrentam a dominação em sua multidimensionalidade econômico-político-sócio-cultural (espacial/-temporal). (Bartholl, 2015, p. 381)

O trabalho de Bartholl (2015) nos faz refletir sobre a importância do mapeamento de organizações populares existentes nos espaços de favelas. Conhecer estes movimentos é entender quais são suas pautas, estratégias de luta e objetivos de transformação social. Com isso, podemos vislumbrar a construção de intervenções comunitárias em psicologia que se articulem com suas propostas. Além disso, podemos perceber o quanto o funcionamento destes movimentos passa ao largo do que temos produzido em psicologia. Estas organizações visibilizam que as favelas se movimentem, se organizem e pautem suas lutas a partir da experiência neste território. Como construir um caminho para a psicologia a partir disso? É o espaço que agencia estes movimentos e é também em relação com ele que a psicologia deve pautar suas práticas comunitárias. Como temos afirmado, essas relações de dominação/subordinação são heterogêneas.

> A diversidade de lutas diante de relações de dominação inter- e trans-/intra-classe implica em uma diversidade de formas, temas e dimensões de resistência o que implica em uma diversidade de práticas espaciais que constituem estas resistências. A diversidade e perspectivas de lutas, em territórios de resistência, leva à necessidade de compreensão — como fato e como horizonte — de sua complementaridade. O desafio permanente para o trabalho de base nas favelas é ler e compreender as relações de dominação-subordinação/resistência e sua espacialização. Quanto mais os grupos conseguem, a partir desta leitura/compreensão tornar o espaço um aliado nas suas lutas, mais fortalecido sairão seu trabalho de base e o território onde atuam e que constroem. (Bartholl, 2015, p. 390)

Estas lutas estão organicamente vinculadas à experiência de habitar um espaço da cidade, pois esta experiência se expressa na usurpação cotidiana da dignidade humana e do direito de viver no espaço urbano. Como afirma Harvey (2014), "é evidente que o urbano funciona como um espaço importante de ação e revolta política" (p. 213). As favelas ganham uma textura diferente pelos processos de marginalização, abandono e violência do Estado, ações que não são identificadas em outros espaços da cidade.

James Holston (2013), ao discutir o processo de urbanização brasileira e a produção de periferias, traz a formulação da uma cidadania insurgente a fim de nomear as novas configurações de lutas populares vinculadas aos espaços periféricos da cidade, que visibilizam processos de pobreza e desigualdade social. As novas organizações dos movimentos de resistência periféricos lutariam pelo simples direito de habitar a cidade e viver com dignidade. Pois a falácia civilizatória das cidades urbanas ganha evidência com a multiplicação das favelas e a usurpação do óbvio direito de existir na cidade. As organizações possuem diferentes formatos e pautas, mas colocam em questão o quanto as favelas e periferias estão distantes da cidade produzida pelo capital.

As reivindicações que ganham corpo no espaço urbano e são protagonizadas por estes que sempre estiveram à margem da cidade e da ilusória inclusão no conjunto de direitos supostamente garantidos pelo Estado são descritas por Holston (2013) como a experiência da cidadania insurgente. Como no Brasil a vivência de cidadania sempre foi diferenciada, pois a construção do conjunto de leis nunca alcançou qualquer patamar de igualdade, os movimentos da cidadania insurgente denunciam esta falácia. Esta abstração de que "todos são iguais perante a lei" foi historicamente construída no Brasil como um ideal transcendente que não consegue ressoar na realidade da maioria da população. A experiência cotidiana como cidadãos deste país nos permite perceber que nos submetemos de maneiras diferentes às regras colocadas, de acordo com nosso pertencimento de raça, gênero e classe social. Os protagonistas destes espaços periféricos questionam os privilégios conservados historicamente para alguns grupos do país.

> (...) a formulação da cidadania diferenciada no Brasil enfatiza ideologias de inclusão universal que na verdade mascaram — no sentido de tornar menos reconhecível — sua maciça distribuição desigual de direitos e recursos. Assim, sua civilidade acentua a inclusão, a acomodação, a ambigüidade e a heterogeneidade como idiomas de relação social, expressos numa variedade de ideologias nacionalistas ('democracia racial', por exemplo), instituições culturais (como o Carnaval) e convenções sociais (entre elas, o jogo de classificação de raças). Quando a cidadania insurgente atropela a cidadania diferenciada, essas formulações dominantes de inclusão se desgastam, e as desigualdades que recobrem se tornam intoleráveis. (Holston, 2013, p. 354)

Portanto, os movimentos provenientes destes grupos, que tomam o chão da cidade como cenário para as suas reivindicações, denunciam as desigualdades a que estão historicamente submetidos no desenvolvimento deste abstrato Estado "democrático e de direito". Como diz Holston (2013), "não é na fábrica ou nas salas de sindicatos ou nas urnas de votação que eles articulam essa exigência com mais força e originalidade. É no domínio do oikos, da zona da vida doméstica" (p. 401) que estes grupos reivindicam sua existência digna na cidade. Para este autor, o que define suas pautas é a "luta pelo direito à vida cotidiana na cidade" (p. 401). Entre as reivindicações por moradia, educação, saúde e segurança, os novos atores políticos se forjam entre mulheres, favelados, pobres urbanos que tiveram sua existência reduzida a "meras vidas" (p. 401). Apesar de compreender que nas favelas cariocas estas lutas não circulam em torno da questão de propriedade de suas casas e reivindicação de lotes residenciais, alguns elementos colocados por Holston (2013) nos fornecem elementos para pensar as organizações populares que têm surgido das favelas cariocas.

Neste sentido, além das organizações identificados por Bartholl (2015), um dos principais líderes dos movimentos de favelas na cidade apresenta em depoimento pessoal[27] uma série de organizações autogestionadas que sinaliza serem os principais movimentos de resistência existentes nas favelas. O pensamento de Holston (2013) pode nos ajudar a refletir sobre os movimentos de insurgência que identificamos nas favelas cariocas. No entanto, é preciso destacar alguns funcionamentos observados nestes movimentos populares que surgem a partir da vida favelada e todas as suas implicações. Estas organizações têm algumas características e pautas em comum. Entre as características estão o protagonismo dos favelados nas organizações, a reivindicação de uma identidade favelada e de um lugar de fala a partir da experiência neste território, a horizontalidade nas relações, a urgência das pautas vinculadas em sua maioria ao extermínio policial, a autogestão das organizações, a luta contra o Estado para a afirmação de uma vida digna e uma descrença em qualquer processo democrático instituído, com a pauta anarquista "Não vote, lute". É importante dizer que as lutas contra o Estado, a denúncia de seu funcionamento racista no Brasil, é a principal pauta destes movimentos identificados com bandeira "Nós por nós". É nos próprios pares e coletivos de favelas que encontram apoio e eco para as vozes que gritam contra a violência do Estado.

Entre os movimentos autogestionados identificados, estão: o curso de Histórias Vivas, produzido na Maré; o Fórum Social de Manguinhos; o grupo de apoio a mulheres vítimas de violência, Mães de Manguinhos; a Rede de Mães contra a violência; o projeto Circulando no Alemão; a organização Raízes em Movimento; o Coletivo Papo Reto; o projeto dos Agentes Pesquisadores de Favelas; o Fella da Favela; a Rede de Instituições do Borel; o Centro Cultural Deley de Acari; o cinema comunitário produzido no morro da Providência; e o movimento de turismo neste mesmo local, chamado Rolé dos favelados. Nesta pesquisa, nos encontramos com os Agentes Pesquisadores de Favelas e conseguimos compreender um pouco destes movimentos insurgentes nas favelas cariocas.

O que é necessário analisar é o distanciamento produzido por intelectuais, instituições de direitos humanos e movimentos tradicionais de

---

[27] Publicação em sua conta pessoal no Facebook.

esquerda dos movimentos de resistência cotidianos produzidos nas favelas. A reivindicação pelo lugar de fala a partir da experiência favelada nos parece ser uma reação a posicionamentos catequizadores e colonizadores de alguns intelectuais e movimentos políticos. Neste sentido, nos lembra Paulo Freire da necessária envergadura que precisamos fazer diante dos saberes e experiências populares se desejamos construir movimentos e lutas, e é claro, uma psicologia, que atenda aos seus interesses. A construção coletiva deve partir de uma suspensão de nossos saberes, supostas verdades, modos de fazer, e uma abertura à experiência popular, suas estratégias de resistência e sobrevivência, para então formular pautas que estejam conectadas com as urgências das lutas populares.

> Se, de um lado, não posso me adaptar ou me "converter" ao saber ingênuo dos grupos populares, de outro, não posso, se realmente progressista, impôr-lhes arrogantemente o meu saber como *verdadeiro*. O diálogo em que se vai desafiando o grupo popular a pensar sua história social como a experiência igualmente social de seus membros vai revelando a necessidade de superar certos saberes que, desnudados, vão mostrando sua "incompetência" para explicar os fatos. (...) Um dos equívocos funestos de militantes políticos de prática messianicamente autoritária foi sempre desconhecer totalmente a compreensão do mundo dos grupos populares. Vendo-se como portadores da verdade salvadora, sua tarefa irrecusável não é propô-la aos grupos populares. (Freire, 1996/2015, p.94)

Mesmo no contexto de um país golpeado, com a destituição da presidente da república eleita em 2014, em que diversas mobilizações nacionais pautavam a luta pela democracia, os movimentos de favela questionavam: democracia para quem? Ao convocarmos todos os brasileiros em tese submetidos os mesmo conjunto normativo do Estado, os favelados denunciavam que o Estado Democrático de Direito nunca existiu nas favelas cariocas. Sempre constituído como um estado de exceção na cidade por todas as violações historicamente dirigidas a estes territórios — em que falta a garantia aos mais diversos tipos de direitos, inclusive o direito de ter direitos e o direito à própria existência —, as favelas nunca compreenderam o grito nacional por democracia. A face que o Estado apresenta às favelas é a violência, a violação de direitos, inclusive os já amplamente considerados os mais básicos direitos humanos. Ao sentir cotidianamente na vida favelada que foram destituídos de qualquer processo de cidadania nacional, baseada nas garantias constitucionais brasileiras, os movimentos de favelas nunca de sensibilizaram com a pauta "Não vai ter Golpe", "Fora Temer" ou "Diretas Já", que se tornaram hinos nacionais nesse período de golpe de Estado[28]. Denunciando que as violências perpetradas pelo Estado independem de quem assume o governo e que os golpes nas favelas são cotidianos, não aderiram às manifestações populares pela restituição do processo democrático brasileiro. Enquanto isso, continuavam com suas manifestações esvaziadas, sem encontrar eco dos movimentos sociais instituídos e partidários, nas ruas das favelas ou da cidade, na luta pela humanização dos seus povos, contra o genocídio dos jovens pretos e contra o extermínio das forças policiais. Neste sentido, Huning e Mesquita (2015), baseados em Holston (2009), afirmam que a existência de uma cidadania desigual ou diferenciada "resulta numa distribuição desigual de direitos políticos, civis e sociais e torna possíveis formas de tratamento que seriam consideradas inaceitáveis em outros espaços e para com outros grupos sociais" (p. 30).

A fim de concluir este capítulo, como fazer ecoar na psicologia brasileira todos estes discursos e práticas que envolveram a favela historicamente para então pensarmos na construção de intervenções sociais e comunitárias articuladas com estes processos? Como construir uma perspectiva popular em psicologia a partir da experiência favelada, conectados com estas formas de cidadania insurgente? Como temos articulado nossas práticas com esses movimentos de resistência? Como produzir uma abertura à experiência e nos sensibilizarmos com as vozes que reivindicam apoio para pautas que não costumam produzir aderência tanto das práticas comunitárias instituídas em psicologia como dos movimentos sociais?

---

[28] Estamos chamando de golpe de Estado a destituição da presidenta Dilma Roussef, eleita em 2014 pelo Partido dos Trabalhadores, por um processo fraudulento de impeachment.

CAPÍTULO III

Narrativas sobre os (des)encontros entre psicologia e favela na cidade do Rio de Janeiro

Eu não estou interessado
Em nenhuma teoria
Em nenhuma fantasia
Nem no algo mais
Nem em tinta pro meu rosto
Ou oba oba, ou melodia
Para acompanhar bocejos
Sonhos matinais

Eu não estou interessado
Em nenhuma teoria
Nem nessas coisas do oriente
Romances astrais
A minha alucinação
É suportar o dia-a-dia
E meu delírio
É a experiência
Com coisas reais

Um preto, um pobre
Uma estudante
Uma mulher sozinha
Blue jeans e motocicletas
Pessoas cinzas normais
Garotas dentro da noite
Revólver: cheira cachorro
Os humilhados do parque
Com os seus jornais

Mas eu não estou interessado
Em nenhuma teoria
Em nenhuma fantasia
Nem no algo mais
Longe o profeta do terror
Que a laranja mecânica anuncia
Amar e mudar as coisas
Me interessa mais

[ALUCINAÇÃO , BELCHIOR]

Neste capítulo apresentamos, a partir de narrativas, os encontros entre a psicologia e a favela na cidade do Rio de Janeiro que aconteceram durante todo o percurso da pesquisa, de abril de 2013 a abril de 2017. Não houve, portanto, um momento de "coleta de dados", apesar desta previsão inicial. A sustentação de um campo que se estende por toda a pesquisa se justifica pela inspiração fornecida no contato com a realidade, em nosso caso, com a favela. Neste trabalho, o campo é a pesquisa. E não parte dela ou um adendo a ela. Por isso, as narrativas ganham o contorno de um capítulo. O contato com o campo forneceu toda inspiração na escrita deste livro. Portanto, não havia livro sem campo. Se as orientações acadêmicas aconselham o encerramento de uma coleta de dados para a elaboração da análise, não foi isso que conseguimos fazer. No entanto, o protagonismo que o campo e esta conexão com a realidade se expressam em um texto que traduz as intensidades e texturas destes encontros múltiplos, inacabados, paradoxais. O campo é a pesquisa-realidade-favela.

As narrativas traduzem, ao menos, quatro dimensões destes encontros que tive ao longo de quatro anos: os encontros com diversas favelas (que revelam histórias anteriores a este texto); os encontros com os profissionais de psicologia que atuam em favelas; os encontros com os movimentos sociais de favelas; e os encontros com os alunos (as) moradores de favelas no processo de formação em psicologia.

De acordo com estas dimensões, o capítulo tem como objetivo apresentar a experiência destes encontros a partir de narrativas, com alguns comentários da autora sobre o processo de pesquisa. Além disso, pinçamos linhas de análise, algumas pistas do que estes encontros nos permitiram pensar sobre as práticas psicológicas e seus efeitos em atuações comunitárias, as questões relativas à própria atividade de pesquisa e o processo de construção de uma perspectiva popular em psicologia a partir do encontro entre psicologia e favela, o que estamos chamando de *psicologia favelada*. Este capítulo, portanto, não pretende sistematizar análises a partir de referenciais teóricos apresentados anteriormente. Como analisar os encontros entre psicologia e favela? A partir de quais referências? Há um acúmulo de teóricos que analisam as articulações entre psicologia e favela? Analisar a favela a partir de Foucault? Martín-Baró? É claro que, como já dissemos, os autores nos servem de inspiração, mas não como grade de análise.

O que precisamos pensar é qual é a função destas narrativas no texto? Elas servem para sustentar argumentos apresentados anteriormente pelos autores-referência? As narrativas funcionam como uma abertura, um convite à reflexão sobre os múltiplos encontros possíveis entre psicologia e favela e à criação de novos modos de ser, estar e fazer psicologia. Por isso, ao final de cada texto apresentamos algumas pistas, analisadores, que os encontros entre a psicologia e a favela nos permitem pensar sobre a utópica e processual *psicologia favelada*.

Este caminho foi traçado a partir dos percursos que se foram desenhando a partir de um corpo pesquisadora-psicóloga ou vice-versa em diversas favelas na cidade do Rio de Janeiro, a saber: Vigário Geral, conjunto de favelas da Maré, morro do Borel, favela do Cerro-Corá, Cantagalo. O trabalho de campo se apresenta como uma *bricolage* de diferentes ferramentas metodológicas e diferentes percursos que foram ganhando corpo pelo caminho da pesquisa — experimentei de fato o *hodos metha*, um método que se faz no caminho.

> A metodologia, quando se impõe como palavra de ordem, define-se por regras previamente estabelecidas. Daí o sentido tradicional de metodologia que está impresso na própria etimologia da palavra: metá-hódos. Com essa direção, a pesquisa é definida como um caminho (hódos) predeterminado pelas metas dadas de partida. Por sua vez, a cartografia propõe uma reversão metodológica: transformar o metá-hódos em hódos-metá. Essa reversão consiste numa aposta na experimentação do pensamento — um método não para ser aplicado, mas para ser experimentado e assumido como atitude. Com isso não se abre mão do rigor, mas esse é ressignificado. O rigor do caminho, sua precisão, está mais próximo dos movimentos da vida ou da normatividade do vivo, de que fala Canguilhem. A precisão não é tomada como exatidão, mas como compromisso e interesse, como implicação na realidade, como intervenção.
> (Passos, Kastrup & Escóssia, 2015, p. 10/11)

Mesmo sem considerar que a escrita deste capítulo se realizou de forma ensaística, nos inspiramos em Larrosa (2003) quando afirma a processualidade do caminho que percorremos ao realizar uma pesquisa.

Como nos versos de Antônio Machado: "caminhante não há caminho senão estrelas no mar. Caminhante, não há caminho, o caminho se faz ao caminhar". Digamos que o ensaísta não sabe bem o que busca, o que quer, aonde vai. Descobre tudo isso à medida que anda. Por isso, o ensaísta é aquele que ensaia, para quem o caminho e o método são propriamente ensaio. (p. 112)

Se antes previa que os elementos de análise desta pesquisa só seriam extraídos a partir de entrevistas com profissionais de psicologia, percebi que meus encontros com o território eram múltiplos e podiam fornecer elementos fundamentais para pensar os enlaces entre a psicologia e a favela. Por isso, diários de campo, entrevistas, depoimentos e oficinas com os diferentes personagens que encontrei neste percurso compõem o material analisado nestes diferentes espaços. Entendi que o encontro exclusivo com profissionais de psicologia com o objetivo de mapeamento e descrições de práticas não configurava de fato a minha questão e não contemplava os múltiplos encontros entre psicologia e favela que estavam acontecendo durante o percurso da pesquisa. Entrevistei profissionais de psicologia em Vigário Geral, mas há muito mais a dizer sobre meu percurso nesta favela. Ou seja, há um encontro de uma psicóloga com a favela e há também um encontro com profissionais de psicologia e suas práticas.

Os (des)encontros com as favelas na cidade do Rio de Janeiro com o objetivo de realizar esta pesquisa estão em curso desde o primeiro contato com o campo em outubro de 2013. Com a interrupção durante boa parte de 2014, retomamos o trabalho em dezembro deste mesmo ano. Como já explicitamos na introdução, a escolha inicial dos territórios atendeu minha proximidade com contatos que facilitariam a entrada e permanência no campo. Inicialmente, foi justamente a partir destes contatos que realizei as primeiras visitas a Vigário Geral. Esses personagens são articuladores fundamentais para o trabalho de campo adquirir fluidez e consistência. Depois de um tempo de percurso em Vigário Geral, fui me aventurando por outros caminhos e multiplicando as fontes deste trabalho de campo. Percebi que a circulação por estes dois espaços não respondiam as questões desta pesquisa. Sem a possibilidade de prever a transformação, a aventura por novos caminhos mudou de forma significativa o escopo e as questões colocadas por este trabalho.

Arrisco dizer que o deslocamento destas questões aconteceu pouco antes do processo de qualificação, quando comecei a acompanhar o projeto "Agentes Pesquisadores de Favelas" no morro do Borel. As questões despertadas por este encontro me fizeram desenhar novos percursos na pesquisa, quando fui convocada a pensar não só nas práticas psicológicas em favelas, mas também na minha posição ético-política enquanto pesquisadora de favelas. Durante esta pesquisa, lecionando em duas universidades (uma pública e outra privada), fui mais uma vez convidada a refletir sobre os enlaces entre a psicologia e a favela no encontro com alunos em seu processo de formação. Ao debater estas questões em sala de aula e encontrar como interlocutores alunos moradores de favelas, percebi que realizar essa discussão entre os psicólogos favelados em formação seria mais uma pista sobre como construir a favelização da psicologia e seus caminhos por uma perspectiva popular. A convocação por promover debates relativos aos enlaces favela e psicologia resultaram na construção da oficina *Psicologia e Favela* com alunos em formação de diferentes universidades que tinham em comum o fato de serem moradores de favelas na cidade do Rio de Janeiro. Além disso, fui farejando profissionais envolvidos com práticas em favelas que não necessariamente estavam nos territórios previamente previstos para a pesquisa de campo e que podiam fornecer analisadores de práticas comunitárias que sinalizassem menos captura e mais insurgência.

Acho importante sinalizar que, a princípio, o planejamento do trabalho de campo consistia em fazer um contato com algumas lideranças locais que pudessem me apresentar o território e indicar instituições que tivessem psicólogos. Quando encontrasse os profissionais *psi*, apresentaria a pesquisa com a proposta de acompanhar algumas de suas ações e agendar posteriormente uma entrevista. E foi assim que o trabalho transcorreu em Vigário Geral. Consegui fazer contato com as principais instituições, acompanhar a ação de alguns psicólogos no território e realizar entrevistas.

Em resumo, este capítulo vai apresentar as narrativas dos múltiplos encontros entre psicologia e favela realizados ao longo de quatro anos. Além das falas em entrevistas e depoimentos de profissionais *psi* que encontrei durante o percurso, temos a análise do encontro com os Agentes Pesquisadores de Favelas e a oficina de profissionais em formação, já que são dois elementos fundamentais nos deslocamentos produzidos nesta pesquisa.

A apresentação das narrativas será feita a partir de um ordenamento espacial, onde destaco algumas pistas tomadas como analisadores para discutir os encontros entre psicologia e favela. Segundo Passos e Barros (2000), "os analisadores seriam acontecimentos — no sentido daquilo que produz rupturas, que catalisa fluxos, que produz análise, que decompõe" (p. 73).

> Caminhávamos Danilson Pinto e eu com alma aberta ao mundo, curiosos, receptivos, pelas trilhas de uma favela onde cedo se aprende que só à custa de muita teimosia se consegue tecer a vida com sua quase ausência ou negação — com carência, com ameaça, com desespero, com ofensa e dor. Enquanto andávamos pelas ruas daquele mundo maltratado e ofendido, eu ia me lembrando de experiências de minha juventude em outras favelas de Olinda ou do Recife, dos meus diálogos com favelados e faveladas de alma rasgada. Tropeçando na dor humana, nós nos perguntávamos em torno de um sem-número de problemas. Que fazer, enquanto educadores, trabalhando num contexto assim? Há mesmo o que fazer? Como fazer, o que fazer? (Paulo Freire, 1996/2015, p. 87)

Vigário Geral — um punho cerrado corta o ar

Quando fui a Vigário Geral pela primeira vez, fui recebida pela Teresa, uma moradora e liderança local. Telefonei para Teresa, no domingo, dia 27, e então marcamos uma visita a Vigário para o dia seguinte, já que naquela segunda ela estaria de folga do trabalho. O CRAS não funcionaria por ser dia do funcionário público. Teresa trabalha como dinamizadora no Serviço de Convivência e Fortalecimento de Vínculos (SCFV).

Marcamos às 14h na passarela verde, a principal entrada de Vigário Geral. A passarela fica em cima da linha do trem e, ao atravessá-la, já saímos dentro da favela. Vigário beira a linha do trem entre as estações de Vigário Geral e Parada de Lucas. Teresa me esperava do lado oposto ao da favela, em uma rua onde há grande circulação de ônibus e onde eu desci da condução que tinha me levado até lá. Entramos juntas. Ela já me advertia que naquele dia muitas instituições estariam fechadas pelo dia do funcionário público, como a unidade de saúde, o CIEP onde ela trabalha e, naquele momento, até a associação de moradores. Fomos então ao único lugar que parecia funcionar naquele momento, a organização que explora a cultura negra. O símbolo da organização — um punho cerrado que corta o ar — tem dimensões enormes no prédio desta instituição em Vigário Geral. Ele se impõe de forma expressiva para os que circulam em torno da favela, de forma que é possível ver à distância. Símbolo de resistência e luta dos trabalhadores, qual é o sentido do punho cerrado como alegoria desta instituição? Qual é a sua luta? É importante destacar este símbolo, que funciona como um dos analisadores desta pesquisa e deste território. Isso porque, algum tempo depois, durante o trabalho de campo, vou encontrar outros punhos cerrados que cortam o ar e parecem indicar um conjunto de forças diferente em relação ao desta instituição. De qualquer forma, desde o início das visitas a Vigário Geral, esse punho cerrado que me recebia todos os dias, desde o lado de fora da favela, parece me convidar a pensar sobre a favela e suas lutas. Em Vigário, a instituição ornada por este objeto, ambos gigantes frente à dimensão do território, indicaram durante esta pesquisa a dominação e estrangulamento dos movimentos daquela favela.

A organização fica em uma das principais ruas de Vigário, bem próximo à entrada da favela. Mas a primeira instituição que avistamos ao entrar é o Centro Municipal de Saúde (CMS), onde também funciona a Associação de Moradores. Ao chegar, entramos por uma espécie de quadra que fica na frente do prédio onde funciona a instituição. Esta quadra é fechada por correntes nas suas laterais, por onde tivemos que pular para então atravessá-la e chegar à entrada do prédio. Este espaço parece uma arena e ostenta com suas cores e painéis gigantes os seus patrocinadores — a Petrobrás e o Governo do Estado[29].

Ao chegar na recepção, Teresa pede para falar com Maria, segundo ela a principal responsável pela instituição em VG. Depois de autorizadas, subimos alguns andares até chegar à sala onde Maria trabalha. O prédio tem quatro andares, é um espaço aparentemente novo, muito bem estruturado. Quando Teresa me apresenta à Maria e diz que eu gostaria de conhecer o espaço e a instituição, ela diz que daqui a pouco terá uma reunião, mas que outra pessoa fará isso. É aí que me apresenta a Jonathan, uma pessoa que trabalha

---

[29] Vale lembrar que, segundo informações dos próprios funcionários, a instituição perdeu esses patrocínios posteriormente.

na mesma sala com ela. Ainda assim, insisto que gostaria de conversar com a Maria e peço a ela para agendarmos outro dia. Ela pede então que eu volte no dia seguinte, às 14h.

Começamos a visita do prédio acompanhadas por Jonathan, que resolve iniciá-la de cima para baixo, a partir do quarto andar. Jonathan o fez com muita simpatia e disposição, sempre com o cuidado de nos apresentar aos professores e àqueles que encontrávamos no caminho. Desde os banheiros, que são patrocinados pela Natura, até a sala de ensaios Santander, a sala de formação de Djs (alías, uma das mais impressionantemente equipadas), RedBull, brinquedoteca, Futura e Rede Globo etc. No primeiro andar do prédio, em um espaço onde costumam ficar algumas crianças brincando na mesa de totó, ficam dois caixas eletrônicos do Santander. Jonathan nos informa que a quadra por onde entramos era exclusivamente patrocinada pela Petrobrás. É importante nomear as diversas empresas que investem na organização, pois indicam a aliança das boas ações sociais com a produção de lucro na sociedade do capital.

Ao sairmos, Teresa se disponibiliza a continuar me apresentando a favela. Em seguida, vamos ao CIEP onde trabalha com SCFV. Chegamos até a sala onde trabalha, mas está fechada. A sala fica ao lado do pátio da escola, destacada das salas de aula. O CIEP fica bem no limite entre as favelas de VG e Parada de Lucas. Teresa observa que há algum tempo atrás as pessoas não podiam transitar entre um e outro território, mas que agora era "tudo do mesmo dono". Neste momento, VG não tinha uma Unidade de Polícia Pacificadora — UPP e ainda circulava naquele espaço, de forma explícita, o tráfico de drogas. Lá, Teresa lamenta do pequeno espaço que tem para fazer as atividades com as crianças, diz que a sala é pequena e que o CRAS pretende inscrever mais crianças no serviço, mas ela não sabe como o espaço irá comportar. Em cima da porta da sala, me mostra um cartaz de cartolina escrito a mão, com canetinha, por ela mesma, indicando que ali funciona o SCFV. Há também alguns desenhos feitos pelas crianças na parte de fora da sala. Teresa conta que também fazem algumas festas com as crianças, como a festa do Dia das crianças, mas tudo pago com o dinheiro do bolso dela. A fala de Teresa tenta me apresentar a precariedade de suas condições de trabalho e a falta de estrutura institucional para a realização do mesmo. No final desta visita, Teresa me leva à sua casa e me oferece um lanche.

UMA MULHER AKONI

Neste dia, entro em Vigário Geral sozinha. Chego pela passarela verde, por onde passo por alguns meninos do tráfico. Vou direto à organização liderada por Maria, já atrasada para a conversa. A recepcionista pede que uma pessoa me acompanhe até o andar onde fica a sala da coordenação. A circulação no prédio não é livre.

Ao chegar, Maria ainda não está na sala. Uma pessoa chamada Jaqueline diz que vai ligar para avisá-la que estou aguardando. Ao telefone, Jaqueline se refere a Maria como "amiga". Nesta sala, também encontro Jonathan, que me cumprimenta pelo nome. Pego alguns folhetos sobre a instituição que estão na mesa de Jaqueline, mas estão todos escritos em inglês.

Um pouco depois, Maria chega e vamos até um pátio naquele mesmo andar para conversar. A conversa começa um pouco travada, mas depois Maria vai relatando toda a sua história dentro daquela instituição, com direito ao uso de gírias e alguns sorrisos. Desde o dia anterior, não a percebi muito simpática e receptiva. Impressão que se desfez durante essa conversa. Os tópicos que têm iniciado essas conversas são: qual é a história desta instituição; qual é a história daquela pessoa na instituição. Maria relata que está ali há 20 anos. Desde os 13 frequenta a instituição, que funcionava em outro espaço dentro da favela (acho que na Casa da Paz, onde aconteceu a Chacina de VG). O que chamou a sua atenção desde o princípio foi o som da percussão. Mas, naquela época, as meninas só podiam participar dos grupos de dança. Ela começou a fazer as aulas, mas disse que aquilo não era a sua praia. Depois de muito insistir, conseguiu ser a única mulher a entrar no grupo de percussão. Até hoje, além de ser coordenadora, é percussionista e a única mulher a integrar o grupo. Apesar de ter assumido a coordenação, diz que não vai deixar de fazer o que gosta. Maria, desde o início da conversa, diz: "este lugar mudou a minha vida", no sentido que a história da sua vida parece mesmo se confundir com a história da instituição. Preocupa-se em exaltá-la e dizer que "a comunidade precisa dela".

Ao longo da conversa, percebo alguma coisa que escapa a esse discurso de exaltação. Aí está a história do grupo Akoni, que significa "mulheres corajosas e fortes", criado por Maria com mais de 20 meninas. Mas, por uma decisão institucional, o grupo teve de ser desfeito. Ela diz que ficou muito triste, quase saiu da organização, e é triste até hoje por causa disso. Diz que adorava o trabalho e todos achavam o grupo muito bonito. Quando questionada sobre o porquê da dissolução, relata que o grupo tinha a mesma função artística de outros grupos e que era difícil as pessoas quererem contratar um grupo com 20 pessoas para apresentações. Sempre tinha que selecionar algumas meninas e isso era uma situação delicada. Apesar de sua função social, artisticamente não era justificável a existência do grupo segundo os critérios da instituição. Tentou participar de outro grupo feminino que existe, chamado Parvati, mas era um grupo de rock e ela não gostava de ficar tentando adaptar a percussão naquele som. Maria relata essa história com um tom de inconformidade, mas como se, ao mesmo tempo, não pudesse fazer nada em relação a isso.

Conta também como aquele prédio se tornou daquele tamanho. Diz que sua inauguração tem pouco tempo e que foi necessário comprar cinco casas ali do entorno para erguê-lo. Inclusive a sua casa foi comprada. Diz que isso aconteceu com a vinda dos patrocinadores. Conta que já fez alguns cursos com a ajuda da organização, como uma de administração da Unigranrio e outro de espanhol, na própria Espanha. Diz que o Santander patrocina esses cursos no exterior e que várias pessoas já foram. Quando pergunto como é feita essa seleção, ela admite que é por indicação da direção e que foi porque é amiga dos diretores. Neste momento da fala, Maria exalta muito o Santander, diz que as pessoas são muito legais e que é realmente um grande parceiro. Eu pergunto então se o Santander é o maior patrocinador do Afroreggae. Depois de pensar alguns segundos, ela diz que não. O maior patrocinador é o Governo do Estado.

Quantos moradores existem em VG? Diz que são mais ou menos 15.000 em VG e 20.000 em Parada de Lucas. Quando faço essa pergunta, Maria diz que só sabe me responder porque teve uma reunião no dia anterior com a presidente da Associação de Moradores por conta do evento que vai acontecer entre 20 e 24 de novembro, a Feira Literária (FLUPP). A reunião aconteceu para que a Associação avisasse ao tráfico sobre o aumento de circulação de pessoas neste período. E como é a relação com o tráfico? Ela diz: "Com quem a gente está? Com o Governo do Estado. Se eles mexem com a gente, a organização coloca uma UPP aqui dentro". Fico espantada imediatamente com esta afirmação. Tinha uma ideia pré-estabelecida de que o tráfico não "mexeria" com a organização porque ela faria alguma benfeitoria à favela e ele prezasse pelos moradores e seu território. Mas saí também com a convicção de que uma política pública de segurança do Estado pudesse ser implementada por aquela instituição, evidenciado as relações de poder em que está envolvida. Ela afirma que a instituição não é uma ONG, é uma empresa, e associa essa fala ao fato de terem até ponto eletrônico agora, "você precisa colocar o dedinho lá para marcar sua entrada e saída". Os meninos que participam dos grupos artísticos e recebem bolsa também precisam fazer isso. Chegando ao final da conversa, Maria diz que fará uma tatuagem no braço com o nome de seu grupo — Akoni.

Ao sair de Vigário, resolvo passar na Associação de Moradores, já que no dia anterior não tinha conseguido fazer contato com a presidente. Ao chegar lá, ela não está, mas a vejo em uma venda que fica na esquina oposta à da associação conversando com Teresa. Eu pergunto se podemos marcar outro dia a nossa conversa, porque já estava indo embora. Ela me faz entrar na Associação, na sua sala, e em uma conversa rápida, ela diz que trabalha muito e nem sempre está ali na instituição. Diz que é muito amiga de Teresa e que está acostumada com essas meninas "patricinhas" como eu que vão lá fazer pesquisa. O lugar de pesquisadora, sempre questionado durante este percurso, ganha um corpo de análise posteriormente quando encontro os pesquisadores de favela no Borel. Mas, neste momento, só consigo ouvir como uma provocação.

Dentre os diversos elementos de análise que estas primeiras visitas a Vigário me oferecem, destaco o silenciamento e a violência imposta ao movimento de mulheres Akoni. O significado expressivo da palavra que reunia mulheres fortes e corajosas que reivindicam seu espaço de pertencimento a uma instituição e a um lugar são capturados por um funcionamento institucional que, dentre os seus objetivos e os retornos que devem dar aos seus investidores, silenciam estas linhas de fuga. O relato de Maria sobre a criação de um grupo de percussão de mulheres, antes destinadas a um único lugar, o da dança, indica que há algum movimento de criação e libertação silenciado por esta organização, que sobrecodifica o território e seus espaços existenciais. O silêncio é um analisador na favela de Vigário Geral. Hoje, no fim deste percurso, vejo que o silêncio de Maria ecoa em outros, como aqueles produzidos pela FLUPP (relato no tópico a seguir).

Em relação a isso, também destaco a conversa com duas psicólogas vinculadas ao NASF, algum tempo depois. Nesta conversa, quando pergunto se não trabalham com grupos em VG, elas dizem que já tentaram, mas "a coisa não flui aqui, as pessoas não falam das suas questões coletivamente". Ela diz que parece que houve uma troca de facções e há pessoas envolvidas. "A gente foi percebendo que tinha alguma coisa que não deixava o grupo fluir". Uma delas se percebeu atendendo as pessoas individualmente, porque precisavam falar, mas não faziam isso no grupo. Dizem que Vigário Geral é um território sequelado, por causa das sequelas da chacina. Enxerga o expressivo número de transtornos do pânico como decorrentes disso. "Quando se investiga um pouco, percebemos que sempre tem alguma relação com o episódio da chacina". Além disso, diz que VG é um território espacial e simbolicamente esmagado, porque você tem a linha do trem, um viaduto e o rio. Ela diz: aqui é uma caixinha, muito pequeno. O silêncio ecoa de um passado marcado pela chacina de 29 de agosto de 1993, onde 21 moradores foram assassinados por policiais militares.

FESTA LITERÁRIA PARA O POVO?

Estive em Vigário Geral para acompanhar a Festa Literária das Periferias (FLUPP). Entre as questões destacadas para análise nesta experiência, estão as transformações no espaço físico que implicam em novas formas de circulação e ocupação do espaço. Ao chegar a Vigário nesta quinta-feira, logo percebi algumas intervenções no espaço da favela. Não consegui, por exemplo, passar pela quadra, como de costume, para entrar no prédio da organização que sediava o evento. Havia uma espécie de abertura deste lado da quadra, mas fechado com uma grade e com uma pessoa fazendo a segurança. Não era possível passar por ali. Ao dar a volta por outra rua, tive que entrar pelo outro lado da quadra, onde seria a entrada oficial desta "tenda" na Festa Literária (havia alguns espaços na favela onde esta Festa estava acontecendo, além desta tenda principal). Esta entrada fica em uma rua estreita bem em frente à entrada do prédio da organização. Além do fechamento deste espaço, a outra quadra que fica bem no início da favela recebeu um grande palco, bem alto, que podia ser visto por aqueles que passavam por fora de Vigário. Neste palco, patrocinado pela RedBull, aconteceriam os shows que encerravam os dias de debate na Festa Literária.

Entrei na quadra, agora transformada em uma espécie de auditório — com um palco, onde ficavam os palestrantes, e cadeiras em fila escolar — sem nenhuma identificação. A tenda estava, portanto, toda fechada, sem nenhum contato com o espaço externo, equipada com muitos aparelhos de ar-condicionado. Havia duas espécies de portas nas laterais, vigiadas por seguranças. À esquerda, onde havia abertura para uma das principais ruas de Vigário, era possível ver muitos curiosos, crianças, moradores, espiando pelo lado de fora. Apesar de ter feito a inscrição prévia, nenhuma interdição foi feita antes que eu entrasse na tenda. Quando já estava dentro dela procurando um lugar, uma pessoa da organização da Festa (identificada com uma camiseta) me abordou de forma cordial perguntando se eu estava participando do Concurso Universitário (nessas horas percebemos o quanto era óbvio que eu era uma universitária!). Depois me ofereceu um caderno com a programação do evento.

Não sei se fica claro por esta descrição que a circulação nesta tenda não era absolutamente livre. Não para todos. Não era necessário apresentar nenhuma comprovação de que você fez uma inscrição prévia, no entanto, havia um controle da entrada de pessoas que não passava por esse critério. A presença dos seguranças (uniformizados) em ambos os acessos deixava claro que a circulação não era livre. A entrada de crianças e adolescentes era regulada. Os moradores muitas vezes passavam pela porta, espiavam curiosos (por vezes recebiam informação de alguém da organização), no entanto, não entravam na tenda. Talvez não se sentissem incluídos mesmo naquele processo ou nada lhes parecesse interessante. Todos, entretanto, pareciam perguntar: "o que está acontecendo?"

Fui percebendo que a Festa Literária das Periferias não era para os periféricos. Sempre tentando ponderar que aquela era, apesar de tudo, uma boa iniciativa, não conseguia relativizar tanto. A tentativa era entender o que significava aquele evento para aquele território e para as pessoas que viviam ali. A ideia era debater literatura, promover a leitura e, principalmente, incentivar a produção de textos por aqueles que pareciam só passar à espreita. Aqueles que deveriam ser os protagonistas do evento estavam à margem. A Festa não contava com a participação de muitos moradores.

Além disso, depois de algum tempo dentro da tenda, percebi que as cadeiras posicionadas de forma escolar estavam divididas. A parte da frente, relativamente vazia, estava separada da parte de trás por um corredor, onde as cadeiras estavam quase completamente ocupadas por um grupo de jovens da FIA (Fundação da Infância e Adolescência). Havia um esquadrinhamento de ocupação daquele espaço. As pessoas poderiam apreciar a Festa e a literatura, mas de posições diferentes. A circulação não é livre e não é de qualquer lugar que as pessoas podem participar da Festa. Ou à espreita ou na periferia. O que pude observar foi, principalmente, essa transformação no espaço que o evento promovia. Na mudança do fluxo de pessoas que circulavam, na "invasão" que nós fazíamos no lugar que aquelas pessoas moravam e, ao mesmo tempo, em como aquelas pessoas pareciam estar à margem de todo o processo. O fato é que sentia um estranhamento em relação à FLUPP pelas questões descritas. Talvez as mais óbvias. Àquelas que diziam respeito às interferências no território, à circulação de pessoas e às formas como era possível (ou não) ocupar aquele espaço.

Outra questão de destaque nesta experiência diz respeito à forma de estar na Festa. Quais corpos cabem naquele espaço? Havia uma etiqueta a ser seguida para que a participação fosse bem-vinda. Aquelas palestras à luz baixa, em geral no formato bastante "quadrado" e acadêmico em que uma ou duas pessoas falam e as outras ouvem, deveriam ser acompanhadas de um quase silêncio absoluto. A plateia devia desfrutar do seu momento específico para se manifestar, ao final, quando a fala era aberta a todos. Antes disso, qualquer voz, riso ou conversas paralelas ao que estava sendo dito pelos palestrantes eram mal vistas pelo restante do público.

Percebi que essa divisão entre "os públicos" e o funcionamento de sua atenção correspondia à divisão espacial já comentada. Logo no primeiro dia, percebi essa tensão na tenda durante as palestras com a presença dos meninos da FIA, que, sentados nas cadeiras de trás, faziam algum barulho durante as falas. Sentei na última fileira do grupo de cadeiras da frente e percebi que as pessoas diante de mim olhavam para trás e, por vezes, pediam silêncio com aquele chiado característico. Apesar do apresentador elogiar a presença dos meninos no evento, era possível notar que eles causavam incômodo em parte do público. Nos outros dias de Festa, situações semelhantes aconteciam com crianças que participavam da programação neste espaço.

Constato com esta experiência que, além de um controle dos corpos que circulavam (ou não) por aquele espaço, havia um controle sobre a forma como era preciso se comportar para ser aceitável estar ali. Além de dizer quem poderia ou não entrar, caso você entrasse, não era de qualquer forma que poderia permanecer naquele espaço. Era exigido um determinado funcionamento da atenção, sendo necessário estar concentrado e calado nos discursos por vezes monótonos e longos. Esse modelo escolar realmente exige um modo de subjetivação que demanda "adestramento".

Mais uma vez destaco que o silêncio organiza as experiências neste território. O que falam aquelas pessoas? Para quem? Quem pode falar? A sobrecodificação produzida por um "megaevento" na favela se agencia com os silenciamentos presentes no cotidiano. E como nós, psicólogos, nos acoplamos com estas produções? Parece violento ocupar um espaço, mesmo que pela boa causa de promover uma Festa, sem que os donos daquele lugar pudessem circular, falar e participar livremente do evento.

Apesar de ter participado durante três dias da Festa Literária das Periferias (FLUPP) em Vigário Geral, não conheci nenhuma produção literária local. Tanto porque os possíveis autores não estavam nas mesas de debate como porque seus supostos livros também não estavam sendo vendidos. Fantasiei que, se há algum tipo de produção de literatura na favela, ela estaria em evidência neste evento. Dentre as contradições já mencionadas, não posso deixar de destacar o próprio nome da Festa. Chamada em Vigário Geral de Festa Literária das Periferias, a sigla FLUPP significa, na verdade, Festa Literária das Unidades de Polícia Pacificadora, as UPPs. Inicialmente, esse evento só acontecia em "comunidades pacificadas". No entanto, aconteceu em Vigário, onde ainda circulam exclusivamente os traficantes de drogas (não que eles não estejam onde estão as UPPs), que, vale lembrar, desapareceram dos seus lugares habituais nos dias do evento. Então, temos uma festa literária patrocinada pelo governo do Estado em um território supostamente não pacificado. Simbolicamente, exaltamos o projeto de ocupação de favelas pela polícia e sua gestão dos espaços de pobreza com o investimento de bancos e grandes empresas brasileiras.

O que vi com esta experiência foi que existia uma forma de ocupar e estar no espaço. Não era todo mundo que cabia, apesar de todos os espaços vazios. Além disso, as contradições estavam ali, mas não eram ditas. Estavam fora do debate. Pareciam tão evidentes e ao mesmo tempo absolutamente ocultadas pelo "megaevento". É disso a que me refiro também quando falo de silenciamento. Este não se dá só na monopolização de quem supostamente detém e "transmite" a cultura, o que restringe as possibilidades de produção simbólica da vida, mas também na impossibilidade de dizer e elaborar todas aquelas contradições. Aquelas presentes na organização e controle do espaço, nas formas de se comportar, nos seguranças, nos pedidos de silêncio, na ostentação dos patrocinadores (dentre eles o Governo do Estado), no preço alto dos livros, na não participação e no não protagonismo da população. Por isso me perguntei: de quem é, afinal, a Festa Literária das Periferias? Há muitas formas de produzir genocídio. Como diz Luiz Antonio Batista, no clássico texto A atriz, o padre e a psicanalista, sobre nossas presenças camufladas no ato genocida: matamos um povo também quando o silenciamos.

> O fio da faca que esquarteja, ou o tiro certeiro nos olhos, possui alguns aliados, agentes sem rosto que preparam o solo para esses sinistros atos. Sem cara ou personalidade, podem ser encontrados em discursos, textos, falas, modos de viver, modos de pensar que circulam entre famílias, jornalistas, prefeitos, artistas, padres, psicanalistas, etc. (Batista, 1999, p. 46)

UM PSICÓLOGO AO ACASO ENTRE OS SOCORRISTAS

Uma das instituições que acompanhei neste percurso em Vigário Geral foi o Núcleo de Socorristas (NSVG)[30]. Em um sábado pela manhã chego a VG para participar de uma reunião na NSVG. Todos estão em roda na sala que fica no segundo andar de uma casa, logo na rua principal da favela, onde há a descida da passarela verde. Vejo dois homens com uma camisa "Centro de capacitação profissional Paulo Portela — Formação social. Núcleo de Socorristas", um deles já ministrando uma aula, com recurso de projetor, sobre elaboração de projetos sociais. Seis pessoas assistem ao curso, dois

---

[30] Um folder adquirido neste dia diz que "O Núcleo de Socorristas de Vigário Geral (NSVG) foi criado em 2013 como uma organização humanitária de apoio em primeiros socorros. Seu objetivo é desenvolver uma rede comunitária de assistência capaz de prestar o primeiro atendimento de casos simples ou em situações de emergência, facilitando o acesso ao serviço especializado". E esclarece que "o grupo, formado por moradores voluntários de Vigário Geral, observou que, muitas vezes, parentes, vizinhos e amigos de vítimas não sabem o que fazer em situação de emergência. Além disso, o socorro especializado costuma encontrar dificuldades para chegar até quem precisa dele."

homens e quatro mulheres, uma delas acompanhada de seu bebê, todos com a blusa da NSVG. Teresa me apresenta a Adriana[31] como vice-presidente da instituição, ela questiona se vou fazer o curso, e explico minhas intenções. Um dos homens de uniforme pergunta meu nome completo e diz que vai anotar minha presença. O professor diz que aquele era um dos cursos do que eles chamam de formação social. Um é de elaboração de projetos, outro de gestão de RH e, por fim, de gestão de projetos. Passa um exercício para confecção em aula de plano de trabalho para a elaboração do projeto. Aquela não era a primeira aula do curso de elaboração de projetos e a ideia era definir o objetivo da instituição e ensiná-los a captar recursos a partir destes projetos. O NSVG ainda estava se estruturando, enquanto o professor, atenciosamente, acompanha os alunos na atividade e pergunta "Qual é a missão da instituição de vocês? Formar socorristas". Todos sugerem cursos profissionalizantes a serem realizados naquele espaço. Mas o que tem isso a ver com o curso de socorristas? Vanessa observa que só o curso de socorrista não irá atrair as pessoas para a ONG, ao mesmo tempo, outra pessoa diz que a Cruz Vermelha exige a formação de quinhentos socorristas no território. Muita discussão no grupo quanto ao que pretendem fazer daquela instituição — "Cada um quer fazer uma coisa, vamos votar", alguém diz. Quem vai financiar um projeto só de formação de socorristas? Qual é a prioridade do Núcleo? Qual será a primeira ação da instituição? Qual é a essência do Núcleo? Perguntam-se os alunos. Todos os que participam daquele curso têm funções de gestão e administração na NSVG e foram formados em primeiros socorros básicos

---

[31] Tentei manter contato com a Adriana depois, mas sem sucesso. A última vez que marcamos de nos encontrar em Vigário na NSVG, ela se queixou muito de problemas com os membros da instituição e passava naquele momento por um problema na prestação de contas. Havia perdido uma nota fiscal que comprava o gasto de valores repassados pela Cruz Vermelha ao NSVG e isso gerou desconfianças e brigas entre os membros da NSVG. Contou também que estava saindo de VG para ir morar no bairro do Estácio, em uma casa do programa Minha Casa Minha Vida.

pelo Comitê Internacional da Cruz Vermelha (CICV)[32] e pela Cruz Vermelha Brasileira. O professor pondera que eles serão financiados fazendo aquilo que acreditam e que precisam definir o que esta instituição faz de diferente de outras. Apesar dos impasses em relação à elaboração dos projetos, há a proposta de que passem à oficina de monitoramento de projetos. O professor sugere que o grupo se reúna em outro momento para reelaborar o projeto diante de tantas propostas diferentes e divergências. Sou convocada a oferecer alguma contribuição e, ao final, digo que posso fazer esta oficina de elaboração de projetos com eles e deixo meu contato com Adriana. Acho que esta oficina nunca aconteceu. Almoçamos na própria sala a comida feita por Vanessa em sua casa. Todos dizem para eu ficar à vontade, e Adriana me apresenta as outras salas da instituição. Quando me dirijo ao professor, ao final da aula, Rogério se apresenta como psicólogo e me fornece seu contato. Fico surpresa e feliz por ter encontrado um psicólogo no início do trabalho de campo e sem esperar. Depois deste dia não encontrei mais Rogério em VG. O seu trabalho era mesmo pontual, somente naquele curso de formação social. Mantivemos contato por mensagem de telefone e redes sociais até o dia da nossa entrevista.

Na entrevista com Rogério, ele conta que acompanhou mais de perto o Núcleo da Maré, que ainda está em funcionamento. Mas parece que o de VG não prosseguiu. Sempre me perguntei qual era de fato a proposta e o

---

[32] Em uma espécie de cartão postal que recebi neste dia está escrito no verso: "CICV apresenta — Ações em conjunto transformam a comunidade. Desde 2009, o CICV apoia iniciativas em saúde e educação no Rio de Janeiro para beneficiar moradores de comunidades, prevenindo e reduzindo o impacto da violência. O CICV também promove diálogo sobre princípios humanitários, direitos humanos e respeito à dignidade humana com instituições públicas, organizações civis e atores armados a fim de proteger melhor a população. Em Vigário Geral, desenvolvemos os programas *Primeiros Socorros Básicos*, com a Cruz Vermelha Brasileira e o NSVG, *Abrindo Espaços Humanitários,* em conjunto com Secretaria Estadual de Educação (SEEDUC), *Acesso Mais seguro e Apoio em Saúde Mental*, em parceria com a Secretaria Municipal de Saúde (SMS). Entre outras ações, buscamos capacitar moradores em técnicas básicas de primeiros socorros para a formação de uma rede de atenção as emergências; promover tolerância, a solidariedade e comportamentos mais seguros no âmbito escolar; ampliar a segurança de profissionais de saúde no seu trabalho diário, melhorando o acesso aos serviços públicos; e capacitar profissionais de saúde para identificar e assistir moradores afetados psicologicamente por situações de violência". Existem Núcleos de Socorristas em outras favelas: Maré, Parada de Lucas, Vila Vintém.

interesse daquele Núcleo e o porquê de estar naqueles territórios, todos ainda com a presença do tráfico de drogas. Amenizar os efeitos da violência? Com primeiros socorros? Qual era o interesse em formar *socorristas* em Vigário Geral?

Meses depois, eu e Rogério nos encontramos no centro da cidade para uma entrevista em que ele conta sobre a sua formação, cotidiano de atuação e reflete sobre a atuação do psicólogo no contexto comunitário. Ao problematizar a formação em psicologia, ele diz:

> A *prática hoje na assistência social no Brasil está mostrando um novo trabalho, um novo paradigma, como o psicólogo na área social está atuando. E até então você nunca viu isso na teoria, você nunca pegou isso na academia. Então, através da prática, nós vamos estar trazendo pra academia reestruturar sua própria... como é que fala?... grade curricular. Tem que trazer, porque o pessoal tá saindo sem saber o que está fazendo... "que que eu tô fazendo aqui?" É pela formação que não teve, né?*

De fato, ao constatar os limites da formação para atuar no contexto social, Rogério sinaliza uma importante questão. A formação em psicologia entra em análise neste trabalho por diversas entradas. Além do encontro com os alunos favelados em formação, temos a problematização colocada por este profissional que atua no espaço comunitário. Enquanto um psicólogo trabalha com a perspectiva sistêmica e Gestalt-terapia, entende que o alvo de suas intervenções são as famílias. Para Rogério, o principal objetivo é mudar o paradigma de que a psicologia tem um "suposto saber" e entender que aquela família (na instituição em que trabalha há uma centralidade na família como foco de intervenção) tem o saber sobre si e sua vida. A família precisa desenvolver suas competências e não se tornar dependente do técnico. O profissional precisa estar atento às demandas concretas e mediar e promover diálogos, no sentido da resolução de problemas. Identificar ou ajudar a identificar o problema e mediar sua solução. Deve se perguntar: qual é o problema e como pode ser resolvido. Também questiona a dificuldade em medir os impactos sociais de suas intervenções, que efeitos ela produz. A pergunta era quais eram os impactos, e os dois entrevistados aludem à necessidade de medir para saber quais são. O psicólogo fica reticente quando perguntado sobre os objetivos do trabalho.

> Hoje? Aqui? ... [silêncio] Pois é... sempre a gente tem um... como é que foi? Escutei alguém falar isso outro dia e eu gostei... a gente quer um pouco, né? A gente quer ajudar um pouco. Eu olho que... o trabalho é muito mais trazer uma nova mudança, uma nova visão para as famílias e também... principalmente para os técnicos, uma nova visão de como atuar junto às famílias...

O objetivo é trazer uma transformação para as intervenções realizadas, mudar o olhar de tutela que muitas vezes identificamos em atuações comunitárias. Os profissionais, por vezes, alocam na família uma violência que é estrutural, ele diz. Além disso, muitos técnicos ainda têm muito medo de entrar em comunidades. Ao problematizar a violência estrutural, fala sobre a proibição do consumo e o tráfico de drogas, que geram o extermínio de jovens, pretos e pobres.

> A situação problema é essa. Gente, como vamos fazer para resolver? Vamos conversar independente de quem esteja envolvido. Vamos trabalhar essa discussão. Isso é muito radical ainda para hoje, né?! Quem sofre muito ainda... Tem serviço, mas não entra na comunidade, nas favelas por causa da violência, né?! E a violência eu ainda acho que é muito estrutural. E aí, eu aproveito para falar do tráfico. É um jogo sem fim. Na medida do que o estado, né?! Cada vez que eu combato mais o tráfico, o tráfico continua. Porque eu mato os jovens. Eu falo matar porque ultimamente eles estão entrando e atirando para todos os lados e estão morrendo muitos inocentes. Mato os jovens para dizer que estou acabando com o tráfico, mas logo depois aparecem outros. Aí eu vou fortalecer mais a instituição segurança pública. Contrato mais UPP para entrar lá, mas eu continuo matando e aparece outros. É um jogo sem fim. Então, isso não se resolve dessa forma. Para resolver isso teriam que legalizar. Por que não legalizar? Se você legaliza, os traficantes vão virar traficantes legalizados. Não vai ter mais a palavra traficante, vai ser comércio. E o imenso dinheiro que eu gasto com segurança pública eu vou gastar com saúde criando clínicas específicas para os tipos de drogas que existirem.

Com o depoimento de Rogério, é possível perceber que ainda há muito a avançar na formação de profissionais que atuam, por exemplo, na política de assistência social. O funcionamento comum de nossa profissão, mesmo inseridos nestes contextos, é individualizar as questões sociais (Paiva & Yamamoto, 2010), tratar a pobreza como "sujeito psicológico" (Yamamoto &

Oliveira, 2010; Oliveira & Amorin, 2012), ou mesmo, moralizar a organização de famílias e modos de vida distintos dos grupos de elites que costumamos atender e estudar na formação em psicologia. Ou seja, participar com as nossas "ferramentas teóricas" do projeto de governamentalidade dessas famílias pobres, com o uso do constructo, por exemplo, de "família estruturada". Ainda precisamos discutir a não individualização e moralização das questões, mesmo que nos pareça óbvio, porque a formação em psicologia não costuma oferecer ferramentas para análises conjunturais e históricas dos problemas, e nos ensinam a encapsular todas as questões que nos chegam como questões de "sofrimento psíquico". Além disso, precisamos balizar a questão do compromisso social para que ele não represente somente uma ampliação do mercado de trabalho. O que estamos produzindo no campo de atuação das políticas sociais? A que serve o debate sobre identidade profissional que é convocado a partir de um ausência prévia de lugar na política de assistência social? (Yamamoto & Oliveira, 2014; Cruz & Guareschi, 2012, 2014; Macedo & Dimenstein, 2012) Se não há divã, setting, indivíduo, sofrimento psíquico... não há psicologia. Com a construção deste tipo de "identidade profissional", como sustentar um lugar de atuação psicológica em espaços comunitários com todas as suas complexidades e necessárias análises estruturais? Ou os profissionais acham que não há psicologia a fazer nestes espaços, ou produzem estas individualizações, psicologizações e moralizações com o intuito de definir um lugar e um escopo de atuação específico do psicólogo. Portanto, um profissional que escape destas produções e ainda possua algum senso crítico em relação às suas possibilidades de atuação nos parece impressionante, já que a maioria dos profissionais funciona por mecanismos de despolitização das questões *psi* e análises que se restringem a subjetivismos individuais.

Apesar da consciente análise de questões estruturais, Rogério está inserido no terceiro setor e parece adotar a postura de um "novo quixote" (Paiva, 2008) na psicologia quando pretende "resolver os problemas" e "ajudar as pessoas". Mesmo considerando que estas intervenções pontuais possam produzir transformações pontuais no cotidiano, como situar seu trabalho nesta dimensão estrutural que coloca limites às suas intervenções? A que interesses tem servido enquanto trabalhador, com todos os limites de sua inserção na divisão social do trabalho, de uma instituição do terceiro setor?

Como a instituição fortalece os movimentos sociais que lutam contra a violência nas favelas ou pautam a legalização das drogas? Comentando as possibilidades e limites de atuação no terceiro setor e nas políticas sociais, Yamamoto (2007) evidencia o processo de institucionalização das ações comunitárias em psicologia. Se antes este projeto pretendia se articular com os movimentos antidemocráticos, estas práticas estão hoje inseridas no Estado pelas oportunidades de trabalho nas políticas sociais e também com o crescimento do terceiro setor na ascensão de projetos neoliberais no Brasil após a Constituição de 1988. No entanto, como diz Yamamoto (2007),

> o desafio posto para a categoria é ampliar os limites da dimensão política de sua ação profissional, tanto pelo alinhamento com os setores progressistas da sociedade civil, fundamental na correlação de forças da qual resultam eventuais avanços no campo das políticas sociais, quanto pelo desenvolvimento, no campo acadêmico, de outras possibilidades teórico-técnicas, inspiradas em outras vertentes teórico-metodológicas que as hegemônicas da Psicologia. (p. 36)

FERNANDA, OUTRAS MULHERES E OS PERCURSOS NA ASSISTÊNCIA SOCIAL

Na primeira vez que visitei o CRAS de referência para VG conheci Fernanda. Formada em Minas Gerais, aquele era seu primeiro emprego como psicóloga e ela era recém-contratada. Sem uma rotina de trabalho definida, ficou poucos dias no serviço por ter ido participar de capacitações. Pergunta se quero que ela fale de sobre psicologia comunitária ou sobre atuação na política de assistência. As coisas são diferentes, pois na assistência, ela deve se adequar às coisas que já existem, e na psicologia comunitária ela pode inventar. Diz que deseja estudar mais apesar do pouco tempo, já que gasta de duas a três horas para ir e voltar do trabalho. Conta que só foi uma vez à favela de VG para levar os lanches no SCFV e, durante o trajeto, conversou com o motorista sobre as inúmeras vulnerabilidades daquele território. Disse que lá não parecia favela porque era tudo muito limpo ("Não me senti entrando em uma favela"). Combinamos de conversar dali a um tempo, quando sua rotina estivesse estabelecida. No entanto, depois deste primeiro contato, nós nos falamos sempre via mensagens de telefone e e-mails. Logo depois da conversa com Fernanda, a diretora do CRAS entra na sala. Também apresento a proposta da pesquisa e ela diz que está feliz com a aproximação da academia. Quando digo que sou da UFRJ, sugere que Fernanda faça um curso que viu divulgado nas redes sociais sobre psicologia comunitária que acontecerá lá e pergunta se estou sabendo. Como era justamente a proponente e coordenadora do curso, fico surpresa com o encontro entre o curso de extensão e o campo. Fico animada com a participação delas e vejo que não há mesmo como manter o campo isolado das outras dimensões da vida. Fernanda participou do curso de extensão na UFRJ entre os meses de maio e julho de 2015. Às vezes conseguíamos conversar depois da aula e pegar o ônibus juntas de volta para casa. A diretora do CRAS à época participa como convidada em um dia que realizamos uma aula aberta como atividade de greve, discutindo a atuação do psicólogo nos serviços de proteção básica do SUAS.

Desde que nos conhecemos no CRAS, mantivemos conversas por mensagens de celular e e-mail. Logo depois do nosso primeiro encontro, ela me enviou um longo áudio pelo Whatsapp durante a madrugada. Imagino que nossa breve conversa tenha mobilizado algumas reflexões. Nele, questionava se eu iria pesquisar Vigário Geral, o bairro ou a favela, pois para ela todo lugar é comunidade. Disponibiliza-se a participar e contribuir para a pesquisa, mas não sabe se vai conseguir passar a função dela na comunidade. Comenta sobre a ideia da atividade sobre a redução da maioridade penal e diz que não sabe se isso se encaixa com o que estou pesquisando. Fernanda pede que eu passe alguma referência para ela e dê uns toques se o que ela está fazendo está de acordo com a Psicologia Comunitária. Diz que é legal quando alguém avalia e dá um retorno. Entende que estou no lugar de saber sobre o campo instituído e que sua prática deve se encaixar no que está estabelecido por este campo.

Além disso, nos encontramos no curso de extensão semanalmente durante dois meses. Nem sempre conseguíamos conversar depois da aula. Fernanda diz que sexta-feira, o dia do curso, é sempre um dia de muito trabalho, já que precisa se reunir com as orientadoras sociais e fazer planejamento de atividades, e justifica o atraso para as aulas. Queixa-se do grande volume de trabalho e do tempo que demora no trânsito para se deslocar para o trabalho. Quando chega em casa só quer tomar banho e arrumar a marmita para o dia seguinte. Sinaliza que para ela os limites para o trabalho do psicólogo são estas condições concretas em que o trabalho se realiza — muitas horas no trânsito, cansaço. Neste dia discutíamos o texto "O papel do psicólogo", de Martín-Baró, e sobre os alcances e limites do trabalho do psicólogo no contexto social-comunitário, por isso o comentário dela em nossa conversa. Conta sobre a atividade que realizou, em alguns lugares do território de abrangência do CRAS, sobre a redução da maioridade penal. Disse que foi curioso perceber que as crianças eram contra a redução, seu trabalho foi problematizar a questão com os pais e com a orientadora social. Gostaria de fazer a atividade em VG e pergunta qual dia seria melhor para mim. Fala sobre sua angustia ao ver uma criança no ônibus e que seu questionamento é a respeito de seus direitos. Com isso se sente implicada.

Um depoimento interessante que ela fez durante o curso, não durante a aula mas por mensagem, foi revelando que não compartilhava a angústia de seus colegas sobre sua função na política de assistência social. Muitos trabalhadores que participaram do curso se perguntavam sobre o papel do psicólogo nesta política, e isto era um debate recorrente em aula.

> *Não consegui sentir como eles estão sentindo o tal papel do psicólogo. Não quero ser prepotente. Mas as pessoas têm arraigadas outros papéis da psicologia, como a clínica. No CRAS é onde a Psicologia Comunitária sobressai. Na PC existe uma teoria, existe uma técnica e existe uma aplicação disso. É só ir atrás, buscar. A única angústia que na minha vida é gritante é a questão dos direitos. Aqui no Rio, o negócio não berra, grita. No CRAS, todo problema que tem é de políticas públicas. Aí você reclama com quem? Com a Dilma? A gente se depara com coisas, que assim, é o governo. O que a gente precisa é assimilar que a assistência garante direitos e trabalha com pouco, porque é pouco. As minhas ferramentas são transformar aquela pessoa como pessoa de direito. Acho que temos sim subsídios para trabalhar. Quando uma mãe procura um atendimento para o filho que está agressivo porque sofre racismo, eu preciso saber que a questão é social.*

Há algum tempo, conversávamos sobre seu desejo em trabalhar com mulheres. Gostaria de fazer um grupo em todos os territórios de abrangência do CRAS com temas de interesse delas. Fala sobre assuntos previstos no MDS

(Ministério de Desenvolvimento Social), mas se pergunta como irá abordá-los. Pensa na dinâmica do espelho com o disparador "Se enxerga mulher" e nos define como um gênero massacrado. Ela se pergunta:

> *Eu vou conscientizar essas mulheres? Não. Isso é um conceito tão assim, pesado. Paulo Freire que usa né... mas vou conscientizá-las de quê? De que que elas não são conscientes? Será que não estão conscientes mesmo? Será que eu sei mais? Já está tudo tão claro nas nossas vidas, eu acho que ainda mais na delas. É tudo tão sofrido, é tudo tão real. Por que eu tenho que ir lá esclarecer? Qual vai ser o verbo que vou usar para poder agir diante disso? Eu quero despertar esse grupo, quero despertar essas mulheres. Qual vai ser a minha ação? Eu pensei em percepção, porque acho que torna as coisas mais leves. Como elas se percebem e como elas percebem uma infinidade de coisas que não sou eu quem vai delimitar, é o grupo. A percepção não sou eu que tenho que esclarecer. A percepção vem daquilo que ela tem.*

Uma vez, Fernanda me convidou para participar do grupo que realizaria com mulheres em VG. Antes, por email, me enviou a proposta de trabalho e pediu minha contribuição. Eu a respondi com pequenas sugestões. Depois, confirmamos minha presença algumas vezes por mensagem, mas me dei conta no dia que não havia perguntado onde seria a reunião. Pro meu alívio, Teresa me responde prontamente a mensagem indicando que seria na sala do seu SCFV, no CIEP.

Entro então pela passarela branca ao som de uma conversa entre duas mulheres, que estavam com seus filhos uniformizados e eu imaginei que elas iam para o CIEP. Elas falavam em tom alto e pareciam contar uma situação de violência que uma delas sofria em casa. Uma delas dizia: ele está dormindo com a arma embaixo do travesseiro. Deve ser para me matar. Mas não tem jeito não. Ele já foi à igreja, já caiu duas vezes. O demônio que está com ele não vai embora. Ontem deu tiros para o alto e está ameaçando que vai me matar. A outra pergunta: por que os outros homens não o enfrentam? E ela responde: como enfrentar homem armado?

Essa conversa entoa a minha chegada em VG no dia em que estou indo acompanhar uma reunião de mulheres para conversar, dentre outros temas, sobre a violência contra a mulher. Quando chego no CIEP, Tânia já aguarda com algumas moradoras do lado de fora de onde acontece o SCFV e reclama pela equipe ter feito o convite muito em cima da hora. A equipe do CRAS ainda não havia chegado, mas isso acontece pouco tempo depois. Chegam a pedagoga, a psicóloga e uma orientadora social de carro. Ajudo a montar o lanche e a descarregar o material. Fernanda propõe fazermos o lanche antes, mas as mulheres desejam iniciar logo o grupo. Ela protagoniza a condução deste encontro. O grupo começa com uma roda de apresentação e exposição dos motivos para participar do grupo. Neste momento, algumas mulheres já falam espontaneamente sobre a violência, outras falam sobre curiosidade e insistência dos filhos pela participação. Um momento descontraído, todas riem. Eu e a equipe também nos apresentamos. O espaço da Teresa é muito valorizado por todos e, por isso, qualquer atividade ali terá como referência o seu trabalho.

Iniciamos a dinâmica do espelho. Nesta, um espalho circula entre as mulheres, que devem sortear uma frase e completá-la quando estiverem com ele: "A mulher no sexo é..., A mulher no trabalho é..., A mulher na comunidade é... A mulher tem direito de..." Este é um momento muito rico da reunião, elas ficam à vontade e relatam diversas situações de violência que sofreram em diferentes situações da vida e o quanto tiveram de ser corajosas para superá-los. Problematizam o fato de sempre sofrerem um julgamento social por certos comportamentos de forma diferente em relação aos homens — o comportamento de sentar em um bar para beber com as amigas, por exemplo. Os homens nunca são julgados por isso. Quando uma senhora fala da necessidade de manter seus cabelos brancos pintados, Fernanda pontua que homens de cabelo branco, em geral, são considerados charmosos, e as mulheres não. Uma delas relata que o marido diz que já trabalha fora de casa e, por isso, não contribui com os serviços domésticos e não deixa que ela mande seu filho ajudá-las com as tarefas — "isso não é coisa de homem". Outra problematiza os comentários entre as mulheres de que o homem procura mulher na rua porque a de casa não dá conta: Não, homem procura mulher na rua porque é safado mesmo, independente do que você faça! Aliviam-se tirando a culpa que sempre carregam pelos comportamentos masculinos.

Ao ser confrontada com a frase, *Ser mulher na comunidade é*, a moradora responde: ser mulher na comunidade é não ser ninguém. Muitas vezes surge na reunião essa diferença entre *morro/favela x asfalto/pista*. Uma mãe relata que seu filho que é criado fora da favela tem comportamentos muito diferentes dos que são criados lá dentro, porque não vê e não ouve muitas coisas.

Os filhos criados fora sempre terão mais e melhores oportunidades. Na reunião, parece circular a ideia de que viver fora da favela é sempre melhor. Na minha vez, preciso completar a frase "A mulher tem direito de..." e falo sobre a liberdade e o problema do julgamento entre as próprias mulheres.

No segundo momento do grupo, pede que elas leiam uma para a outra uma pergunta que está escrita em um pedaço de papel. Mas muitas não entendem ou não compactuam com a dinâmica. É Fernanda que precisa ler as perguntas e as mulheres respondem. O grupo está mais esvaziado, e algumas demonstram cansaço. Neste momento, surgem alguns estigmas relacionados à mulher no trânsito ou como única responsável pelos serviços domésticos. Ao final do grupo, pede que elas escrevam em um papel sobre que temas gostariam de conversar na próxima vez. Uma delas se questiona: Ué, mas nem conversamos sobre os nossos filhos. A mulher que fala isso havia dito no início do grupo estar preocupada por achar que está sendo negligente com seus filhos. Entre os assuntos que surgem, estão: amor ao próximo, os direitos da mulher "juntada", respeito, cursos para as crianças, violência e exploração infantil. Um assunto também bem relevante foi o debate sobre "ser mãe solteira", já que este era um fato comum e corriqueiro para as mulheres e para os homens, mas "ser pai solteiro" era sempre visto como um ato de heroísmo. Naquele contexto, não ser mãe até os trinta anos também é motivo de muito estranhamento e julgamento.

Ao final, vamos fazer um lanche e converso com Fernanda sobre o falecimento de seu pai. Ofereço um retorno também sobre a condução dela na reunião. Uma das moradoras que participa do grupo é uma senhora cadeirante que trabalhava no CRAS e fica no pátio brincando com as crianças. Eles se divertem muito. Saio fortalecida com aqueles sorrisos e a fala daquelas mulheres.

Tento pegar uma carona com a equipe do CRAS, mas não consigo. Teresa resolve me acompanhar até a saída de VG, e passo no posto de saúde para ver se encontro a outra psicóloga do NASF. No caminho, encontramos uma das moradoras que estava no grupo. Ela pede dois minutos de conversa e pede à Teresa alguma oportunidade de emprego e curso para sua filha. Ela tem cinco filhos e teve que mudar de cidade pelas situações de violência que sofria. Recomendo que ela procure o CRAS. Diz que gostou muito do grupo, pois pode falar algumas coisas que ficam engasgadas.

Eu e Fernanda não conseguimos conversar em uma entrevista formal, mas foram muitas trocas durante este percurso. A experiência de acompanhamento desta profissional e suas práticas comunitárias produziram diversas questões. Com uma formação em psicologia comunitária, ela produzia práticas coletivas, que buscavam escapar daqueles parâmetros conservadores da psicologia. Mas preocupava-se em encaixar sua prática no campo comunitário instituído. Fernanda se questiona quanto aos objetivos do seu trabalho e refuta qualquer tentativa de produzir conscientização. Afirma, assim, o protagonismo das mulheres da favela na gestão e nos saberes sobre suas vidas. Sem dúvida, a promoção de um grupo de mulheres no território parece ser uma linha de fuga quanto aos silenciamentos que mencionava anteriormente. Uma brecha no conjunto de forças de um lugar marcado por algumas violências sutis e estruturais. Mas sei que os limites colocados ao trabalho de Fernanda estão impostos por seu vínculo precário e pela sobrecarga de funções na política de assistência social. A garantia de direitos dos usuários, cotidiano do seu trabalho, se estabelece com a ausência da garantia dos mínimos direitos a si mesma enquanto trabalhadora. Portanto, não sei se o grupo de mulheres continuou e os efeitos que conseguiram produzir na vida das mulheres faveladas. Eu, como disse, saí fortalecida dos encontros com Fernanda e, principalmente, com aquele grupo. Certamente, com os deslocamentos produzidos sobre a construção de uma perspectiva popular para a psicologia e seus encontros com a favela, a voz daquelas mulheres era um horizonte. Durante todo o percurso em VG, as intervenções produzidas por Fernanda podem indicar alguma brecha nas dinâmicas da favela. O agenciamento com as mulheres me parece indicar uma linha de fuga em relação à sobrecodificação das relações de força estabelecidas pela megainstituição, seu prédio ostensivo, seu megaevento e um punho cerrado que corta o ar, mas que só reivindica mais lucro aos seus investidores. A luta das mulheres interessa a perspectiva popular.

No entanto, é preciso sinalizar os limites emancipatórios colocados pela política social e nossa atuação profissional. Com quais lutas podemos nos agenciar enquanto trabalhadores das políticas sociais? Como compreender que o trabalho comunitário em psicologia deve se restringir a estes espaços? Quais outros ainda precisamos construir? Como posso fortalecer a luta de mulheres faveladas a partir do trabalho dos grupos de convivência oferecidos pelo CRAS?

Ao se ignorar os limites das políticas públicas, pode-se, facilmente, hipertrofiar o protagonismo do papel da Psicologia em processos de transformação social. Isto é: para se afirmar que a atividade profissional da Psicologia pode contribuir para a emancipação, apresenta-se o terreno das políticas públicas e, especialmente, das políticas sociais como espaços que possibilitam o florescimento da emancipação. No entanto, se emancipação não rima com capitalismo, então esperar das políticas públicas contribuições emancipatórias significa esperar que brotem forças de natureza anticapitalista no interior de mediações políticas estatais. (Lacerda Jr, 2015, p. 112)

QUANTO VALE OU É POR QUILO?

Depois de inúmeras tentativas de contato via e-mail institucional, que a própria Joana me forneceu quando a encontrei em Vigário, resolvi procurá-la nas redes sociais. A busca foi bem-sucedida, e só conseguimos retomar o contato com este recurso. Apesar de sempre demorar a responder, me forneceu um número fixo de contato. Liguei também algumas vezes até o dia em que consegui falar ao telefone. Nesta breve conversa, ela disse que não sabia muito bem como poderia me ajudar na pesquisa já que não trabalhava como psicóloga na organização e sim como gestora de projetos sociais. Insisto no agendamento de uma conversa, e negociamos o local do encontro. Ela pergunta se é necessário que seja em VG, pois está a maior parte do tempo na sede da instituição, no centro da cidade.

Chego no fim da tarde de sexta à sede da instituição que fica na cobertura de um prédio na região da Lapa. Depois de chegar ao décimo segundo andar, ainda é necessário subir um lance de escadas que é ornamentado na parede direita com uma tinta preta e uma linha do tempo com os anos e ações da instituição — 1992 a 2010. A recepção é fechada por uma porta de vidro, e só permitida a entrada com autorização. Digo à recepcionista que agendei com a Joana e, como cheguei um pouco antes, vou aguardar. Nesta breve espera, observo. Na parede da recepção, um painel de fotos. Muitas delas são do líder da ONG com celebridades: Luciano Huck, Xuxa, Fernando Henrique Cardoso e Rômulo Costa (um dos principais e duvidosos nomes do funk carioca). Foram as que pude observar. Atrás da recepção, em algumas placas vejo:

empreendedores; "direitos humanos", na foto de uma criança; e a deusa Shiva em bronze. Há também um painel com símbolos. Patrocinadores institucionais: Odebrecht e Santander. Apoios: Natura, Prefeitura do Rio, Globosat.

Ela diz que quando a encontrei em VG a equipe técnica havia sido desfeita recentemente, pois a instituição entendeu que aquele polo teria somente ações culturais e não sociais. Conta que ficou um tempo na instituição em VG tentando capacitar a coordenação para realizar os encaminhamentos para a rede e explica que, quando chega uma primeira demanda para psicólogos ou assistentes sociais, é feito logo um encaminhamento. A instituição é uma referência no território. Mas, quando um professor (vinculado à instituição) é quem detecta a necessidade de um atendimento, ela e a assistente social vão até o polo, fazem um atendimento e um encaminhamento mais "técnico". Joana diz que era da equipe técnica do polo do Alemão e depois fez um processo seletivo interno para se tornar coordenadora de todas as equipes técnicas. Por isso, teve que desistir do mestrado que havia começado na UFF. Diz que foi uma escolha necessária. Sinalizo que acho melhor marcarmos outro dia, já que gostaria de gravar e conversar com mais calma. Joana olha por alguns segundos o calendário no celular, até que resolvemos agendar para a segunda seguinte ao fim de semana.

No retorno para casa, naquelas televisões do metrô, vejo o anúncio de uma exposição que acontece na estação Pavuna — "Favela tem memória" — promovida pela organização Viva Rio[33]. Curiosa, busco um site com informações. O projeto "Favela tem memória" tem um endereço próprio na internet muito bem ornamentado e tem como objetivo "resgate e preservação da memória social do Rio de Janeiro, através de narrativas e histórias de vida de moradores de favela"[34]. Os parceiros do projeto são o MetrôRio e o Instituto Invepar.

---

[33] Segundo o site da instituição, a Viva Rio, fundada em 1993 por membros da sociedade civil, hoje é "comprometida com a pesquisa, o trabalho de campo e a formulação de políticas públicas com o objetivo de promover a cultura de paz e a inclusão social". Dentre as suas áreas de atuação está o Viva Favela, um projeto de jornalismo que difunde representações da favela e periferias diferentes da mídia tradicional. Vale lembrar que a Viva Rio é uma das organizações sociais contratadas pela prefeitura do Rio para gerir serviços de saúde. Consultado em 05/03/2016: vivario.org.br.

[34] Disponível em http://favelatemmemoria.com.br/sobre-nos/. Consultado em 05/03/2016.

O contato com Joana, psicóloga ou gestora de projetos sociais desta organização de VG que acompanhei durante este percurso, só denuncia sua aliança com a produção de gestão da pobreza.

> A "gestão estratégica da pobreza", que supõe o fortalecimento da capacidade dos pobres para lutarem contra a pobreza como sujeitos desse processo, aposta no crescimento individual e na melhoria das condições de acesso à produção (incentivo à geração de renda), ao microcrédito e, consequentemente, à mobilidade social (por seus próprios esforços pessoais). Isso significa, sob essa concepção de política social, possibilitar a conquista da cidadania para a parcela mais "vulnerável" da população, conferindo aos pobres uma possibilidade de inserção precária, pois como não é possível construir saídas de integração estrutural via trabalho regular em função do padrão de desenvolvimento global excludente, propõe-se essa forma de acomodação. (Mauriel, 2010, p. 177)

No dia em que conversamos com mais calma, Joana diz que está complementando sua formação naquele momento, cursando um MBA em gestão de projetos.

> *A gente faz coisas muito legais, muito interessantes e a gente tem muita dificuldade de sistematizar, de dizer o que a gente faz. E porque a gente não consegue registrar, sistematizar e dizer o que a gente faz, a gente não consegue mensurar, não consegue avaliar. Então, a ideia do MBA é tentar pensar como que o mercado está fazendo, como ele está gerindo seus projetos.*

Como a lógica que organiza o trabalho é gerir e acompanhar projetos, avaliar impacto e mensurar transformações, o curso de MBA pode ajudá-la. A necessidade de avaliar impacto e gerir projetos atende à demanda dos financiadores de avaliar seus investimentos e saber como podem chegar a melhores resultados ou gerar mais lucros. Há um capital em jogo, o capital humano. Corpos pretos e pobres geridos tecnicamente para serem convertidos em lucros aos investidores e donos destas aberrações institucionais que conseguem se travestir de sociedade civil organizada para garantir a reprodução da miséria com as contribuições do Estado e do mercado. Na gestão técnica de projetos, Joana traça estrategicamente perfis de pobreza que podem ser patrocinados.

> E aí, depois eu vim para a gerência de projetos. E aí hoje eu trabalho na elaboração dos projetos. Então assim, todo o projeto que é inscrito e enviado ao patrocinador, ele hoje passa por mim. Então, tem alguém que faz esse relacionamento com o parceiro e desenha um escopo. "Ah! Esse é o tipo de projeto que a gente quer". Aí eu elaboro esse projeto, esse projeto vai para o parceiro. Eu elaboro em cima do que eu vivenciei na prática.

Em contradição com as suas funções como gestora de projetos, Joana diz que adota como referencial teórico a Análise Institucional quando a aposta maior de seu trabalho é no dispositivo coletivo. Mas que diferenças e que coletivos afirmamos com atuações que pretendem produzir lucro a partir da pobreza e da desigualdade social? A proposta teórica de Deleuze e Guattari não pode ser descolada de uma crítica à sociedade do capital (Deleuze, 1992/2010).

> Dentro da psicologia, eu uso muito análise institucional e esquizoanálise. É diferente, por exemplo, não tem como usar a esquizoanálise como ela é pensada para clínica. Mas, eu uso conceitos da esquizoanálise. E muitos conceitos de análise institucional também que me referencia. Sempre pensando na afirmação da diferença. Tendo o coletivo como aposta metodológica. Eu aposto no grupo, aposto no coletivo. São apostas que eu tenho no meu trabalho que eu levo para o meu dia a dia mesmo não estando atuando na ponta.

Quando fala sobre os objetivos de sua função, deixa claro que seu trabalho é gerenciar metas. Quando uma intervenção comunitária em psicologia se transformou em um trabalho de angariar financiadores do mercado, gerir a vida de pessoas para atingir metas colocadas pelos patrocinadores? Isto representa uma implicação com a afirmação de uma vida digna? Em benefício de quem, a serviço de quem?

> Então, meu objetivo dentro dessa função que eu estou hoje é gerenciar as metas, gerenciar o que a gente pactua com quem financia o nosso trabalho. Então, é ver se de fato essas coisas estão acontecendo. Se elas não estiverem acontecendo, porque elas não estão acontecendo e pensar o que a gente faz para dar conta disso. Então, é basicamente isso assim. Eu gerencio a execução das coisas.

O filme *Quanto vale ou é por quilo?* ilustra de maneira expressiva a atuação do terceiro setor nos territórios pobres e favelados. A apresentação da ONG fictícia Sorriso de Criança nos permite analisar de maneira metafórica o trabalho de Joana no terceiro setor. Logo no início do filme, um dos gestores da ONG diz: "Nossa postura tem que ser outra diante do investidor, nossa postura tem que ser muito mais positiva. Quem financia a solidariedade hoje está preocupado com o retorno. Por isso, a imagem do seu produto deve estar vinculado ao êxito". Com isso, diz que a ONG precisa produzir um vídeo com sorrisos e depoimentos otimistas de pessoas atendidas pelos tais projetos. A disputa por um espaço de solidariedade como objeto de investimento expressa o funcionamento orgânico das instituições do terceiro setor. Os investidores precisam de resultados e recompensas por suas ações solidárias, e parece que temos assumido a função técnica de avaliar e medir o alcance de suas ações. Quando o filme relata que uma criança "carente" corresponde à criação de cinco novos empregos e que o dinheiro gasto com cada participante dos projetos sociais daria para comprar um apartamento para ela a cada dois anos, sabemos que os "beneficiários" de todas estas intervenções solidárias não são as crianças pobres e pretas. Estas também se tornaram mercadoria nas negociatas da solidariedade. E, sem dúvida, o processo de "ONGnização" das favelas cariocas atende à necessária gestão da pobreza como produtora de lucro. Afinal, no capital, tudo se transforma em mercadoria, do lixo às pessoas. Como construir uma perspectiva popular em psicologia neste lugar? Como esclarece Montaño (2010),

> afirma-se, no debate sobre o 'terceiro setor', a importância da mobilização popular na sociedade civil, como fundamental para a democratização social. Porém, a lógica de mobilização contida nesse debate é uma lógica gerencial ou, na melhor das hipóteses, de gestão controlada de recursos comunitários para as respostas concretas a demandas pontuais e individualizadas. (p. 277)

Um debate sobre terceiro setor na Maré

Eu não sou da paz. Não sou mesmo não. Não sou. Paz é coisa de rico. Não visto camiseta nenhuma, não, senhor. Não solto pomba nenhuma, não, senhor. Não venha me pedir para eu chorar mais. Secou. A paz é uma desgraça. Uma desgraça. Carregar essa rosa. Boba na mão. Nada a ver. Vou não. Não vou fazer essa cara. Chapada. Não vou rezar. Eu é que não vou tomar a praça. Nessa multidão. A paz não resolve nada. A paz marcha. Para onde marcha? A paz fica bonita na televisão. Viu aquele ator? Se quiser, vá você, diacho. Eu é que não vou. Atirar uma lágrima. A paz é muito organizada. Muito certinha, tadinha. A paz tem hora marcada. Vem governador participar. E prefeito. E senador. E até jogador. Vou não. Não vou. A paz é perda de tempo. E o tanto que eu tenho para fazer hoje. Arroz e feijão. Arroz e feijão. Sem contar a costura. Meu juízo não está bom. A paz me deixa doente. Sabe como é? Sem disposição. Sinto muito. Sinto. A paz não vai estragar o meu domingo. A paz nunca vem aqui, no pedaço. Reparou? Fica lá. Está vendo? Um bando de gente. Dentro dessa fila demente. A paz é muito chata. A paz é uma bosta. Não fede nem cheira. A paz parece brincadeira. A paz é coisa de criança. Tá aí uma coisa que eu não gosto: esperança. A paz é muito falsa. A paz é uma senhora. Que nunca olhou na minha cara. Sabe a madame? A paz não mora no meu tanque. A paz é muito branca. A paz é pálida. A paz precisa de sangue. Já disse. Não quero. Não vou a nenhum passeio. A nenhuma passeata. Não saio. Não movo uma palha. Nem morta. Nem que a paz venha aqui bater na minha porta. Eu não abro. (Marcelino Freire)

Depois de muitos meses de negociação, finalmente consegui ir a Maré conhecer o projeto Luta pela paz e seus psicólogos. Cheguei a Julia por um laço pessoal em comum, mas já tive muitos outros encontros com este território. Uma das favelas mais povoadas de ONGs da cidade, em uma das minhas primeiras experiências de estágio em psicologia, estive na Maré em um dia de trabalho. Fui em outros momentos, por motivos diversos. E tenho um contato com uma comunicadora local e ativa militante do território. A Maré é uma favela enorme, onde é possível se situar a partir das passarelas que cortam a Avenida Brasil. Hoje fui na altura da passarela 9, na rua Teixeira Ribeiro, um das ruas mais movimentadas da favela. Muito comércio, muitos camelôs, barracas de feira, muita, mas muita gente na rua. A favela é um lugar povoado. Cheguei por volta das 14h, em um sol quente, e resolvi ir caminhando por esta rua até o meu local de destino. Minha anfitriã deste dia de campo havia me alertado que seriam uns 15 minutos de caminhada. Confirmo com o moto-táxi da entrada se era aquela mesmo a rua, mas resolvo ir caminhando. Julia também havia avisado por mensagem que não mexesse no celular durante o caminho, mas que eu já devia saber dessas informações. Como havia dizendo, enquanto caminhava pela rua, penso: nossa, quanta gente. Em qual rua da cidade tem tanta gente na rua a essa hora? Tudo bem que aquela era uma rua comercial, mas... Enfim, sigo caminhando, sendo desviada das motos, muitas motos, e sentindo os cheiros diversos que também povoam o local. Favela tem cheiro, como poucas ruas da cidade. Cheiro de feira, peixe, esgoto, maconha... Durante o caminho, vejo alguns pontos de vendas de drogas. O caminho é tranquilo... apesar de sempre ficar apreensiva ao entrar na favela, com medo mesmo. O local que vou fica mesmo no final da rua, onde já tem pouco comércio. O prédio azul é enorme e realmente se destaca na paisagem local. Uma placa grande na fachada não me deixa em dúvida. Cheguei ao Luta pela Paz. Tudo fechado, entro pelo que parece um estacionamento. Para minha sorte, um moço de moto chega no mesmo momento e me indica tocar o interfone. Não consigo me comunicar direito por ele, mas alguém abre o portão. O moço, que deduzi ser um professor de luta, me ajuda na procura por Julia. Pergunto por Julia, a psicóloga. Ele diz: Julia, psicóloga? Acho que não tem. Mas me conduz até o terceiro andar. Em uma sala ampla, com muitos computadores e pessoas trabalhando, ele diz: ela está procurando Julia, psicóloga. As pessoas também estranham e dizem: Tedesco? Eu confirmo e, em alguns segundos, todos riem. E eu também. Alguém diz, sim, a formação da Julia é em psicologia. Ah, mas ela é a diretora! Enfim, pedem para eu aguardar, pois ela está em reunião. Ao final, há duas salas com paredes de vidro destacadas desta sala ampla.

    Depois de pouco tempo, Julia me recebe com um abraço. Eu digo, nossa, finalmente conseguimos nos encontrar. Ela me acomoda em sua sala, senta, pergunta sobre meu filho, e depois me oferece água e café. Pergunta se foi tranquilo chegar, eu digo que sim, que vim caminhando. Ela pergunta: muitas armas, não é? Eu digo que não vi nenhuma, e ela diz: também nem fico olhando muito para o lado.

Começo explicando um pouco a pesquisa, e Julia alerta que aquele está sendo um dia difícil, que a Patrícia, outra psicóloga na instituição acabara de ser demitida, e ela não se sentia à vontade para chamá-la para nossa conversa e nem indica que eu falasse com a Patrícia hoje. Explica brevemente as circunstâncias da demissão, disse que teve que escolher entre uma psicóloga e uma assistente social. Naquele momento, ela fica sem psicólogos, mas diz que pretende voltar com psicólogos no ano que vem. Pede que eu entre em contato depois, diretamente, por outros meios. Mas, enfim, lamenta porque aquele não está sendo um bom momento para a instituição, diz que é um momento difícil. Ainda assim, resolveu manter minha visita e nossa conversa.

Volto a explicar as intenções da minha pesquisa, e ela indica um trabalho de uma conhecida, Mariana, que fez doutorado na USP, sobre a favela de Acari. Ela não sabe muito bem o tema, mas foi uma tese em que MégaZ ou MHZ, um codinome pra Maria Helena Zamora que não compreendi a princípio, participa da banca. Digo que tenho interesse em conhecer, claro. Ela menciona o projeto *Diga aí*, que funcionava ali bem próximo, e eram muitos psicólogos trabalhando no território. O projeto era vinculado à PUC, como se fosse uma extensão, mas saiu recentemente do território, segundo ela, por causa da violência. Para Julia, este também é um momento muito difícil para o território, de muita tensão. Diz que o local viveu a expectativa de implantação da UPP e, enquanto isso, o tráfico estava mais calmo. Hoje em dia, depois da saída do exército, não há mais essa expectativa, há um "crescimento" do poder do tráfico, o que pode gerar conflitos entre facções. Ela diz que a duas ruas dali passa a ser território de uma outra facção. Este é o momento mais difícil para a favela. O projeto *Diga aí* trabalha com psicanálise e não tem relação com MHZ, com quem ela parece ter muita proximidade. Julia se formou na PUC, disse que interrompeu a graduação por um ano, pois não se encontrava naquelas teorias, como por exemplo a psicanálise. Quando voltou, encontrou MHZ com a psicologia e comunidades e a partir daí soube com o que gostaria de trabalhar. Chegou a trabalhar em outra instituição do terceiro setor, mas está lá há 10 anos.

Em algum momento, Julia diz: psicanálise não funciona aqui, eu acho que não funciona! Mas em outro momento diz que no Luta pela Paz sempre trabalharam com psicanálise e que as duas psicólogas eram bem psicanalistas. Paula estava lá há 7 anos, e Janaína foi trabalhar em um projeto especial com

40 meninos egressos do tráfico de drogas. Quando ela diz que psicanálise não funciona, eu pergunto: você diz a psicanálise ou o atendimento individual? Ela diz que acha que os dois não funcionam, não dão conta daquele público, diz que não há como fazer um tratamento contínuo, as pessoas querem resolver as questões de forma mais breve. Ela diz que faz análise durante anos, mas psicanálise não funciona ali. Acha que Patrícia me ajudaria muito em minhas questões, mas... Julia também sinaliza a questão do dinheiro, diz que ali as coisas são de graça e, portanto, também não funcionava aquele outro princípio da psicanálise... aquele que a gente sabe qual é, em relação ao dinheiro... (eu me pergunto, sabe?).

A instituição capacita outros projetos em diversos locais do mundo e do Brasil, repassando sua filosofia de trabalho comunitário. Ao longo dos anos cresceu muito, quando ela entrou, tinham 10 funcionários e hoje têm 100. No território, além daquela sede, há duas subsedes, mas serão fechadas por conta desses cortes que estão sendo feitos na instituição. Fala do trabalho com orgulho e tudo parece funcionar. "Nós não somos 'ongueiros', o Luta pela paz não se perdeu em seus objetivos, como o *Viva Rio*, por exemplo. A gente tem processo, funciona como empresa mesmo, e sabe exatamente o que a gente quer. Depois das demissões, quem ficou, ficou muito comprometido com os valores da instituição". Diz que o objetivo do Luta pela paz é recuperar jovens naquele território de violência. O site da instituição afirma: "Nossa missão: a Luta pela Paz utiliza boxe e artes marciais, combinados com educação e desenvolvimento pessoal, para desenvolver o potencial dos jovens em comunidades que sofrem com o crime e a violência". Julia explica que a instituição tem cinco pilares, que são o seu DNA: boxe e artes marciais, educação, empregabilidade, suporte social e liderança juvenil. Além disso, há a teoria da mudança, onde entendem que as escolhas dos jovens se baseiam em como eles se vêem, como se relacionam e como enxergam seu futuro. Quando focam no desenvolvimento pessoal dos jovens, pretendem transformar suas escolhas.

"Quando o fundador da ONG Luta pela Paz vem me mostrar coisa de TCC (Terapia Cognitivo-Comportamental), eu digo, não, nem vem, nem morta que trabalho com isso", diz Julia). Julia voltou recentemente de um tempo na Inglaterra, país de origem da instituição. Diz que conversou no Skype com um pesquisador que está usando um método parecido com a TCC, mas que parece poder ser aplicado por outros profissionais e não só psicólogos. O pesquisador fez estudos no Paquistão, por exemplo. Depois da conversa, ela confessa que disse que poderia ser interessante. Ao longo do papo, percebo que esta é uma aposta da instituição para um novo projeto de atuação que envolve a psicologia. A aposta é em uma intervenção mais breve e focada nos objetivos da instituição, dentre eles, formar atletas. Julia nunca teve essa função *psi* na instituição, mas entendo que a sua formação lhe dá mais capacidade de lidar com pessoas e situações diversas, e que tem uma escuta "diferenciada". Julia me apresenta todo o espaço da ONG, que é enorme, com várias salas de aula onde funciona um pré-vestibular comunitário. Na saída, ao avistar o prédio da Petrobrás que fica na Ilha do Fundão, lamenta a perda de apoio da empresa de petróleo e diz que a instituição está com muito pouco recurso atualmente e com dificuldades para se manter devido à perda desta expressiva ajuda.

Neste encontro, é necessário colocar em análise, mais uma vez, os alcances e limites de nossa atuação profissional em organizações do terceiro setor e os próprios efeitos destas instituições em favelas. O olhar institucional e profissional para a questão que se apresenta no território parece colonizado por uma série de perspectivas que estrangulam as possibilidades de diálogo e de um encontro com aquela realidade. Codificada desde já como violenta e criminosa, este parece ser o destino de todos que ali vivem. A ONG, claro, cumpre sua função de "salvar" os jovens daquele contexto aterrorizante, carente, contaminado. A profissional, além de psicóloga, com a função de gestora da organização, reproduz os seus princípios e entende que o debate em relação à psicologia consiste em avaliar o quanto é possível ou não realizar um trabalho clínico em favelas. Uma instituição estrangeira, que, apesar de circular no país há umas décadas, não consegue se despir de seu olhar colonizado sobre a população que atende. Em uma perspectiva universalista das intervenções, pretende realizar a mesma atuação em diversas partes do mundo com uma estratégia que pode ser aprendida e copiada por todos para o bem da humanidade. Sem nenhuma má intenção, o dono da empresa/ONG pesquisa um método de intervenção em psicologia que apresente resultados mais rápidos e que estejam de acordo com o DNA da organização e seus interesses. O modelo está pronto. E a psicologia segue o mesmo percurso quando procura uma teoria ou técnica que "melhor" se adapte aos seus interesses.

Qual é o interesse da favela? Recuperar alguns jovens que supostamente vivem sob constante ameaça em um espaço codificado como violento ou transformar suas condições de vida neste local coletivamente? O desenvolvimento pessoal tomado de maneira liberal tangencia os ideais meritocráticos, úteis ao funcionamento do capital. Não se trata de transformar a maneira como os jovens se relacionam mas contextualizar este território em uma sociedade, esta sim, perversa e que os violenta a todo instante, usurpando sua dignidade, direitos e oportunidades. O capitalismo é violento, e as favelas são a expressão de seu mal funcionamento. Recuperar ou salvar jovens somente cumpre funções de "bom mocismo" e não atingem o cerne da questão social. Aqui há uma psicologia que sobrecodifica o território e sua realidade e captura seus movimentos para objetivos institucionais que produzem modos de ser a serviço do capital. Estamos muito longe da luta popular, muito longe de uma abertura à realidade, e, portanto, muito longe de qualquer perspectiva de uma *psicologia favelada*.

Além destas questões, é preciso, mais uma vez, situar a função do terceiro setor em nossa sociedade. Sobre a participação da suposta sociedade civil organizada na gestão estratégica da pobreza, Carlos Montaño (2004) discute a função deste setor do trato à questão social e sua estratégica função no desenvolvimento do projeto neoliberal.

> A estratégia neoliberal tende, sobretudo, a instrumentalizar um conjunto de valores, práticas, sujeitos, instâncias: o chamado "terceiro setor", os valores altruístas de "solidariedade individual" e do "voluntarismo" e as instituições e organizações que em torno deles se movimentam. O capital luta por instrumentalizar a sociedade civil — torná-la dócil, desestruturada, desmobilizada, amigável. O debate sobre o "terceiro setor", como ideologia, transforma a sociedade civil em meio para o projeto neoliberal desenvolver sua estratégia de reestruturação do capital, particularmente no que refere à reforma da Seguridade Social. (p. 58)

Entre as funções do terceiro setor neste projeto, Montaño (2004) destaca a criação do *possibilismo*, um funcionamento ideológico que nos faz acreditar que precisamos nos contentar com o que é possível já que não conseguiremos realizar transformações no que parece imodificável — o neoliberalismo, a globalização. Portanto, "investir em utopias, seria, segundo esta cultura, em vão. Deveria se dedicar a fazer o que é possível ser feito dentro das margens permitidas pelas 'naturais' tendências atuais. Institui-se a ideologia do possibilismo" (s/p.). Consciente de que a vida não espera a revolução, só faremos o que é possível neste mundo? Ou podemos delirar outro mundo possível?

Portanto, se é possível considerar que as diversas instituições de ação social que existem na cidade e nas favelas podem possuir suas boas intenções e representem, para nós psicólogos, alguns dos possíveis locais de emprego, é preciso situar sua participação neste projeto neoliberal. Os limites colocados pelas intervenções comunitárias terceirizadas por este "setor" da sociedade nos convocam a ampliar o debate e a análise crítica sobre o que estamos produzindo. É por esta via que conseguimos construir uma perspectiva popular em psicologia? As práticas identificadas no terceiro setor estão longe de representar a construção de uma *psicologia favelada*.

Maria, Maria, uma força que nos alerta[35] — militância e psicologia no Cerro-Corá

Conheço Ana Maria dos percursos pela universidade e conheci seu projeto no Cerro-Corá pelas redes sociais quando ela arrecadava recursos para a montagem da biblioteca comunitária. Curiosa para conhecer o projeto e sua inserção como psicóloga, marcamos uma visita ao local.

Em um dia muito quente na cidade, marcamos na praça do Largo do Machado para então pegar um ônibus juntas até a subida do Cerro-Corá. Esta favela fica na zona sul da cidade, e eu nunca havia estado lá. Ao descer do ônibus, Ana Maria alerta que a subida será longa e cansativa. Vejo alguns moto-taxistas subindo, mas confio que vou conseguir subir com minhas próprias pernas. De fato, o percurso é exaustivo. Ainda na metade, ficava imaginando quando finalmente chegaríamos ao espaço da Associação de Moradores onde Ana Maria desenvolve os seus projetos naquela favela.

---

[35] Referência à música Maria, Maria (Milton Nascimento).

Chegamos suadas e cansadas, eu ainda mais esbaforida, sem conseguir respirar e com muita sede. Meu corpo não está apto a exercícios físicos exigentes e denuncia logo que para circular pela favela é preciso ganhar um corpo. Aquelas pessoas que vivem ali fazem esse percurso, provavelmente, mais de uma vez por dia. Da próxima vez, vou apostar no moto-táxi.

Ana Maria diz que o espaço está em obras e estavam fazendo multirões para limpar e organizar as salas. Quando chegamos lá, dois meninos já estavam no local em uma espécie de sala de computadores. Ficamos em uma sala com cadeiras escolares, pôsteres de movimentos sociais, um quadro branco... Ana consegue um ventilador e um lanche para começarmos a conversa. Explica então que conseguiram, com o financiamento coletivo, fazer um projeto com uma arquiteta para reformar o espaço. A ideia é que ali funcione um pré-vestibular comunitário e uma biblioteca comunitária com atividades para crianças da favela. Um grupo de pessoas está envolvido, ele é composto por três mulheres, entre elas Ana, que não moram na favela, e alguns jovens que residem ali. Eles se encontraram na militância de um partido político e começaram a tocar este projeto juntos há três anos. Toda quarta-feira se reúnem e dividem as tarefas entre eles. Não há um coordenador ou chefe, e ninguém recebe nenhum tipo de bolsa ou benefício para participar.

Ana Maria conta um pouco de sua história e o porquê do envolvimento com este projeto no Cerro-Corá. Diz que sempre participou de movimentos sociais dentro da igreja, onde foi criada. A partir da teologia da libertação, conheceu as lutas e pautas populares e foi criando um corpo de militante. Entrou na graduação em psicologia com este percurso de militância na igreja e por isso, desde sempre, quis se aproximar das intervenções sociais em psicologia. Fez estágios neste setor, com jovens em cumprimento de medida socioeducativa, por exemplo, e realizou o mestrado na área de Psicologia Social. Participa de movimentos sociais e de um partido político. Chega, portanto, ao Cerro-Corá como militante. Entende que não pode se descolar do seu corpo psicóloga, mas diz que ali não está realizando propriamente um projeto em psicologia ou não está "contratada" como uma profissional *psi*. Nas dinâmicas institucionais, percebe que sua formação atravessa suas intervenções e pretende no próximo ano realizar um atendimento de orientação vocacional com os jovens do pré-vestibular. Diz que ali nunca foi questionada por estar realizando este projeto e não ser favelada. Nunca houve esta questão entre os membros do grupo que ocupam a Associação de Moradores. Ana sobe aquele morro toda semana pela motivação de produzir algum tipo de transformação social.

Ana Maria relata que o objetivo do trabalho no Cerro-Corá...

> *é fazer trabalho de base... da esquerda (risos), é um trabalho político, que pretende organizar a população local. Na verdade, bem resumidamente é isso. Então, tem várias formas de fazer isso e várias coisas foram surgindo. A ideia é a gente abrir o horizonte mesmo da galera. E é fazer junto... então assim, a nossa contribuição de quem está fora é de uma experiência militante que a gente teve oportunidade de experienciar tanto na escola, por causa de grêmio estudantil, no meu caso, por causa da pastoral, e também na universidade... e que eles não tiveram porque não passaram na universidade, porque na escola não tinha grêmio. Então é mais pela nossa experiência organizativa. E eles tem toda a realidade que não sou eu que vivo.*

Com este depoimento, percebemos que Ana Maria compreende que o trabalho que pode realizar naquele espaço é contribuir para a organização popular pela experiência que teve por onde circulou ao longo da vida. Mas, as pessoas que vivem ali "têm a realidade", a experiência real com o território que ela, como não moradora de favela, não tem. O trabalho de base, ao "abrir o horizonte da galera", se aproxima com o que Martín-Baró (1985/1996) chama de conscientização.

> O que importa não é tanto saber codificar e decodificar palavras estranhas, mas aprender a dizer a palavra da própria existência, que é pessoal mas, sobretudo, é coletiva. E, para pronunciar esta palavra pessoal e comunitária, é necessário que as pessoas assumam seu destino, que tomem as rédeas de sua vida, o que lhes exige superar sua falsa consciência e atingir um saber crítico sobre si mesmas, sobre seu mundo e sobre sua inserção nesse mundo. (p. 16)

Quando conversamos sobre que relações Ana Maria vislumbra entre esta intervenção na favela e a psicologia, ela nos oferece o seguinte depoimento.

Sempre que a gente fala que é psicólogo surgem demandas. "Ah, então você que é psicóloga fala aí sobre o comportamento". Uma das pessoas que não era moradora do morro me incentivava muito em fazer clínica. Mas tendo outra bagagem pela minha trajetória na psicologia social, eu fui desconstruindo isso. Isso nunca aconteceu, talvez por uma falta de desejo meu. Não tenho muita vontade de fazer clínica. E é claro que a psicologia atravessa meu trabalho, mas pra quem não conhece a psicologia parece bem sutil. Eu estou lá como militante de esquerda fazendo trabalho de base, mas eu não deixo de ser psicóloga também. Não deixo de ter sensibilidade. Já ouvi que um dos meus papéis importantes dentro do grupo é de escuta, é de acolhimento. Isso tem a ver com a minha personalidade, mas é claro que na psicologia a gente aprende a estar mais atento às pessoas. E de alguma forma eu sou reconhecida por estar neste lugar de acolhimento.

O que nos parece importante colocar em análise no depoimento de Ana Maria é como a psicologia também pode aprender com estes saberes populares. Como este encontro pode produzir uma favelização da psicologia? Como pensar na construção de uma transformação não setorizada na chamada "psicologia social", mas colocar em questão o que temos produzido enquanto ciência e profissão? Sem dúvida, o trabalho de Ana Maria é um ensaio de construção de uma perspectiva popular em psicologia, porque mesmo estando com outra função na favela, não contratada como profissional, Ana Maria não sai deste lugar *psi*. Acho necessário não abandoná-lo, assim como Martín-Baró não o fez. E, sobretudo, não perder o horizonte de transformação social que nos interessa e está ao alcance de nossas intervenções.

Mas é preciso ter manha
É preciso ter graça
É preciso ter sonho sempre
Quem traz na pele essa marca
Possui a estranha mania
De ter fé na vida[36]...

---

[36] Referência à música Maria, Maria (Milton Nascimento).

Racismo, psicologia e transformação no Cantagalo

Conheço Valéria de outros percursos. Somos parceiras de trabalho em um projeto e já tivemos alguns encontros até aqui. Neste dia, finalmente conseguimos agendar uma conversa sobre a pesquisa. Embaixo de uma sombra, no final da tarde, no campus da universidade onde já circulo há mais de uma década, eu e Valéria começamos a conversa despretensiosamente. Conhecendo previamente a história de vida desta personagem que me inspira a pensar a psicologia e a favela e os projetos que Valéria tem na favela do Cantagalo, o diálogo flui tranquilamente e a condução tem um caminho. Minha interlocutora também já conhece o tema da pesquisa.

Ao comentar sobre o grupo de estudos que faz com psicólogas negras em sua casa, Valéria alerta para o perigo de valorizarmos as etiquetas enquanto acadêmicos e militantes. Fala isso em relação ao conceito de afrocentricidade, já que muitas pessoas aderem facilmente ao título de afrocentrado e, no entanto, nunca leram as teorias que circulam em torno deste nome. A que serve se nomear afrocentrado? O que Valéria chama a atenção é para a armadilha que a adesão a títulos e etiquetas pode produzir em nós quando na verdade o que nos interessa é possuir uma identidade estratégica. Não uma identidade que produza homogeneidade e mais especialismos. Afirmar-se afrocentrado deve cumprir uma função além de garantir um lugar em um determinado contexto. Diante disso, aproveito para chamá-la ao tema da pesquisa, já que os problemas colocados em relação à psicologia comunitária se aproximam de suas problematizações.

Ao contar sobre o trabalho que realiza no Cantagalo — o Afrobetizar — e lembrar de outras instituições do terceiro setor em que já trabalhou, Valéria afirma que o trabalho em ONGs serve basicamente à produção de corpos dóceis — "você tem que acalmar as crianças", ela diz. As demandas institucionais são dirigidas aos profissionais a fim de que eles façam uma mediação entre os interesses da organização e as tarefas que as crianças devem cumprir para o alcance dos objetivos da mesma. Não há linha de fuga. Em seu projeto no Cantagalo, Valéria não responde a nenhuma instituição ou patrocinador — "lá é militância", ela diz. E acredita que só assim é possível produzir livremente uma intervenção interessante que atenda aos interesses das próprias crianças e dos seus ideais de combate ao racismo. Com a aparente simples tarefa de fazer com que crianças negras se reconheçam como negras, sua intervenção desvia o destino de muitas crianças condenadas a tomar banho de água sanitária para clarear a pele, como relata os inúmeros casos que já atendeu. Transformar a vida dos jovens que circulam pela favela passa necessariamente por um debate sobre a questão racial.

Valéria, hoje doutoranda, foi aluna da primeira turma da política de cotas na Universidade Estadual do Rio de Janeiro (UERJ). Desde sempre envolvida com os movimentos sociais como estudante, diz que começou este projeto porque precisava retornar para a sua favela alguma coisa que tenha aprendido de psicologia. Nascida e criada no Cantagalo, Valéria diz: "eu sou uma pessoa da favela". Mesmo que na universidade a psicologia tenha abordado pouco as questões que a angustiavam sobre a negritude, a sensação é que ela precisava dar algum sentido a psicologia, a partir de sua aplicação ao local onde nasceu.

No cotidiano de trabalho, Valéria diz que "não disputa crianças". Afirma que como no Cantagalo existem muitas ONGs, geralmente estas disputam as crianças para os seus projetos. Dessa forma, quando chega ao espaço para trabalhar fala: "quem quiser ficar, fica"; "se hoje vocês não estiverem a fim de ficar no projeto, eu vou embora"; etc. Diz que não gosta de ficar enrolando ninguém. Não há controle de presença ou portas fechadas no espaço. Só participam os que realmente desejam. Essa liberdade ela diz que não teria em nenhuma outra ONG. No entanto, pontua que às vezes é difícil sustentar a militância quando tem que passar por algumas adversidades no projeto e não tem o dinheiro como recompensa. Diz: "A gente luta contra o capital, mas precisa de dinheiro para sobreviver. Esse é o problema". Constatando a contradição, Valéria lamenta pela situação de ter que viver com uma bolsa e não ter conseguido se inserir em um lugar como professora.

Ao comentar sobre a ideia da *psicologia favelada*, mesmo sem explicar os debates do livro, Valéria sugere exatamente o lugar que estamos querendo chegar. Ora, só faz sentido uma psicologia favelada que parta da favela para a psicologia, ela diz. Pois é isso mesmo que estamos afirmando. Como uma mulher negra, favelada, Valéria chega à psicologia de outro lugar e, por seu percurso, tem tentado transformar suas práticas cotidianas a partir das questões observadas em seu território. Centrada na questão racial, sua atuação pretende incidir nas dominações subjetivas que agem sobre a favela como um território preto. Por isso, diz que nós precisamos falar sobre esses corpos que estão ocupando a universidade a partir da política de cotas e acredita que isso tem produzido uma profunda transformação na produção de conhecimento. "A favela tem muito de senzala, mas precisa descobrir sua força de aquilombamento" e "as coisas só vão começar a mudar mesmo quando esses favelados e pretos virarem doutores... aí eu quero ver", finaliza Valéria.

Este encontro potencializa as considerações de que para a construção de um olhar descolonizado sobre a favela é preciso estar situado — "o mundo é que se vê de onde se está"[37]. Dos encontros que tivemos nesta pesquisa, Valéria nos permite vislumbrar outras possibilidades para o encontro entre a psicologia e a favela. Sua atuação, militante, de quem é "cria" da favela, nos faz pensar quais as possibilidades de construirmos um horizonte de atuação vinculado à perspectiva popular. Esse olhar só pode ser construído a partir da experiência favelada? A partir de corpos que habitam, e, portanto, conhecem o cotidiano das favelas? Sem dúvida, Valéria encontra a favela como psicóloga de outro lugar, ancorado à sua experiência de vida, e no lugar de um corpo que se constituiu na favela. Seu trabalho parte da realidade e volta a ela. Depois de ter cursado psicologia, sente a necessidade de voltar ao seu lugar para tornar a psicologia "mais concreta", ela diz. Mas é preciso pensar como podemos construir corpos que, se não se constituem na favela, ao menos possam exercitar uma abertura às suas questões. É possível?

Sua experiência nos faz lembrar da fala de Martín-Baró sobre as contribuições dos psicólogos aos problemas dos povos latino-americanos. A despeito de julgar se os esforços de Valéria são inoperantes, eles nos convocam a refletir sobre a necessária implicação política de sua atividade, à margem da atuação profissional como psicóloga. Qual acúmulo temos na psicologia, enquanto ciência e práxis, sobre a realidade dos povos latino-americanos, favelados, negros, indígenas?

> Com base em uma perspectiva geral, deve-se reconhecer que a contribuição da Psicologia, como ciência e como práxis, à história dos povos latino-americanos é extremamente pobre. Certamente, não faltaram psicólogos preocupados com os grandes problemas do subdesenvolvimento, dependência e opressão que agoniam nossos

---

[37] "Encontro com Milton Santos. O mundo global visto do lado de cá." (Silvio Tendler), 2006.

povos. Mas, na hora de se materializar, em muitos casos, essas preocupações tiveram de ser canalizadas por meio de um compromisso político pessoal, à margem da psicologia, cujos esquemas eram inoperantes para responder às necessidades populares. (Martín-Baró, 1986/2009, p. 181)

A revolução dos pesquisadores do Borel — outros punhos cerrados cortam o ar

Papo reto, nosso
vou te passar a visão
já que a real
não se vê na televisão
Essa mídia tem um lado
ser porta voz do Estado
como muitos nos ferrando
se passando de aliado
É chegado a hora
os divergentes se juntar
partimos pro caô
não há quem possa segurar
O problema não é meu, nem seu
é nosso, não sabia?!
punhos cortando o ar
mostram não somos minoria
Hoje o Quilombo vem dizer
Favela vem dizer
A Rua vem dizer
que é NÓS por NÓS
Quilombo, Favela, Rua...

[MANO TEKO]

Eu só pude pensar em uma *psicologia favelada* com uma perspectiva popular encontrando o povo e sua luta. Não é de psicologia que se trata? Este tópico descreve meu encontro com o Fórum de Juventudes do Rio de Janeiro, no lançamento do aplicativo Nós por Nós, e com o projeto Agente Pesquisadores de Favela[38], também protagonizado pela juventude favelada. Além disso, complemento com alguns relatos do encontro "Pra quê e para quem servem as pesquisas nas favelas?", organizado também por militantes e lideranças locais, que aconteceu num dos últimos meses desta pesquisa. Estes encontros complementam as reflexões sobre a possibilidade de construção de uma perspectiva popular em psicologia.

Estes encontros produziram um deslocamento no meu trabalho como pesquisadora e psicóloga, e me fizeram repensar a utilização exclusiva do mapeamento de práticas de psicólogos em favelas como material de análise. O que o encontro com esses jovens favelados pode me ensinar sobre a psicologia? Quantos profissionais circulam nestes espaços e estão ouvindo suas problematizações? A minha primeira impressão ao começar a acompanhar esses jovens foi: a psicologia não está aqui. E pode ser justamente aqui, onde ela não está, que eu possa vislumbrar as possibilidades de criação de sua perspectiva popular.

Quando estive no lançamento do aplicativo Nós por Nós, na sede no sindicato dos professores do centro do Rio de Janeiro, confesso que fiquei assustada. A reunião, protagonizada e organizada por jovens da favela, começa com a canção do Mano Teko, entoada como um hino de luta. "Hoje o quilombo vem dizer, favela vem dizer, a rua vem dizer, que é nós por nós". Fiquei arrepiada. A menina negra com o microfone, à frente daquela sala apertada, pede: "Quem é de luta, levanta a mão!" Punhos cerrados cortam o ar (ela faz o gesto e todos fazem também). A música, inspiração para a criação de uma identidade favelada e para o nome do aplicativo, diz do que se trata. Agora, é nós por nós! Isto diz respeito à criação de um sentimento de pertencimento à favela e criação de uma unidade no fato de todos sofrerem

---

[38] O projeto Agentes Pesquisadores de Favela reúne jovens de 15 a 29 anos de diversas favelas cariocas, em geral estudantes universitários, a fim de construir um protagonismo nas pesquisas sobre o território feitas em sua maioria por intelectuais que não pertencem a ele. Alguns jovens que coordenam o projeto também são do Fórum de Juventudes.

a opressão que emana no território.[39] Pelo fato de serem moradores de favela, isso gera um sofrimento e um protagonismo de fala e de luta. Se você não é favelado, você não pode protagonizar a fala e a luta da favela. Este discurso vem acompanhado de uma série de ressentimentos e acusações contra uma "classe média branca", que, mesmo de "esquerda", acaba "pelegando" quando se trata de apoiar a luta da favela. Alguns veem, portanto, que a possibilidade de diálogo está esgotada e são acusados de sectarismo. A possibilidade de empatia também tem limites. Você que não é da favela, não pode falar sobre ela. Apesar de suas louváveis boas intenções, dizem, não fazer parte do cotidiano e do sofrimento gerado por pertencer ao território já desqualifica e despotencializa seu lugar de fala. E, em última instância, afirmam que quando precisam se proteger e lutar pelos seus, só recebem apoio dos próprios favelados. Isto é o Nós por Nós — "nós precisamos nos fortalecer e nos virar, pois cansamos de esperar apoio das instituições e da 'classe média branca'".

É a primeira vez que tenho contato com o Fórum de Juventudes, que na verdade já existe há quase dez anos. O Fórum tem o apoio de um historiador de cerca de quarenta anos que é também morador de favela. Este personagem eu já conhecia do meu estágio em uma ONG há quase dez anos, e ele é um dos que profere as falas mais enfáticas quanto à necessidade de fortalecimento do "Nós por Nós", acusando o abandono desta "classe média branca". O aplicativo, que serve para denunciar a violência do Estado na favela, em geral perpetrada por policiais, é um dispositivo de luta pela sobrevivência. Eles compartilham táticas de sobrevivência! Como, por exemplo, ligar para um amigo quando estiver sendo perseguido por um policial na favela? Isto pode salvar uma vida naquele contexto e faz parte do cotidiano deles.

Neste dia, várias pessoas foram premiadas por colaborarem com a luta destes jovens no Fórum. Quando a única pessoa da universidade foi premiada, eles disseram: "Porque nem toda universidade é pelega!" Eu, universitária, pesquisadora e branca, me dava conta dos limites dos lugares aos quais pertenço. Quais são as travessias que não conseguimos fazer? Quais foram as passarelas que não consegui atravessar? Para denunciar ainda mais a sensação de distanciamento com aquelas questões e a angústia em perceber o quanto falhamos em construir e colaborar para esta luta, um dos jovens ainda

---

[39] Para mais informações sobre os sentidos do discurso Nós por Nós, ver Gonçalves (2017).

debocha das pessoas que frequentam psicólogos, dizendo o óbvio: psicólogo serve para resolver problema de gente rica. Claro. Universidade e psicologia, antros de elitismo e distanciamento das lutas populares. Como construir um lugar de pesquisa, de produção de conhecimento e uma psicologia que se vinculem organicamente com as questões da favela?

Depois desta reunião, comecei a acompanhar os Agentes Pesquisadores de Favela[40]. Vi uma postagem em uma rede social e achei interessante acompanhar. As reuniões acontecem aos sábados no Morro do Borel, na Tijuca, zona norte do Rio de Janeiro. A cada sábado acontece uma oficina com diversos temas: favela, representatividade, lideranças comunitárias, etc. As oficinas sobre metodologias de pesquisa ainda vão acontecer. Tenho aprendido muito nestes encontros e tento sempre pensar sobre a minha atividade de pesquisa com eles, que ainda se descobrem agentes protagonistas das pesquisas e das lutas em seus territórios. Uma das oficinas foi sobre megaeventos e militarização de favelas e, neste dia, o encontro estava bem cheio. Muitas pessoas que não estão sempre no projeto participaram deste debate, que foi coordenado pelo Fórum de Juventudes. Foi um dos momentos mais expressivos do grupo, onde muitos compartilharam sua indignação e sofrimento pelas violências sofridas cotidianamente. Neste dia, depois de uma jovem contar, aos prantos, quase ao final do encontro, que estilhaços de bala feriram uma pessoa de sua família dentro de casa na favela do Chapadão (um dos locais que mais sofrem com a violência atualmente), surgiu o debate sobre a necessidade de "apoio psicológico" a esses jovens. O historiador que lidera o grupo, mesmo reconhecendo que aquele espaço funciona às vezes como uma "terapia" para os jovens, indica a necessidade de solicitar um "apoio psicológico". Relata que, no último encontro do Fórum, os jovens passaram duas horas aos prantos e estavam muito abalados com a situação de violência em seus territórios. Por isso, haviam solicitado um acolhimento psicológico para estes jovens, que seria feito individualmente ou em grupo. Quando fui colher mais informações desta história, fiquei sabendo por uma amiga, jornalista e líder comunitária da Maré, que ela estava mediando o contato do Fórum com uma sociedade de psicanálise indicada por uma

---

[40] O projeto ganhou um edital da Secretaria Municipal de Cultura pelo coletivo Agência Internacional de Favelas. Tem financiamento do Banco Interamericano de Desenvolvimento.

professora da PUC-RJ, engajada e representante, inclusive, da PSC na cidade. Por que é preciso deslocar a questão ou o sofrimento psicológico daquele grupo? Por que a intervenção deve ser em outro *setting*? Que efeitos ela pode produzir na vida destes jovens, se remeter seu sofrimento exclusivamente a conflitos existências ou a estruturas psíquicas? Além disso, a participação neste projeto colabora para a reflexão: qual é a luta da favela?

Estive presente no terceiro encontro do grupo "Pra que e para quem servem as pesquisas nas favelas?", que aconteceu no mesmo espaço em que nos reuníamos no projeto dos Agentes Pesquisadores, no morro do Borel. Estes encontros são abertos, mas não amplamente divulgados. Participam militantes de favelas, líderes comunitários, estudantes, pesquisadores e professores universitários. Mas o grupo variou de um encontro para o outro. Para quem não está nos encontros presencialmente, há uma gravação e transcrição que é compartilhada com aqueles que têm interesse em discutir os efeitos das suas pesquisas sobre a favela. Com isso, tive acesso às transcrições dos primeiro e segundo encontros.

Os debates realizados trazem um questionamento profundo sobre a história das relações entre pesquisas e pesquisadores com a favela. Definem que existe uma síndrome, dos que chamam elite branca (que define historicamente os pesquisadores), que é o espírito de "Princesa Isabel". Aquelas pessoas que acham que vão entrar no campo de pesquisa para salvar a favela, que vão transformar aquela realidade, com a arrogância de quem não reconhece os limites de seu trabalho. Em que, de fato, a sua pesquisa vai contribuir para mudar aquela realidade? Como são feitos os financiamentos das pesquisas? Será que os temas escolhidos partem das necessidades daquela população envolvida como objeto do trabalho de campo? Como a produção do nosso conhecimento serve ao aparelho do Estado e aos seus mais violentos instrumentos de repressão, como a polícia? Ou seja, pensar que as pesquisas são intervenção, que precisamos restituir os dados coletados ou que sujeito e objeto emergem no campo (Passos, Kastrup e Escóssia, 2015) parece ser o menor dos problemas.

Sinalizam a autocrítica sobre os lugares de privilégio como sendo um exercício constante de quem realiza pesquisas em favelas. Por que há um fetiche tão grande em pesquisar a favela? Quais são os efeitos das pesquisas sobre a favela?

> *Por que as classes populares são sempre o objeto dessa academia que, em última instância, representa um tipo de classe social (que são as classes médias brancas?) na universidade que vai eleger a favela como objeto de pesquisa, que em última instância são as classes pobres. Por que esse interesse? Quem utiliza? Essas pesquisas, muito embora possam parecer que elas não servem pra nada, muitas delas acabam servido sim, servindo ao Estado, o Estado se utiliza dessas pesquisas para orientar suas políticas públicas que os moradores sofrem diretamente. Pode parecer que não, mas as nossas teses e dissertações de mestrado elas também constroem o estereótipo sobre o lugar do mais pobre.*

Além disso, expõem uma questão já colocada na introdução deste trabalho. Desde que comecei a pesquisar psicologia e favela e, de alguma forma, me debrucei mais sobre as narrativas a respeito das favelas existentes na literatura, pude constatar algumas coisas. Uma delas é que a psicologia não estudou a favela, sob nenhum aspecto, ou estudou muito pouco diante das extensas produções das áreas afins (sociologia, antropologia, etc.). Diante das questões, não sei qualificar a nossa participação nas pesquisas sobre as favelas. Sei que nós, nas últimas décadas, temos ocupado este espaço como lugar de intervenção. A outra questão que sempre me incomodou foi descrita por um dos participantes deste debate, este olhar exótico que constrói uma alteridade estranha, diferente e distante entre pesquisadores e favelados:

> *A primeira coisa que a gente pontuou foi sobre o caráter dessas pesquisas nas favelas, que geralmente desde a sua formação, ela parte de um olhar exotizado sobre o favelado, sobre a favela que é muito forte. E esse olhar exotizado que tem muito pouco da antropologia, acaba dando um caráter profundamente elitista e privilegiado dessas pesquisas. Porque na verdade quando o pesquisador da universidade se debruça sobre o tema das favelas, ele vai com aquele olhar já desde o princípio marcado pela hierarquia. Como você analisa de uma maneira bem exótica mesmo, uma coisa zoológica de identificar o ator, como falam os pobres, como andam os pobres, como comem os pobres.*

Em conexão com essa produção, afirmam que "preto, pobre, favelado dentro da universidade é sempre 'outra coisa'", denunciando o estranhamento que seus corpos produzem na academia. Não é possível separar esta sensação das produções extensas sobre a favela a partir deste olhar exotizado.

Parece que sempre fazemos questão de manter a distância entre a pesquisa e a favela, apesar de sua presença constante em nossos textos. Quando estes corpos entram na universidade, um susto: ué, vocês por aqui? Vocês que eu só via na coleta dos dados do campo a cada edital ganho para minha pesquisa? Esta proliferação de narrativas sobre a favela serviu a que e a quem?

No terceiro encontro, o tema deste debate foi a intercessão entre racismo e as pesquisas sobre a favela. O encontro começa com a consolidação de algumas considerações retiradas dos primeiro e segundo encontros. A primeira consideração: "A pesquisa não vai salvar o mundo". Por mais que se faça pesquisa e nós achemos que nossas pesquisas são relevantes, o que este grupo está dizendo é que a sua real capacidade de alterar as suas condições de vida não tem demonstrado relevância no cotidiano. As pessoas continuam morrendo nas favelas, apesar de este ser um tema estudado por diversas disciplinas das ciências humanas há algumas décadas (Valladares, 2005). A segunda consideração: é necessário realmente colocar os moradores de favelas como protagonistas e não como mero colaboradores. Toda a problematização feita por este grupo, em todo o tempo do encontro, vem acompanhada de uma indagação: como resolver? O ímpeto pragmático de encontrar soluções para as urgências do cotidiano e para problemas que já estão cansados de se deparar em suas realidades os faz sempre oferecerem respostas para as suas insistentes perguntas. Aquele cacoete acadêmico de deixar as perguntas no ar, de insistir na capacidade de perguntar mais do que responder, parece que não faz sentido diante de uma realidade que precisa de respostas. Esta não foi uma questão debatida no grupo, mas uma percepção minha diante do seu funcionamento.

Como solucionar estes problemas? Realizando projetos como o dos Agentes Pesquisadores? Construindo cursos de extensão na universidade para jovens moradores de favelas iniciarem a discussão sobre a pesquisa? Começando este debate no ensino médio, nos pré-vestibulares comunitários? O que serão feitas das pesquisas a partir de agora?

Seguindo o debate do terceiro encontro, nos perguntamos: como pensar a questão dos privilégios? O que significa ter privilégios? A fala protagonizada por uma pesquisadora negra afirma que "alguém tem alguma coisa, porque alguém perdeu alguma coisa". Portanto, é preciso aprofundar o debate dos privilégios de maneira dura, fraterna, mas profunda. Como materializar o reconhecimento dos seus privilégios? Porque reconhecê-los, às vezes, pode soar um exercício retórico que só serve para posar de pesquisador "bom moço".

Sempre que participei destes grupos no Borel, me identificava como psicóloga. Não sei se por isso, havia uma fala que buscava sinalizar que aquele era um espaço terapêutico. Falavam de como a relação entre eles e a reunião naquele espaço funcionava a partir de acolhimento, de reconhecimento da dor do outro e que estavam todos adoecidos. O espaço se configura como terapêutico porque os debates relacionados à pesquisa e à universidade são debates sobre seus corpos, sobre suas dores — "ao falar da academia, estamos falando da gente". Neste sentido, dizem que há outra consolidação importante destes encontros "Pra que e para quem servem as pesquisas nas favelas": estes espaços são terapêuticos. Sinalizam que a psicologia deve pensar no sofrimento psíquico envolvido nestes processos. Capturam, como de costume, a psicologia pelo sentido presente no senso comum: terapêutica, clínica, sofrimento psíquico. Mas como nos agenciamos com estas afirmações? Como reconhecer que aquele espaço funciona como dispositivo de cuidado mútuo e que, talvez, a psicologia esteja tão longe destas questões?

Para nós, o que mais se destaca neste debate é a radical e intransponível necessidade de colocar a realidade em primeiro lugar. As urgências que vivem estas pessoas as fazem perguntar, em qualquer circunstância, no que, afinal, as pesquisas podem transformar sua realidade. Há quem entenda este questionamento como um reducionismo utilitarista das pesquisas acadêmicas, denunciando mais uma vez nosso elitismo e incapacidade de reconhecer que quem morre, todos os dias, precisa de estratégias para sobreviver. E estas estratégias estão sendo criadas todos os dias. A articulação com a universidade precisa também atender a esta necessidade. Um dos participantes e líderes deste debate sobre a função das pesquisas nas favelas, quando convocado a ser um interlocutor e avaliador de uma pesquisa em curso sobre o discurso "nós por nós", afirma:

> *O principal em contribuir para a sua pesquisa é, no final do processo, terminar e ver você lado a lado nas nossas lutas. Vocês pesquisam e vão embora. O que a gente deseja é um espaço para criar esta articulação e trazer as pessoas para a nossa luta. Se você se engajar na nossa luta depois do término da pesquisa, este será o resultado que importa.*

A proposta neste texto é pensar a construção de uma perspectiva popular em psicologia, pensar no que a favela pode nos ensinar sobre as lutas e urgências do cotidiano, se articulando de forma contundente com estas reflexões sobre a pesquisa e as favelas. A realidade e a luta do povo são os protagonistas deste debate, e é justamente se agenciando com estes dispositivos que podemos pensar em favelizar a psicologia.

> Qual tem sido a contribuição da Psicologia ao desenvolvimento integral dos povos latino-americanos? Pessoalmente, penso que, resguardadas algumas exceções muito honrosas, a Psicologia e nós, os psicólogos latino-americanos, temos permanecido à margem dos grandes movimentos e das inquietações de nossos povos. (Martín-Baró, 1989/2009, p. 203)

Apesar de toda concretude de suas falas, do ímpeto por tentar construir respostas e soluções aos problemas colocados, dizem que precisam de uma utopia necessária. "A gente pode sonhar porque as utopias são necessárias, se a gente não sonhar a gente não luta". Para mim, ecoa a contundente pergunta: *o que te faz doutora?*

Como diz Totonha, de Marcelino Freire (2015):

> *Capim sabe ler? Escrever? Já viu cachorro letrado, científico? Já viu juízo de valor? Em quê? Não quero aprender, dispenso.*
>
> *Deixa pra gente que é moço. Gente que tem ainda vontade de doutorar. De falar bonito. De salvar vida de pobre. O pobre só precisa ser pobre. E mais nada. Deixa eu, aqui no meu canto. Na boca do fogão é que fico. Tô bem. Já viu fogo ir atrás de sílaba?*
>
> *O governo me dê o dinheiro da feira. O dente o presidente. E o vale-doce e o vale-linguiça. Quero ser bem ignorante. Aprender com o vento, tá me entendendo? Demente como um mosquito. Na bosta ali, da cabrita. Que ninguém respeita mais a bosta do que eu. A química.*
>
> *Tem coisa mais bonita? A geografia do rio mesmo seco, mesmo esculhambado? O risco da poeira? O pó da água? Hein? O que eu vou fazer com essa cartilha? Número?*
>
> *Só para o prefeito dizer que valeu a pena o esforço que o meu esforço? Tem esforço mais esforço que o meu esforço? Todo dia, há tanto tempo, nesse esquecimento. Acordando com o sol. Tem melhor bê-á-bá? Assoletrar se a chuva vem? Se não vem?*

Morrer já sei. Comer, também. De vez em quando, ir atrás de preá, caruá. Roer osso de tatu. Adivinhar quando a coceira é só uma coceira, não uma doença. Tenha santa paciência.

Será que eu preciso mesmo garranchear meu nome? Desenhar só para a mocinha aí ficar contente? Dona professora, que valia tem meu nome numa folha de papel, me diga honestamente. Coisa mais sem vida é um nome assim, sem gente. Quem está atrás do nome não conta?

No papel, sou menos ninguém do que aqui, no Vale do Jequitinhonha. Pelo menos aqui todo mundo me conhece. Grita, apelida. Vem me chamar de Totonha. Quase não mudo de roupa, quase não mudo de lugar. Sou sempre a mesma pessoa. Que voa.

Para mim, a melhor sabedoria é olhar na cara da pessoa. No focinho de quem for. Não tenho medo de linguagem superior. Deus que me ensinou. Só quero que me deixem sozinha. Eu e minha língua, sim, que só passarinho entende, entende?

Não preciso ler, moça. A mocinha que aprenda. O prefeito que aprenda. O doutor. O presidente é que precisa saber ler o que assinou. Eu é que não vou baixar a minha cabeça para escrever.

Ah, não vou.

Psicólogos favelados em formação?

O importante é perguntar-nos se, com a bagagem psicológica de que dispomos hoje, podemos dizer e, sobretudo, fazer algo que contribua significativamente para dar resposta aos problemas cruciais de nossos povos. Porque, em nosso caso, mais que em nenhum outro, tem validade a afirmação de que a preocupação do cientista social não deve centrar-se tanto em explicar o mundo, mas em transformá-lo. (Martín-Baró, 1986/2009, p. 183)

O mundo não é. O mundo está sendo. Como subjetividade curiosa, inteligente, interferidora na objetividade com que dialeticamente me relaciono, meu papel no mundo não é só o de quem constata o que ocorre mas também o de quem intervém como sujeito de ocorrências. Não sou apenas objeto da História mas seu sujeito igualmente. No mundo objeto da História, da cultura, da política, constato não para me adaptar mas para mudar. (...) Constatando, nos tornamos capazes de intervir na realidade, tarefa incomparavelmente mais complexa e geradora de novos saberes do que simplesmente a de nos adaptar a ela. (...) Ninguém pode estar no mundo, com o mundo e com os outros de forma neutra. Não posso estar no mundo de luvas nas mãos constatando apenas. (...) Há perguntas a serem feitas insistentemente por todos nós e que nos fazem ver a impossibilidade de estudar por estudar. De estudar descomprometidamente como se misteriosamente de repente nada tivéssemos que ver com o mundo, um lá fora e distante mundo, alheado de nós e nós dele. (Paulo Freire, 1996/2015, p. 90)

Esta narrativa apresenta meu encontro com alunos moradores de favelas na graduação em psicologia. Como não estava previsto antes neste livro, os caminhos da vida representaram estas tortuosas trilhas no caminho da pesquisa: quando, na metade do doutorado, comecei a lecionar em uma universidade privada na cidade do Rio de Janeiro; e, logo depois, fui contratada como docente temporária na Universidade Federal do Rio de Janeiro. Nos dois espaços, ministrando aulas de Psicologia Social e Direitos Humanos, comecei a ouvir a reivindicação de alguns alunos por seus lugares de fala e seu pertencimento à favela. No contato com estes alunos, surgiu a ideia de realizar um encontro entre eles conectando suas experiências em um grupo. A princípio, a reunião tinha como objetivo discutir a psicologia, suas vivências na formação e seu pertencimento à favela. Esta ideia surgiu no ano passado e, portanto, só conseguimos realizar dois encontros até este momento. A conexão entre os membros aconteceu inicialmente via redes sociais, onde nos comunicamos para agendar os encontros. Um desses encontros será descrito neste tópico, foi o primeiro e aconteceu dentro da universidade. O outro encontro foi cerca de dois meses depois, em uma visita ao Museu da Maré, favela onde moram dois alunos que participam deste grupo. A minha percepção é que eles parecem se sentir fortalecidos neste grupo e encontram lugar para falar sobre questões que ficam silenciadas no cotidiano.

A inserção destes novos corpos na universidade, sem dúvida, nos faz repensar a possibilidade de criação de brechas nesta psicologia hegemônica — esta psicologia instituída na universidade e nas práticas cotidianas. Além disso, como no caso de Valéria, seus corpos foram formados e habitam as favelas no cotidiano e é deste lugar que pretendem questionar as produções em psicologia. Esta experiência, este lugar de fala, deslocou também as reflexões que havia feito a partir dos encontros com profissionais e com alguns territórios. É a partir do encontro com os jovens pesquisadores de favelas do Borel, com alguns movimentos de militância de favelas e com este grupo de alunos que estou apresentando a possibilidade de construção de uma perspectiva popular em psicologia e pensando nos deslocamentos que a favela pode oferecer à psicologia instituída na universidade e no campo de atuação profissional.

Nosso primeiro encontro aconteceu na universidade, no fim de uma sexta-feira. Participaram seis alunos, dois da UFRJ e quatro da universidade privada (estes todos negros). Em uma roda, a conversa foi conduzida e protagonizada por eles. Eu, estranha aos pertencimentos daquele grupo, me senti de fato pouco à vontade para fazer intervenções e perguntas. Ao propor um roteiro, eles rapidamente respondem: "favela não tem roteiro". A suposta autoridade de professora e pesquisadora se dissolveu rapidamente, e eles assumiram a condução do grupo. Suas experiências eram protagonistas. Quem pode falar sobre a favela? Toda a conversa transcorreu com relatos das experiências de corpos que habitam as favelas (todos nascidos e criados em favelas de diferentes regiões da cidade) e os estranhamentos que este pertencimento produz ao ocupar o espaço acadêmico e o curso de psicologia. Mesmo sendo o primeiro encontro, onde nem todos se conheciam, os relatos foram intensos e eles compartilharam vivências de profunda tristeza, violência e o medo da morte que sempre os acompanha. Ao estar no território, o fato de ser universitário não salva seus corpos de serem alvos da violência.

Para começar a conversa, uma ex-aluna da favela da Serrinha diz: "a psicologia torce a cara quando a gente fala de favela e de pobreza. Este curso elitista e branco não fala de favela em nenhum momento". Tendo entrado no curso de psicologia para compreender alguns processos de seu território, ela se sente frustrada por não ter encontrado na psicologia nenhum alento para as suas questões, organicamente vinculadas à favela. Ao mesmo tempo, afirma: "eu sou favela, eu gosto de morar na favela".

Na sua experiência na universidade, dizem que se identificaram mais com o curso de serviço social, pois o curso de psicologia não foi feito para pobre.

Alguém diz: "era um pessoal mais parecido comigo". Os alunos da UFRJ dizem que sempre deixam claro sua origem nas aulas e que as pessoas das favelas que conhecem fazem no máximo o ensino médio. A vida da maioria das pessoas circula entre ter filhos e casar, e não têm tempo para fazer faculdade. Uma aluna da universidade privada diz que quando perguntam por que ela foi para a universidade tão tarde, ela diz: "porque tive que trabalhar desde os 12 anos". Neste momento, afirmam: "a gente está denunciando, mas não é para ter dó, para ter pessoas com lágrimas nos olhos. A gente não é galinha para ter pena. Eu quero é que as pessoas sintam a nossa raiva". Dizem que a universidade tende a romantizar a experiência da favela. Mas, ao mesmo tempo, uma pessoa relata que se reconheceu como favelada depois que entrou na universidade. "Eu tinha vergonha de me associar à palavra favelado", ela diz.

Relatam que a extrema proximidade entre as casas na favela os fazem ouvir e serem ouvidos sempre entre os vizinhos. Não há como não ouvir e também não ser ouvido. Mas se esforçam em afirmar que isso não é fofoca, e sim "uma escuta clínica do território". Ironizando o fato da psicologia sempre reivindicar essa escuta qualificada, dizem que esta escuta eles treinam no cotidiano. "Isto sim é uma escuta analítica", dizem. As conversas dos vizinhos, os barulhos de tiro, os cachorros latindo, as crianças brincando, todos os sons que os permitem identificar o "movimento do território", isto sim os fazem ter uma escuta qualificada. Todos eles, a partir da escuta, conseguem saber como está o espaço onde eles moram. A percepção dos sons é fundamental para a sua sobrevivência. Uma das alunas, que havia terminado de escrever sua monografia recentemente, diz: "eu só conseguia escrever quando ficava angustiada com algum movimento do território". Essa percepção diferenciada do território, que diz "eu conheço a arma pelo som do tiro", e que, ao mesmo tempo, sabe que o problema da favela é o silêncio, produz um corpo que habita a psicologia e a universidade de outro lugar. Conhecer o tiro e o silêncio produz sua escuta. Uma escuta de sobrevivência no lugar que precisam estar todos os dias. Quando a psicologia ouviu e aprendeu com esta escuta?

O medo também é fala comum. Um dos alunos confessa: "perdi as contas de quantas vezes já corri do caveirão, já quase morri quatro vezes". "O barulho de tiro sempre remete às minhas perdas. Quando ouço, sempre penso: algum irmão está morrendo". A dor, a tristeza e o medo constituem os corpos favelados, que agora circulam pela universidade. Todos confessam seus medos. Sobreviver ao genocídio é o que produz suas vidas e o lugar de onde serão, no futuro, psicólogos. Silva e Costa (2016) relatam a experiência do medo com a intensidade de quem o vive todos os dias.

> Quando toca fogos e em seguida ouço o som de uma rajada de uma arma que nem sei distinguir, uma arma que só sei que deve fazer um tremendo estrago devido ao seu barulho, um friozinho corre no meu corpo da cabeça aos pés. A presença de caveirões invadindo nossas ruas, nossa privacidade me causa pânico; minhas pernas ficam trêmulas, parece que quanto mais ando, mas parada estou; respiração ofegante; coração acelerado. Só quem convive com isso sabe qual é a sensação. É uma sensação de morte iminente, um mal-estar muito grande. A impressão que tenho é de que o meu corpo será dilacerado por diversas balas. (p. 27)

Quais questões eles vão colocar à psicologia para fazê-la conhecer, sentir e ouvir esta experiência? Deixo aqui algumas perguntas, mas eles resumem de forma categórica o que são seus corpos na graduação: "A favela arrombou a porta da psicologia!" Agora, parece não ter mais volta.

...

Sei que nada será como antes, amanhã[41]

Tantos caminhos, tantas possibilidades de análise. Aonde chegamos? Onde queremos chegar? Como encontrar pistas para a construção de uma perspectiva popular em psicologia? Elas estão aqui neste texto? Todo este percurso alimentou a necessária crítica que devemos atualizar e radicalizar sobre as práticas comunitárias em psicologia e a discussão sobre quais são nossas reais possibilidades de produzir novos modelos, novas referências, novas perspectivas. Que os encontros se apresentem como abertura na

---

[41] Referência à música Nada será como antes (Milton Nascimento, Lô Borges).

construção deste horizonte, que as "grades de análise" estejam abertas para a possibilidade de uma psicologia por vir...

> Poder-se-ia dizer, e com razão, que todas as profissões em nossa sociedade encontram-se a serviço da ordem estabelecida, e que, nesse sentido, nossa profissão não seria uma exceção. Poder-se-ia também mostrar todos os casos de psicólogos que têm servido e que continuam servindo as causas populares e revolucionárias. Mas esses pontos mostram que, se tomamos como ponto de partida o que psicólogos fizeram ou estão fazendo, não poderemos desbordar uma idéia positivista que nos mostrará uma imagem factual mais ou menos satisfatória, mas que deixará de lado todas aquelas possibilidades que, historicamente, têm sido descartadas. Daí o imperativo de examinar não só o que somos, mas o que poderíamos ter sido, e sobretudo, o que deveríamos ser frente às necessidades de nossos povos, independentemente de contarmos ou não com modelos para isso. (Martín-Baró, 1985/1996, p. 13/14)

CONCLUSÃO

Considerações sobre a construção de uma perspectiva popular em psicologia

quero
escrever-me de
homens
quero
calçar-me de terra
quero ser
a estrada marinha
que prossegue depois
do último caminho

e quando ficar sem
mim
não tereis escrito
senão por vós
irmãos de um sonho
por vós
que não sereis
derrotados

deixo
a paciência dos rios
a idade dos livros

mas não levo
mapa nem bússola
por que andei sempre
sobre meus pés
e doeu-me
às vezes
viver

hei de inventar
um verso que vos faça
justiça

por ora
basta-me o arco-íris

em que vos sonho
basta-te saber que
morreis demasiado
por viverdes de menos
mas que permaneceis
sem preço

companheiros

[MIA COUTO]

> *"Seja o que deus quiser.*
> *Eu escrevi a realidade"*
> [CAROLINA MARIA DE JESUS, 1960]

Escrevo com o desejo de inventar um verso que faça justiça aos que lutam e morrem por sua luta, na tentativa de aproximá-lo dos que reivindicam o direito mais material e concreto de simplesmente existir no cotidiano das favelas cariocas. Eis aqui a proposta de um texto e suas entrelinhas. Sua potência só se materializa se eu puder dizer: morre-se nas favelas cariocas todos os dias! Enquanto escrevo, Fernanda, uma criança de sete anos, foi alvejada por um tiro de fuzil enquanto brincava no terraço de sua casa na Maré, um dos lugares onde estive algumas vezes para realizar esta pesquisa. Quantas crianças morreram durante os quatro anos que escrevi este texto? Então, para que psicologia e favela? Para quem psicologia e favela? Apesar de todas as reflexões apresentadas, quero registrar que a aposta nestes encontros e neste texto se materializa em um único desejo. O que me interessa mesmo é que pessoas parem de morrer.

> Nessas mutilações de corpos, o Brasil fala sobre temas ainda atuais; fala sobre miséria do pobre, a miséria da diferença e de outras mais. Convivemos lado a lado, por essas mutilações, com a expressão crua e seca da violência contra a condição humana. Por meio dos jornais, nossa história é narrada nestes pedaços de corpos, que trazem o cotidiano brasileiro sem metáforas e sem véu, apresentando a qualidade de vida que temos, a vida que nos é negada e os modos de viver que convivem com o medo, com a culpa e com as armas. (Batista, 1999, p. 46)

Falar em *Psicologia Favelada* é apostar que os encontros entre psicologia e favela produzam uma transformação na psicologia, e que esta, por sua vez, possa contribuir concretamente para as questões que afligem as favelas. Mesmo que esta se coloque como uma perspectiva utópica de reconstrução de saberes e práticas, é desta forma provocativa que o nome *psicologia favelada* convoca os leitores a pensarem no processo de favelização da psicologia. Falamos, portanto, sobre a necessária inflexão da Psicologia aos saberes e modos de vida e luta populares para que ela possa se repensar enquanto ciência e profissão. Veja, não pretendemos dizer que a Psicologia, tal como se apresenta, deve oferecer seus conhecimentos à favela. Estamos afirmando que a Psicologia deve e precisa aprender com a favela se deseja construir um caminho baseado em uma perspectiva organicamente popular. Refaço as perguntas: Psicologia, a quem você ouve e a que você serve na cidade do Rio de Janeiro? A sua escuta qualificada ouve os tiros da favela? Ouve seus gritos? Conhece as pautas de sua luta? É de uma utopia real, concreta e necessária que estamos falando. Pois precisamos visibilizar o distanciamento dos conhecimentos e das próprias práticas comunitárias do horizonte de transformação social pautado pelas lutas populares.

É importante dizer que esta pesquisa não se encerra neste livro. E também não começou com ele. O ciclo de dez anos de investigações em Psicologia Social, seu projeto comunitário, comunidades, favelas, Psicologia Popular e as possibilidades de intervenções sociais da Psicologia ganham um contorno final com este texto. Certamente, ele não conclui as questões que giram em torno destes temas e que, em parte, foram aqui apresentadas. Mas, este trabalho cumpre a tarefa de narrar os encontros entre Psicologia e favela na cidade do Rio de Janeiro, e que este recorte nos permita pensar sobre o que estes encontros podem dizer à esta Psicologia, já extensamente desafiada por Martín-Baró pela sua necessária libertação.

Este trabalho deixou de ser um mapeamento de práticas para se tornar uma narrativa dos encontros entre Psicologia e favela que se produziram no percurso. Os encontros apresentados neste livro nos permitem pensar sobre o que tem sido produzido por profissionais de Psicologia em suas atuações nas favelas, mas também sobre como delirar outros encontros entre Psicologia e favela que caminhem no horizonte da *psicologia favelada*.

Este livro se sustentou a partir de um campo problemático, apresentado no primeiro capítulo, a respeito da trajetória dos projetos comunitários no Brasil. Apostamos que, nesta trajetória, é possível identificar algumas pistas sobre a tentativa de construir um projeto popular em Psicologia que desviasse de sua história elitista e conservadora. Este projeto se revela na construção de alternativas a uma Psicologia que, de modo geral, se apresentou, na ciência e na profissão, como um campo burguês, conservador e apolítico. A expressão desta tentativa no Brasil se deu pela simples constituição de uma aproximação do povo (classe trabalhadora, maiorias populares, oprimidos), ímpeto para o surgimento da Psicologia Social Comunitária (PSC).

Pesquisando a Psicologia Social Comunitária (PSC) em sua dimensão teórico-epistemológica, duas críticas foram feitas. 1) Sobre a sua tentativa de constituir mais um especialismo e uma área exclusivamente responsável pelas intervenções comunitárias na Psicologia, quando é mais interessante usar a Psicologia Comunitária como um dispositivo de problematização dos engessamentos teórico-práticos da Psicologia do que defender os limites deste campo como mais um especialismo. A intervenção e a luta comunitária devem atravessar nossa formação e profissão como um analisador do que temos produzido enquanto psicólogos e produtores de conhecimento e não servir de alimento para a formação de técnicas e teorias universais a serem aplicadas a qualquer contexto. Por isso, inclusive, este livro se desloca do campo da Psicologia Comunitária para as favelas e suas práticas, que estão além dos limites epistemológicos da disciplina PSC. 2) Além disso, é possível identificar que a sua trajetória no Brasil sofreu um ajuste conservador. Se, em algum momento, a tentativa de consolidar um projeto comunitário na Psicologia representou uma perspectiva popular, este projeto, ao longo do tempo, aliou-se a referenciais igualmente ou mais conservadores que a Psicologia (tradicional) individualista e intimista. Seu horizonte de transformação está pautado para a melhoria da qualidade de vida, mudanças de comportamento no contexto/meio ambiente, capturadas por ideais individualistas e liberais.

Queremos afirmar com isso que, se o projeto comunitário da Psicologia representou alguma linha de fuga para o que se produzia na Psicologia brasileira em sua proposta inicial, o seu percurso foi capturado, em especial, por estes dois dispositivos: o especialismo e a aliança com a Psicologia Positiva. Portanto, não há como pensar uma alternativa popular para a psicologia a partir do que se apresenta hoje com o nome Psicologia Social Comunitária (PSC).

Como o cenário de formação e produção de conhecimento em Psicologia no Brasil é marcado, majoritariamente, por referenciais hegemônicos e é extremamente conservador, nos parece que ainda é estratégico falar que intervenções comunitárias são contra-hegemônicas e podem nos oferecer um caminho que escape das produções acríticas e apolíticas. Ou seja, o conjunto de produções em Psicologia ainda circula na formulação de um indivíduo isolado, asséptico, flutuante de toda a realidade social, econômica e política de seu contexto. A Psicologia ainda está aliada aos dispositivos de controle, adaptação e individualização, apesar de todo o conjunto de problematizações endereçadas a ela ao longo da história. Do que trata a Psicologia hegemônica? De indivíduos transcendentes, que não pertencem a nenhuma realidade espacial e temporal. Por isso, não interessa à Psicologia nenhuma questão que diga respeito aos movimentos sociais, às lutas populares, à conjuntura política e econômica. Ora, a Psicologia não trata disso... Isso não é assunto para Psicologia, dizem os estudantes e profissionais da área. Este cenário, ainda hegemônico, nos faz pensar que falar em intervenções comunitárias, sejam elas quais forem, nos parece sempre revolucionário. Qualquer psicólogo que esteja fora dos signos da clínica liberal, testes psicológicos, psicodiagnósticos, neurociências etc. parece estar produzindo práticas contra-hegemônicas, politizadas, transformadoras.

Este cenário foi profundamente questionado quando nos tornamos trabalhadores "oficiais" do Estado com a inserção nas políticas sociais (Oliveira & Yamamoto, 2014). Trabalhar como psicólogo no Sistema Único de Saúde (SUS) ou no Sistema Único de Assistência Social (SUAS) nos convocou a produzir intervenções, enquanto profissionais, nas manifestações da questão social — pobreza, desigualdade, violência. Neste momento, muitos profissionais precisam lidar com o mal-estar produzido pela construção desta identidade profissional gerado por esta Psicologia hegemônica. É um importante analisador, neste sentido, que nenhum dos profissionais com que entrei em contato no campo entendesse seu trabalho como prática em psicologia. Diziam eles: olha, podemos conversar, mas acho que o que eu faço aqui não é psicologia! O psicólogo trabalha com o quê? Faz o quê? Ora, se não há divã e sofrimento psíquico, não há psicologia.

Sabemos que muitos profissionais, inseridos nestes contextos, acabaram por reproduzir práticas hegemônicas, individualizando as manifestações da questão social, reduzindo a leitura dos problemas e dos sofrimentos a questões subjetivas, individuais, familiares. Ao colocar estas questões no curso de formação em Psicologia, os alunos sempre se angustiam. Querem saber o que fazer, como fazer, anseiam pela técnica. E sempre insistem em identificar as múltiplas possibilidades de intervenção em um único signo: a clínica "ampliada". Como afirmar que talvez existam práticas, ainda não instituídas, que podem ser Psicologia? Ou talvez seja preciso delirar outras práticas? Por que Psicologia precisa ser sempre a mesma coisa? Ainda há um horizonte a ser inventado, precisamos apostar na construção de novos caminhos. No entanto, o que ainda prevalece instituído na Psicologia são as práticas distantes da realidade social, conservadoras, que não fazem nenhum tipo de reflexão sobre os efeitos ético-políticos que produzem no contexto onde estão inseridas. A frase de Martín-Baró que resume o texto O *papel do psicólogo* — "O trabalho profissional do psicólogo deve ser definido em função das circunstâncias concretas da população a que deve atender." — ainda é um horizonte utópico para a Psicologia brasileira.

Nesta pesquisa, é necessário fazer uma distinção. Há o que estamos chamando de *psicologia favelada*, como um horizonte, uma perspectiva utópica para pensar uma psicologia vinculada ao interesse popular, e há o trabalho de psicólogos em favelas. Partimos da Psicologia Social Comunitária como pano de fundo de onde surge a questão deste livro e porque, nos parece, a PSC esteve em algum momento de sua história também vinculada às questões populares. No entanto, falar em PSC não significa adotar uma perspectiva crítica, social e insurgente na Psicologia. A narrativa dos encontros entre Psicologia e favela não pretende responder à questão dos psicólogos praticarem ou não PSC. A questão é saber o que estes encontros produzem, tendo como perspectiva isto que estamos chamando *Psicologia Favelada*. O que percebemos, a partir do contato com alguns profissionais, é que o trabalho de psicólogos em favelas já está imerso em uma perspectiva comunitária. Estão no território, não realizam psicoterapia e, de certa forma, estimulam a participação da população. Ingenuamente, quando iniciei esta pesquisa, imaginava que qualquer pista sobre profissionais que não realizassem psicoterapia ou clínica indicavam alguma prática diferente e progressista em relação às consideradas instituídas no campo de atuação profissional. Depois percebi que a questão não era essa. Tanto que a formulação da *Psicologia Favelada* não acontece no encontro com estes profissionais. Os psicólogos, inseridos em instituições do terceiro setor ou políticas públicas, não realizam psicoterapia. Fazem intervenções em grupos ou coletivas, estão em cargos de gestão, lideram equipes. Mas o que produzem com estas intervenções comunitárias? Seus poros estão abertos à rede de forças, afetos e lutas do território? A quem estão servindo? O que pretendo destacar é que constatamos neste livro que os profissionais inseridos em práticas comunitárias não caem no vício de reproduzir atendimentos psicoterápicos agendados. No entanto, isso não quer dizer que não produzam intervenções que alimentam individualismos e a subjetividade capitalística. Isso também não quer dizer que suas práticas não estejam capturadas pelas metas destas instituições com funcionamento empresarial do terceiro setor ou do Estado. Com que os psicólogos estão se agenciando e o quanto esta trajetória de práticas comunitárias transformou a Psicologia são as perguntas que insistem em se colocar. Ou seja, com este livro também afirmamos que é preciso olhar para o que temos produzido entre os que estão supostamente interessados em produzir práticas contra-hegemônicas e transformação social.

Refazendo a indicação de Martín-Baró (1985/1996), refaço estas perguntas aos profissionais inseridos em favelas na cidade do Rio de Janeiro:

> Por isso, as perguntas críticas que os psicólogos devem se formular a respeito do caráter de sua atividade e, portanto, a respeito do papel que está desempenhando na sociedade, não devem centrar-se tanto no onde, nas no *a partir de quem*; não tanto em como se está realizando algo, quanto em *benefício de quem*; e, assim, não tanto sobre o tipo de atividade que se pratica (clínica, escolar, industrial, comunitária ou outra), mas sobre quais são as *conseqüências históricas concretas* que essa atividade está produzindo. (p. 22)

Os psicólogos que trabalham em favelas estão vinculados a organizações da sociedade civil ou a políticas sociais, prioritariamente, de saúde e assistência social. Se os psicólogos não chegam por esta via, talvez não cheguem. Isto quer dizer que não identificamos práticas no modelo clínico liberal exercido de modo privado. Não identificamos também, nos territórios pesquisados, psicólogos vinculados a projetos de extensão universitária. Sabemos que a extensão universitária foi um espaço de ampliação das atuações comunitárias em psicologia, e as práticas das décadas de 1970 e 1980 estavam majoritariamente vinculadas à universidade (Nascimento, 2001). Como sabemos, os trabalhadores das políticas sociais lidam com a questão social de forma fragmentada. Os psicólogos que estão nas favelas, portanto, produzem sua intervenção de acordo com o setor tratado por sua política. Uns atuam sobre a saúde da população, outros sobre as suas condições de pobreza. Mesmo que a atuação no campo da saúde ou da assistência social exija um nível de multidisciplinaridade e a complexificação do objeto de intervenção, parece que a política limita o escopo de intervenção ao setor tratado por ela. Isso significa que, mesmo diante de um território e todas as questões que ele faz emergir, limitamo-nos sempre somente à parte que nos cabe naquele latifúndio.

Quando vislumbramos horizontes de transformação social é preciso que saibamos do que se trata. Qual transformação nos interessa? Por vezes, caímos na dicotomização que é lugar comum na Psicologia e em suas intervenções comunitárias: subjetivo versus concreto; material versus simbólico. Como não desconsiderar e muito menos relativizar a realidade concreta e material, mas também compreender que as produções subjetivas sustentam formas de opressão? A realidade se apresenta de maneira cruel quando um menino morre na favela. Não há como relativizar a realidade com práticas discursivas. Como diz Zamora (1999): "Não existe meio termo no mundo dos cheiros" (p.2). Mas também não há como desconsiderar que diversos dispositivos produzem simbolicamente formas de ser e estar no mundo que nos fazem aceitar que meninos morram nas favelas todos os dias. Nossa disputa também não passa, por exemplo, pela construção de meios de comunicação popular que produzam outros discursos sobre esta realidade? Parece que, ao aderirmos a um dos polos desta dicotomia, um deles fica excluído de nossas questões. É necessário reconhecer que a Psicologia, historicamente, vinculou-se de maneira mais evidente a um subjetivismo que nega a urgência, concretude e materialidade da realidade. Qual é o objeto da Psicologia? O indivíduo transcendente, que está no "mundo das nuvens", deitado no divã? O homem negro que pega o trem todos os dias e passa duas horas no trajeto de casa para o trabalho? O menino que está em cumprimento de medida socioeducativa? As mães que tiveram seus filhos assassinados pelo Estado?

No trabalho de campo, narrando os encontros entre a Psicologia e a favela, podemos discutir algumas questões. Sem o intuito de esgotar as análises do que apresentamos nas narrativas, podemos pensar que há uma ameaça nas perspectivas de atuação comunitárias em Psicologia quando associadas ao terceiro setor. Mas também há um problema em achar que, para produzir transformação ou uma perspectiva popular em Psicologia, é preciso trabalhar de graça ou fazer isso só por militância. Ou, até mesmo, fora da Psicologia. Para defender interesses do povo é preciso estar fora das políticas públicas e das ONGs? E, no entanto, é preciso pensar porque só consegui perceber as pistas para a construção de uma perspectiva popular em Psicologia fora das práticas profissionais encontradas. Somente conseguir vislumbrar outras possibilidades para a *Psicologia Favelada* a partir do encontro com pessoas e movimentos fora da Psicologia. Por que não no encontro com os profissionais? Este livro tenta resumir um percurso de inquietações que me acompanham há quase dez anos. Como e onde encontrar práticas em Psicologia conectadas e pautadas pela realidade popular? Quando vou a campo tentar encontrar as produções da Psicologia em favelas é a esta pergunta que tento responder. Percebi, em algum momento, que não seria mapeando somente as práticas *psi* que conseguiria me conectar com o que era, de fato, a minha questão. Foi a partir de alguns encontros fora da Psicologia ou fora de práticas que aconteciam no terceiro setor ou políticas sociais que me senti convocada a pensar: por que a Psicologia não está aqui? Como, a partir das questões colocadas por esta realidade, posso construir outra perspectiva em Psicologia? As práticas libertárias precisam de que condições para acontecer?

Consigo encontrar alguns fios de esperança na presença de novos corpos na universidade, quando encontro os alunos favelados em formação. O caminho inverso que os leva da favela à Psicologia me permite situar meu lugar de fala e pensar que as questões trazidas por eles são fundamentais na construção desta nova perspectiva. O povo ocupa a universidade. E isto parece fundamental para o questionamento das instituições que sustentam a Psicologia, entre elas, a formação. Com o trabalho de campo, entendemos que a construção desta perspectiva popular deve exercitar uma abertura e um não-saber em psicologia para que ela se vincule organicamente aos anseios, demandas e lutas de uma favela. Para construir novos saberes e práticas, é preciso, primeiro, não saber. É necessária uma disposição, um corpo em alerta, norteado por alguns parâmetros ético-políticos, mas sobretudo atento aos movimentos que se apresentam e às lutas dos moradores de favelas. Abrir mão do que está estabelecido como "isto é psicologia" para a criação de "isto pode ser psicologia". Como podemos criar novas formas de ser e fazer psicologia a partir da realidade?

A *Psicologia Favelada* não é um campo e esta proposta não tem este horizonte. Seria contraditório com esta análise vislumbrar como um sucesso de sua contribuição a instituição de livros-texto, congressos específicos e formações sobre *Psicologia Favelada*. Insisto que esta deve ser tomada como uma provocação estratégica entre os que ainda desejam construir uma Psicologia mais popular e libertária, concreta e real. Esta Psicologia é o lugar que devemos ter como horizonte para a construção de práticas cotidianas que emergem da realidade e representam um desvio ao que se estabelece na Psicologia hegemônica. Portanto, esse lugar utópico na Psicologia é construído a partir da concretude de um território localizado no mapa, marcado por uma multiplicidade de opressões, uma utopia real, localizada e urgente. Há um horizonte ético-político que orienta a construção de práticas não instituídas em Psicologia, um caminho que orienta este percurso.

A *Psicologia Favelada* denuncia a necessidade de um resgate crítico às produções comunitárias em psicologia. E também anuncia um possível caminho que se expressa pela aproximação genuína às questões populares, para perceber o quanto estivemos distantes das necessidades concretas dos povos. Quem vai nos ensinar a construir uma perspectiva popular? O povo. Dizer isso é destruir lugares de saber, especialismos, academicismos. A *Psicologia Favelada* reivindica uma perspectiva popular à Psicologia. Ela poderia ser chamada de Psicologia popular, porque está no conjunto de sua proposta: a libertação da Psicologia e sua refundação em bases teóricas e epistemológicas construídas a partir do povo. Martín-Baró é uma inspiração para a construção desta perspectiva, mas é sempre necessário fazer as devidas contextualizações. Além de suas ideias serem desenvolvidas em um cenário específico de El Salvador, seu convite aos psicólogos latino-americanos era justamente que nós construíssemos um horizonte popular para a Psicologia a partir das características de nosso povo. A Psicologia Popular, portanto, no cenário do Rio de Janeiro, se atualiza nas favelas e pode ser pensada a partir deste espaço da cidade. Esta é a radicalidade na escolha da realidade como ponto de partida, que caracteriza a proposta do realismo crítico. Esta orientação se aproxima da ideia de que devemos analisar concretamente as condições de vida na favela para pensar as contribuições teóricas e intervenções. Parte-se da favela para a favela. Somente uma aposta na realidade pode produzir uma intervenção emancipatória (Lacerda Jr e Guzzo, 2009). O horizonte é construído a partir da realidade apresentada por quem vive orgânica e cotidianamente este contexto. A criação, por exemplo, do Instituto

Universitário de Opinião Popular (IUDOP) tinha como fim "desmascarar a ideologia dominante que naturaliza a história e elaborar um conhecimento sobre as reais necessidades da população" (Lacerda Jr e Guzzo, 2009, p. 30). Esta foi a estratégia usada por Martín-Baró para conhecer a realidade do povo salvadorenho. Quais têm sido nossas estratégias? É importante esclarecer que a aposta na inspiração em Martín-Baró me permite ancorar todas estas reflexões e possibilidades de transformação dentro da Psicologia. O que me interessa é transformar a Psicologia e também pensar em como a Psicologia pode contribuir para os processos de transformação social.

A cabeça pensa onde os meus pés pisam. Minha Psicologia tem os pés no chão e olhos no horizonte. Delirando na experiência com coisas reais, vejo a cascata de lixo escorrendo pelas ladeiras da favela. Que outras psicologias possíveis?

Porque se chamavam homens
Também se chamavam sonhos
E sonhos não envelhecem.

REFERÊNCIAS

ABREU, M. A. (2012). *Uma história do Setor de Psicologia Social da UFMG: invenções, teorias e práticas.* Dissertação de Mestrado. Rio de Janeiro, RJ: Universidade do Estado do Rio de Janeiro.

AGUIAR, K. & BRASIL, V. V. (1991). Histórias de andanças de técnicos em favela: da "Alegria" ao "Sossego" e vice-versa. Em: SAIDON, O. & KAMKHAGI, V.R. (1991). *Análise institucional no Brasil.* Rio de Janeiro: Rosa dos tempos.

ALMEIDA FILHO, N. (2011). *O que é saúde?* Rio de Janeiro: Fiocruz.

ALVARENGA FILHO, J. R. (2013). *A chacina do Pan: A produção de vidas descartáveis no Rio de Janeiro.* Rio de Janeiro: Multifoco.

ÁLVARO, J. L., & GARRIDO, A. (2006). *Psicologia social: perspectivas psicológicas e sociológicas.* São Paulo: McGrawHill.

ALVES, M.H.M. & EVANSON, P. (2013). *Vivendo no fogo cruzado: moradores de favela, traficantes de droga e violência policial no Rio de Janeiro.* São Paulo: Editora Unesp.

ALVITO, M. (2001). *As cores de Acari: uma favela carioca.* Rio de Janeiro: FGV Editora.

AMORIM, K. M. O. (2010) Compromisso social do psicólogo em artigos publicados em periódicos científicos no Brasil. Dissertação de Mestrado. Natal: Universidade Federal do Rio Grande do Norte.

ANDERY, A. A. (1984). Psicologia na comunidade. Em: LANE, S. T. M & CODO, W. (Orgs.). (1984). *Psicologia social: o homem em movimento.* São Paulo: Brasiliense.

ANDERY, A. A. (1989). Psicologia social e comunitária. *Psicologia & Sociedade,* 4(7), 125-135.

ANGELIQUE, H. L., & CULLEY, M. R. (2007). History and theory of community psychology: an international perspective of community psychology in the United States: returning to political, critical, and ecological roots. In: REICH, S. M. et al. (Orgs.). (2007). *International community psychology: History and theories* (pp. 37-62). Irvine: Springer.

ANZALDÚA, G. (2000). Falando em línguas: uma carta para as mulheres escritoras do terceiro mundo. *Estudos Feministas,* 8(1), 229-236.

BALANCHO, L.S. (2013). *Felicidade na pobreza: um olhar da psicologia positiva*. Curitiba: Juruá.

BAPTISTA, L. A. (1999). A atriz, o padre e a psicanalista: os amoladores de facas (pp. 45-49). Em: BATISTA, L. A. (1999). *A cidade dos sábios*. São Paulo: Grupo Editorial Summus.

BARBOSA, M. I. S. (1999). Psicologia comunitária do Ceará: sua especificidade e o lugar de sua práxis. Em: BRANDÃO, I. R. & BOMFIN, Z. C. (Orgs.) (1999). *Os jardins da psicologia comunitária: escritos sobre a trajetória de um modelo teórico-vivencial*. Fortaleza: Pró-reitoria de extensão da UFC, ABRAPSO.

BARROS, R. B. D. (2007). *Grupo: a afirmação de um simulacro*. Porto Alegre: Sulina.

BARROS, L.P. & KASTRUP, V. (2010). Cartografar é acompanhar processos. Em: PASSOS, E. KASTRUP, V. & ESCÓCIO, L. (2010). *Pistas sobre o método da cartografia: pesquisa-intervenção e produção de subjetividade*. Porto Alegre: Sulina.

BARTHOLL, T. (2015). Territórios de resistência e movimentos sociais de base: uma investigação militante em favelas cariocas. Tese de doutorado. Rio de Janeiro: Universidade Federal Fluminense.

BASTOS, A. V. B., & Gomide, P. I. C. (2010). O psicólogo brasileiro: sua atuação e formação profissional. Em: YAMAMOTO, O. H. & COSTA, A. L. F. (Orgs.). (2010). *Escritos sobre a profissão de psicólogo no Brasil*. Natal: EDUFRN. (Texto original publicado em 1989).

BASTOS, A. V. B., GONDIM, S. M. G. & BORGES-ANDRADE, J. E. (2010). O psicólogo brasileiro: sua atuação e formação profissional. O que mudou nestas últimas décadas? Em: YAMAMOTO, O. H. & COSTA, A. L. F. (Orgs.). (2010). *Escritos sobre a profissão de psicólogo no Brasil*. Natal: EDUFRN.

BATISTA, V. M. (2012). O Alemão é muito mais complexo. Em: BATISTA, V. M. (2012). *Paz armada. Criminologia de cordel*. Rio de Janeiro: Revan, ICC.

BIANCHI, S. (2005). Quanto vale ou é por quilo? *Filme de longa metragem, 35mm, produzido por Agravo Produções Cinematográficas S/C Ltda, São Paulo*.

BIRMAN, P. (2008) Favela é comunidade? Em: SILVA, L. A. M. (2008). *Vida sob cerco: violência e rotina nas favelas do Rio de Janeiro*. Rio de Janeiro: Nova Fronteira.

BOCK, A. M. B. (1999). A Psicologia a caminho do novo século: identidade profissional e compromisso social. *Estudos de Psicologia*, 4(2), 315-329.

BOCK, A. M. B. (2003). Psicologia e sua ideologia: 40 anos de compromisso com as elites. Em: Bock, A. M. B. (Org.) (2003). *O compromisso social da psicologia*. São Paulo: Cortez.

BOCK, A. M. B., GONÇALVES, M. G. M., & FURTADO, O. (2007). Silvia Lane e o projeto do "compromisso social da psicologia". *Psicologia & Sociedade*, 19 (Esp. 2), 46-56.

BOMFIM, E. M. (1989). Notas sobre a psicologia social e comunitária no Brasil. *Psicologia & Sociedade*, 4(7), 42-46.

BOTOMÉ, S. P. (1979/2010). A quem nós, psicólogos, servimos de fato? Em: YAMAMOTO, O. H. & COSTA, A. L. F. (Orgs.) (2010). *Escritos sobre a profissão de psicólogo no Brasil*. Natal: EDUFRN. (Texto original publicado em 1979).

BRANDÃO, I. R. (1999). As bases epistemológicas da Psicologia Comunitária. Em: BRANDÃO, I. R. & BOMFIN, Z. C. (Orgs.) (1999) *Os jardins da psicologia comunitária: escritos sobre a trajetória de um modelo teórico-vivencial*. Fortaleza: Pró-reitoria de extensão da UFC/ABRAPSO.

BRITO, F., & OLIVEIRA, P. R. (2013). Territórios transversais. Em: MARICATO, E. et al. (2013). *Cidades rebeldes: Passe Livre e as manifestações que tomaram as ruas do Brasil*. São Paulo: Boitempo.

CÂMARA, S. G. (2008). Compromisso, participação, poder e fortalecimento comunitário: à procura de um lugar no mundo. Em: DIMENSTEIN, M. (Org.) (2008) *Psicologia Social Comunitária: aportes teóricos e metodológicos*. GT Psicologia Comunitária/ANPEPP. Natal: EDUFRN.

CAMPOS, A. (2011). *Do quilombo à favela*. A produção do espaço criminalizado no Rio de Janeiro. Rio de Janeiro: Bertrand Brasil.

CAMPOS, R. H. F. (1983/2010). A função social do psicólogo. Em: YAMAMOTO, O. H. & COSTA, A. L. F. (Orgs.). (1983/2010) *Escritos sobre a profissão de psicólogo no Brasil*. Natal: EDUFRN.

CAMPOS, R. H. F. (1996). Introdução: a psicologia social comunitária. Em: CAMPOS, H. F. (Org.) (1996). *Psicologia social comunitária: da solidariedade à autonomia* (pp. 9-15). Petrópolis, RJ: Vozes.

CAMPOS, R. H. F. & GUARESCHI, P.A. (2000) (Orgs.). *Paradigmas em Psicologia Social: a perspectiva latino-americana*. Petrópolis: Vozes.

CARVALHO, B. P. & SOUZA, T. M. S. (2010). A "escola de São Paulo" de psicologia social: apontamentos históricos. *Psicologia em Estudo*, 15(4), 713-721.

CARVALHO, M. B. (2013). A política de pacificação de favelas e as contradições para a produção de uma cidade segura. *O Social em Questão*, Ano XVI, nº 29, 285-308.

COIMBRA, C. M. B. (1995). *Os guardiões da ordem: uma viagem pelas práticas psi no Brasil do "milagre"*. Rio de Janeiro: Oficina do autor.

COIMBRA, C. M. B. (2003). Historicizando a relação entre psicologia e direitos humanos no Brasil. Em: RODRIGUES, H. B. C., CEREZZO, A. C. L. & JACÓ-VILELA, A.M. (Orgs.). (2003). *Clio-psyché paradigmas: historiografia, psicologia, subjetividades*. Rio de Janeiro: Relume/Dumará/FAPERJ.

COSTA, L. F., & BRANDÃO, S. N. (2005). Abordagem clínica no contexto comunitário: uma perspectiva integradora. *Psicologia & Sociedade*, 17(2), 33-41.

CRUZ, L. R. & GUARESCHI, N. (Orgs.). (2012). *O psicólogo e as políticas públicas de assistência social*. Petrópolis, RJ: Vozes.

CRUZ, L. R. & GUARESCHI, N. (Orgs.). (2014). *Políticas públicas e assistência social: diálogo com as práticas psicológicas*. Petrópolis, RJ: Vozes.

CUNHA, N. V. (2006). *Histórias de favelas da Grande Tijuca contadas por quem delas faz parte*. Rio de Janeiro: Ibase.

DAVIS, M. (2006). *Planeta favela*. São Paulo: Boitempo.

DELEUZE, G. (1992/2010). *Conversações*. 2ª edição. São Paulo: Editora 34.

DELEUZE, G. & GUATTARI, F. (1995/2007). *Mil-platôs: capitalismo e esquizofrenia*. São Paulo: Editora 34.

FANON, F. (1968). *Os condenados da terra*. Rio de Janeiro: Civilização brasileira.

FARR, R. M. (2008). *As Raízes da Psicologia Social Moderna*. Petrópolis, RJ: Vozes. (Texto original publicado em 1996).

FERNANDES, A. M. D. (1992). Creche e escola comunitária de Nova Holanda: um grupo produzindo sua história. Em: RODRIGUES, H. B. C., LEITÃO, M. B. S. & BARROS, R. D. B. (1992). *Grupos e instituições em análise*. Rio de Janeiro: Rosa dos Tempos.

FERNANDES, A. M. D. & ANJOS, R. F. (1991). Do trabalho comunitário em Nova Holanda: nossos lugares e nossas vozes. Em: SAIDON, O. & KAMKHAGI, V. R. (1991). *Análise institucional no Brasil*. Rio de Janeiro: Rosa dos tempos.

FERREIRA NETO, J. L. (2004). *A formação do psicólogo: clínica, social e mercado*. São Paulo: Escuta.

FERREIRA NETO, J. L. (2008). Práticas transversalizadas da clínica em saúde mental. *Psicologia: Reflexão e Crítica*, 21(1), 110-118.

FIELL, R. (2011). *Da favela para as favelas: História e experiência do repper Fiell*. Rio de Janeiro: Coletivo Visão da Favela Brasil.

FOUCAULT, M. (1978/2008). *O nascimento da biopolítica*. São Paulo: Martins Fontes.

FOUCAULT, M. (1984/2010). *História da sexualidade 2: o uso dos prazeres*. Trad. Maria Thereza da Costa Albuquerque. Rio de Janeiro: Edições Graal.

FOUCAULT, M. (2013). *O corpo utópico, as heterotopias*. Trad. Salma Tannus Muchail. São Paulo: n-1 edições.

FOX, D.; PRILLELTENSKY, I. & AUSTIN, S. (Orgs.). (2009). Psicologia Crítica para justiça social: preocupações e dilemas. Tradução Filipe Boechat e Marina Dantas. Em: *Critical psychology: An introduction*. (2009). 2ª ed. California: Sage (tradução não publicada).

FREIRE, L. L. (2009). Favela, bairro ou comunidade? Quando uma política urbana torna-se uma política de significados. *Dilemas: Revista de Estudos de Conflito e Controle Social*, v. 1, p. 95-114.

FREIRE, M. (2015). *Contos negreiros*. 9ª ed. Rio de Janeiro: Record.

FREIRE, P. (1967/2011). *Pedagogia do oprimido*. 50ª ed. Rio de Janeiro: Paz e Terra.

FREIRE, P. (1996/2015) Alfabetização e miséria. Em: FREIRE, P. (2015). *Pedagogia da indignação: cartas pedagógicas e outros escritos*. 2ª ed. Rio de Janeiro: Paz e Terra.

FREITAS, M. F. Q. (1996). Psicologia na comunidade, psicologia da comunidade e psicologia (social) comunitária — práticas da psicologia em comunidades nas décadas de 60 a 90, no Brasil. Em: CAMPOS, R. H. F. (Org.). (1996). *Psicologia social comunitária: da solidariedade à autonomia* (pp. 54-80). Petrópolis: Vozes.

GALLINDO, L. C. (1981). A psicologia comunitária como agente de transformações sociais. Dissertação de mestrado. Rio de Janeiro: Fundação Getúlio Vargas.

GERGEN, K. J. (1973/2008). A psicologia social como história. *Psicologia & Sociedade*, 20(3), 475-484.

GERGEN, K. & GERGEN, M. (2010). *Construcionismo social: um convite ao diálogo*. (trad. Gabriel Fairman). Rio de Janeiro: Instituto Noos.

GÓIS, C. W. L. (1984/2003). Por uma psicologia popular. Em: GÓIS, C. W. L. (2003). *Psicologia Comunitária no Ceará*. Fortaleza: Publicações Instituto Paulo Freire de Estudos Psicossociais.

GÓIS, C. W. L. (2005). *Psicologia comunitária: atividade e consciência*. Fortaleza: Publicações Instituto Paulo Freire de Estudos Psicossociais.

GÓIS, C. W. L. (2008). *Saúde comunitária: pensar e fazer*. São Paulo: Aderaldo & Rothschild.

GONÇALVES, M. A. (2013). Uma análise das produções textuais da Psicologia Social Comunitária no Brasil entre os anos de 1990 e 2010. Dissertação de mestrado. Rio de Janeiro: Universidade Federal do Rio de Janeiro.

GONÇALVES, M. A. & PORTUGAL, F. (2016). Análise histórica da psicologia social comunitária no Brasil. *Psicologia & Sociedade*, 28(3).

GONÇALVES, M. A. (2017). Nós por Nós: sentidos de um discurso favelado. Dissertação de mestrado. Rio de Janeiro: Universidade Estadual do Rio de Janeiro.

GUATTARI, F. (1987). *Revolução molecular: pulsação política do desejo*, 3. 3ª ed. São Paulo: Brasiliense.

HARAYAMA, R. M. (2016). MEIRELLES, R. & ATHAYDE, C. (2014) Um país chamado favela: a maior pesquisa já feita sobre a favela brasileira. São Paulo: Gente. 167 p. *Horizontes Antropológicos*, 22(45), 431-434.

HARVEY, D. (2013). A liberdade da cidade. Em: MARICATO, E. et al. (2013). *Cidades rebeldes: Passe Livre e as manifestações que tomaram as ruas do Brasil*. São Paulo: Boitempo.

HARVEY, D. (2014). *Cidades rebeldes: do direito à cidade à revolução urbana*. São Paulo, SP: Martins Fontes.

HOLSTON, J. (2013). *Cidadania insurgente: disjunções da democracia e da modernidade no Brasil*. 1ª Ed. São Paulo: Companhia das Letras.

HUNING, S. M. & MESQUITA, M. R. (2015). Esse título todo é pra que eu diga como aprendi a lutar? Em: LIMA, A. F., ANTUNES, D. C. e CALEGARE, M. G. A. (Orgs.). (2015). *Psicologia social e os atuais desafios ético-políticos no Brasil*. Porto Alegre: ABRAPSO.

IASI, M. L. (2013). A rebelião, a cidade e a consciência. Em: MARICATO, E. et al. (2013) *Cidades rebeldes: Passe Livre e as manifestações que tomaram as ruas do Brasil*. São Paulo, SP: Boitempo.

JESUS, C. M. (1960). *Quarto de despejo: diário de uma favelada*. São Paulo: Francisco Alves.

KOLLER, S. H., & DELL'AGLIO, D. D. (2011). Intervir, investigar, informar: a Universidade conta uma história de sucesso. Em: SARRIERA, J. C. (2011). *Saúde Comunitária: conhecimentos e experiências na América Latina*. Porto Alegre: Sulina.

LACERDA JR, F. (2005). ¿Liberarse de qué? ¿Liberarse para qué? Notas sobre marxismo, anti-capitalismo y psicologia de la liberación. Em: DOBLES, I., LEANDRO, V. e BALTODANO, S. (Orgs.) (2005). *Psicología de la liberación em el contexto de la globalización neoliberal: acciones, reflexiones y desafios*. pp. 201-208. Costa Rica: Editorial UCR.

LACERDA JR, F. (2013). Capitalismo dependente e a psicologia no Brasil: Das alternativas à psicologia crítica. *Teoría y crítica de la psychología*, 3, pp. 216-263.

LACERDA JR, F. (2015). Podem as políticas públicas emancipar? Em: LIMA, A. F., ANTUNES, D. C. & CALEGARE, M. A. (Orgs.). (2015) *A psicologia social e os atuais desafios ético-políticos no Brasil*. Porto Alegre: ABRAPSO.

LACERDA JR, F. (2016). Insurgência, Psicologia Política e Emancipação Humana. Em: LACERDA JR, F. & HUR, D, U. (Orgs.). (2016). *Psicologia política crítica: insurgências na América Latina*. Campinas, SP: Editora Alínea.

LACERDA JR, F. (Org.). (2017). *Crítica e libertação na psicologia: estudos psicossociais*. Petrópolis, RJ: Vozes.

LACERDA JR, F. & GUZZO, R. (2009). Sobre o Sentido e a Necessidade: o resgate crítico da obra de Martín-Baró. Em: GUZZO, R. & LACERDA Jr, F. (orgs). (2009). *Psicologia social para a América Latina: o resgate da Psicologia da Libertação*. Campinas, SP: Editora Alínea.

LANDIN, R. & LEMGRUBER, V. (1980). O trabalho do psicólogo na favela. *Arquivos brasileiros de Psicologia*, 32(1), 67-73.

LANE, S. T. M. (1981/2006). *O que é psicologia social?* São Paulo: Brasiliense (Coleção Primeiros Passos).

LANE, S. T. M., & CODO, W. (Orgs.). (1984). *Psicologia social. O homem em movimento.* São Paulo: Brasiliense.

LANE, S. T. M. (1996). Histórico e fundamentos da psicologia comunitária no Brasil. In: CAMPOS, R. H. F. (Org.), *Psicologia Comunitária: da solidariedade à autonomia* (pp. 17-34). Petrópolis, RJ: Vozes.

LARROSA, J. (2003). O ensaio e a escrita acadêmica. *Educação & Realidade*, 28(2).

LIMA, R. S. (2012). A Psicologia Comunitária no Rio de Janeiro entre 1960 e 1990. *Psicologia: ciência e profissão*, 32(1), 154-165.

MACEDO, J. P., & DIMENSTEIN, M. (2012). O trabalho dos psicólogos nas políticas sociais no Brasil. *Avances en Psicología Latinoamericana*, 30(1), 182-192.

MACIEL, T. M. F. B. (2007). A psicologia social e o paradigma do desenvolvimento. Em: ABRAPSO (Org.). (2007). *Anais do XIV Encontro Nacional da ABRAPSO*. Rio de Janeiro: Autor. Recuperado de http://www.abrapso.org.br/siteprincipal/anexos/AnaisXIVENA/conteudo/html/mesa/3044_mesa_resumo.htm

MANZON, J. (1963). As favelas vão acabar. Documentário.

MARICATO, E. (2006). Posfácio. Em: DAVIS, M. (2006). *Planeta Favela*. São Paulo: Boitempo.

MARICATO, E. (2013). É a questão urbana, estúpido! Maricato, Ermínia et al. (2013). Em: *Cidades rebeldes: Passe Livre e as manifestações que tomaram as ruas do Brasil.* São Paulo: Boitempo.

MARINHO, M. A. (Org.). (2016). Apresentação. Em: NEGRI, A. (2016). *Quando e como eu li Foucault*. São Paulo: n-1 edições.

MARTÍN-BARÓ, I. (1980/2017). O psicólogo no processo revolucionário. Em: LACERDA JR, F. (Org.). (2017). *Crítica e libertação na psicologia: estudos psicossociais*. Petrópolis, RJ: Vozes.

MARTÍN-BARÓ, M. (1983/2017). Entre o indivíduo e a sociedade. Em: LACERDA JR, F. (Org.). (2017). *Crítica e libertação na psicologia: estudos psicossociais*. Petrópolis, RJ: Vozes.

MARTÍN-BARÓ, I. (1985/1996). O papel do Psicólogo. *Estudos de psicologia*, 2(1), 7-27.

MARTÍN-BARÓ, I. (1985/2017). A desideologização como contribuição da psicologia social para o desenvolvimento da democracia na América Latina. Em: LACERDA JR, F. (Org.). (2017). *Crítica e libertação na psicologia: estudos psicossociais*. Petrópolis, RJ: Vozes.

MARTÍN-BARÓ, I. (1986/2009) Para uma psicologia da libertação. Em: GUZZO, R. S. L. & LACERDA JR, F. (Orgs). (2009) *Psicologia social para a América Latina: o resgate da Psicologia da libertação*. Campinas, SP: Editora Alínea.

MARTÍN-BARÓ, I. (1987/2017). O desafio popular à psicologia social na América Latina. Em: LACERDA JR, F. (Org.). (2017). *Crítica e libertação na psicologia: estudos psicossociais*. Petrópolis, RJ: Vozes.

MARTÍN-BARÓ, I. (1989/2009). Desafios e perspectivas da psicologia latino-americana. Em: GUZZO, R. & LACERDA JR, F. (Orgs). (2009). *Psicologia social para a América Latina: o resgate da Psicologia da Libertação*. Campinas, SP: Editora Alínea.

MARUJO, H. Á. & NETO, L. M. (2010). Psicologia Comunitária Positiva: Um exemplo de integração paradigmática com populações de pobreza. *Análise Psicológica*, 28(3), 517-525.

MAURIEL, A. P. O. (2010). Pobreza, seguridade e assistência social: desafios da política social brasileira. *Revista katálysis*, 13(2), 173-180.

MEIRELLES, R. & ATHAYDE, C. (2014). *Um país chamado favela: a maior pesquisa já feita sobre a favela brasileira*. São Paulo: Editora Gente.

MELLO, S. L. (1975/2010). Psicologia: características da profissão. Em: YAMAMOTO, O. H. & COSTA, A. L. F. (Orgs.). (2010). *Escritos sobre a profissão de psicólogo no Brasil*. Natal: EDUFRN.

MELLO E SOUZA, C. (2007). Ações Territoriais da Rede de Comunidades Saudáveis do Rio de Janeiro. Bases para Políticas Públicas em Promoção da Saúde. In: ABRAPSO (Org.), *Anais do XIV Encontro Nacional da ABRAPSO*. Rio de Janeiro: Autor. Recuperado de http://www.abrapso.org.br/siteprincipal/anexos/AnaisXIVENA/conteudo/html/mesa/3126_mesa_resumo.htm

MENDES, A. R. M. & CORREIA, S. B. (1999). O Núcleo de Psicologia Comunitária à guisa de um breve histórico. Em: BRANDÃO, I. R. & BOMFIN, Z. C. (Orgs.). (1999). *Os jardins da psicologia comunitária: escritos sobre a trajetória de um modelo teórico-vivencial*. Fortaleza: Pró-reitoria de extensão da UFC/ABRAPSO.

MENDES, L. (2011). Cidade pós-moderna, gentrificação e a produção social do espaço fragmentado. *Cadernos Metrópole*, 13(26), 473-495.

MONTAÑO, C. (2004). O projeto neoliberal de resposta à "questão social" e a funcionalidade do "terceiro setor". *Lutas Sociais*, (8), 53-64.

MONTAÑO, C. (2010). *Terceiro setor e questão social: crítica ao padrão emergente de intervenção social*. 6ª ed. São Paulo: Cortez Editora.

MONTERO, M. (2011). *Introducción a la psicología comunitaria. Desarrollo, conceptos y procesos*. Buenos Aires: Paidós.

MOURA JR, J. F., CIDADE, E. C., XIMENES, V. M., & SÁRRIERA, J. C. (2014). Concepções de pobreza: um convite à discussão psicossocial. *Temas em Psicologia*, 22(2), 341-352.

MOURA, J. F., XIMENES, V. M., & SARRIERA, J. C. (2014). A construção opressora da pobreza no Brasil e suas consequências no psiquismo. *Quaderns de psicologia. International journal of psychology*, 16(2), 85-93.

NASCIMENTO, M. L. (2001). História do trabalho comunitário em psicologia. Em: JACÓ-VILELA, A. M., CEREZZO, A. C. & RODRIGUES, H. C. (Orgs.). (2001). *Clio-Psyché hoje. Fazeres e dizeres psi na história do Brasil. Rio de Janeiro* (pp. 33-42). Rio de Janeiro: Relume/Dumará/Faperj.

NEGRI, A. (2016). *Quando e como eu li Foucault*. MARINO, M. A. (Org.). São Paulo: n-1 edições.

NEPOMUCENO, L. B., XIMENES, V. M., CIDADE, E. C., MENDONÇA, F. W. O. & SOARES, C. A. (2008). Por uma psicologia comunitária como práxis de libertação. *Psico*, 39(4), 1.

OLIVEIRA, I. F., & AMORIM, K. M. O. (2012). Psicologia e política social: O trato da pobreza como sujeito psicológico. *Psicologia Argumento*, 30(70), 559-566.

PAIVA, I. L. (2008) Os novos quixotes da psicologia e a prática social no âmbito do terceiro setor. Tese de doutorado. Natal: Universidade Federal do Rio Grande do Norte.

PAIVA, I. & YAMAMOTO, O. H. (2010). Formação e prática comunitária do psicólogo no âmbito do "terceiro setor". *Estudos de psicologia*, 15(2), 153-160.

PALUDO, S. S. & KOLLER, S. H.. (2007) Psicologia positiva: uma nova abordagem para antigas questões. *Paidéia* (Ribeirão Preto), 17(36), 9-20.

PASSOS, E. & BARROS, R. B. D. (2000). A construção do plano da clínica e o conceito de transdisciplinaridade. *Psicologia: teoria e pesquisa*, 16(1), 71-79.

PASSOS, E., KASTRUP, V. e ESCÓSSIA, L. (2015). Apresentação. Em: PASSOS, E., KASTRUP, V. e ESCÓSSIA, L. (Orgs.). (2015) *Pistas do método da cartografia: Pesquisa-intervenção e produção de subjetividade*. Porto Alegre: Sulina.

PATTO, M. H. S. (1986). *Introdução à psicologia escolar*. Coleção Biblioteca da Psicologia e Psicanálise. Editora: T. A. Queiroz.

PEREIRA, T. D. (2010). O território na acumulação capitalista: possibilidades da categoria a partir de David Harvey. *O Social em Questão*, Ano XIII, n° 24, Jul-Dez 2010. pp. 69-92.

PIZZI, B. P. & GONÇALVES, M. A. (2015). Reflexões sobre o trabalho do psicólogo e a tarefa de transformação social na obra de Martín-Baró e na Psicologia Social Comunitária. *Teoría y Crítica de la Psicología*, (6), 162-195.

PROENÇA, M. (2016). Para Uma Psicologia Popular na América Latina. *Cadernos PROLAM/USP*, 14(27), 171-174.

RASERA, E. & JAPUR, M. (2005). Os sentidos da construção social: o convite construcionista para a psicologia. *Paideia*, 15 (30), 21-29.

RIBEIRO, D. (2016). Prefácio. Em: DAVIS, A. (2016). *Mulheres, raça e classe*. São Paulo: Boitempo.

ROCHA, T. G. & KASTRUP, V. (2008). A partilha do sensível na comunidade: interseções entre psicologia e teatro. *Estudos de Psicologia*, 13(2), 97-105.

ROLNIK, S. (2016). A hora da micropolítica — Entrevista com Suely Rolnik. Recuperado de https://www.goethe.de/ins/br/pt/kul/fok/rul/20790860.html.

SAIDON, O. & KAMKHAGI, V. R. (1991). *Análise institucional no Brasil*. Rio de Janeiro: Rosa dos tempos.

SAFORCADA, E. T. & SARRIERA, J. C. (2011). Introdução. Em: SARRIERA, J. C. (Org.). (2011). *Saúde Comunitária: conhecimentos e experiências na América Latina*. Porto Alegre: Sulina.

SANTOS, M. (2000). O papel ativo da geografia: um manifesto. *Revista Território*, 9, 103-09.

SARRIERA, J. C. (Org.). (2010). *Psicologia Comunitária: estudos atuais*. Porto Alegre: Sulina.

SARRIERA, J. C. (2011). *Saúde Comunitária: conhecimentos e experiências na América Latina*. Porto Alegre: Sulina.

SCARPARO, H. (2005). *Psicologia comunitária no Rio Grande do Sul: registros da construção de um saber-agir*. Rio Grande do Sul: Edipucrs.

SCARPARO, H. B. K. & GUARESCHI, N. M. F. (2007). Psicologia social comunitária e formação profissional. *Psicologia & Sociedade*, 19 (Esp 2), 100-108.

SEN, A. (2010). *Desenvolvimento como liberdade*. São Paulo: Companhia das Letras.

SILVA, J. S. (Org.). (2009). *O que é favela, afinal?* Rio de Janeiro: Observatório de Favelas.

SILVA, M. F. & COSTA, T. S. (2016). Favela: território de luta e resistência. Trabalho de conclusão de curso. Rio de Janeiro: Centro Universitário Celso Lisboa.

SOARES, A. B. (2001). Psicologia, comunidade e intervenções: olhares em (des)construção. Dissertação de mestrado. Rio de Janeiro: Universidade do Estado do Rio de Janeiro.

SOLANO, A. C. (Org.). (2010). *Fundamentos de Psicología Positiva*. Buenos Aires: Paidós.

SOUZA, S. R. (1985). A psicologia sobe o morro. Dissertação de mestrado. Rio de Janeiro: PUC-RJ.

TENDLER, S. (2006). *Encontro com Milton Santos ou o mundo global visto do lado de cá*. Direção de Silvio Tendler. Rio de Janeiro: Caliban Produções Cinematográficas.

VALLADARES, L. P. (2000). A gênese da favela carioca: a produção anterior às ciências sociais. *Revista brasileira de ciências sociais*, vol.15, n. 44, pp. 5-34.

VALLADARES, L. P. (2005). *A invenção da favela: do mito de origem à favela.com*. Rio de Janeiro: Editora FGV.

XIMENES, V. M., MOURA Jr., J. F. & CASTRO, S. (2015). Pobreza e suas relações com a Psicologia Comunitária na 5ª Conferência Internacional de Psicologia Comunitária. *Psicología, Conocimiento y Sociedad*, 5(2), 7-7.

YAMAMOTO, O. H. (1987). *A crise e as alternativas da psicologia*. São Paulo: EDICON.

YAMAMOTO, O. H. (2003). Questão social e políticas públicas: revendo o compromisso da Psicologia. *Psicologia e compromisso social*, 2.

YAMAMOTO, O. H. (2007). Políticas sociais, "terceiro setor" e "compromisso social": perspectivas e limites do trabalho do psicólogo. *Psicologia e Sociedade*, 19(1), 30-37.

YAMAMOTO, O. H. (2012). 50 anos de profissão: responsabilidade social ou projeto ético-político? *Psicologia; ciência e profissão*, 32 (num. esp.).

YAMAMOTO, O. H. & OLIVEIRA, I. (2010). Política Social e Psicologia: Uma Trajetória de 25 Anos. *Psicologia: Teoria e Pesquisa*, 26(n. esp.), 9-24.

YAMAMOTO, O. H. & OLIVEIRA, I. F. (Orgs.) (2014). *Psicologia e políticas sociais: temas em debate*. Belém, PA: Ed. UFPA.

YUNES, M. A. M. (2003). Psicologia positiva e resiliência: o foco no indivíduo e na família. *Psicologia em estudo*, 8(1), 80-95.

ZALUAR, A. & ALVITO, M. (2006). *Um século de favela*. Rio de Janeiro: Editora FGV.

ZAMORA, M. H. (1999). Textura áspera: confinamento, sociabilidade e violência em favelas cariocas. Tese de doutorado. Rio de Janeiro: PUC-RJ.

1ª edição	agosto 2019
impressão	jmv
papel miolo	pólen natural 80g/m²
papel capa	cartão supremo 300g/m²
tipografia	gotham e freight